당·신·도·고·수·가·될·수·있·다

고스톱 손자병법

고스톱 박사
이 호 광 / 저

서음출판사

　스톱을 모른 채 남녀노소를 불문하고 놀라운 속도로 번지고 있는 고스톱 열병. 당초의 여가선용이라는 명분이 이제는 여가 잠식이 되고 도박으로 변질되어 사회에 남기는 병폐 또한 엄청나다. 그러나 사회는 이같은 병폐를 안고 있는 고스톱을 스톱시킬 만한 제어장치를 갖고 있지 못하다. 정치의 혼미함과 경제의 불균형에서 빚어지는 한탕주의는 오히려 더 부채질을 할 뿐이다.

　아무튼 이제 고스톱은 이롭든 해롭든 국민생활 속에 계층을 불문하고 뿌리를 내렸다. 이미 고스톱을 스톱시킬 브레이크는 파열된 상태이다. 언제나 '할 뻔'하고 '날 뻔'했다는 그 무한의 가능성을 지닌 고스톱의 마력 때문이기도 하겠지만 고스톱만큼 여러 사람이 손쉽게 즐길 만한 성인놀이가 따로 없다는 것도 원인 중의 하나로 지적되어 왔다.

　하여, 이제 남은 과제가 있다면 고스톱이 사회에 끼치는 병폐를 제거하여 고스톱을 순수한 오락으로 정착시키는 문제일 것이다. 그 일차적인 과제가 새로운 '팬'의 증가를 막아야 하고 팬이 '꾼'이 되는 길목을 차단시키는 일이다.

 '팬'이 증가되지 않고 '팬'이 '꾼'이 되지 않는다면 기존의 꾼들은 자연 도태되어 고스톱이 오락으로 남게 되든지 자연 소멸되든지 둘 중 하나가 선택될 것이다. 왜냐하면 고스톱 병폐의 근본 원흉은 '꾼'에게 있다고 보기 때문이다. 다시 말해서, 당초의 선의의 오락을 즐기는 팬들을 도박의 함정으로 이끌어 가는 자가 바로 전문 '꾼'들인 것이다.

 부연하자면 누구든지 애당초 고스톱을 노름으로 시작한 사람은 없다. 오락으로 시작했던 것이 '꾼'에게 코를 꿰어 큰 돈을 잃게 되고 본전을 찾겠다는 의지가 결국 자신도 모르게 헤어날 길 없는 '꾼'의 길을 걷게 되고 마는 것이다. 모르긴 해도 '본전'만 찾으면 화투와 인연을 끊겠다는 작심으로 지금 이 시간에도 화투장을 두들기고 있는 사람들이 있을 것이다. 즉, 손을 떼지 못하는 근본 이유의 하나가 '본전' 때문이기도 한 것이다. 따라서 '팬'이 '꾼'이 되지 않는 최선의 길은 하지 않는 것이요, 차선의 길은 어쩌다 벌인 판에서 돈을 잃지 않는 일이다. 돈을 잃는다는 것은 '팬'이 '꾼'으로 가는 지름길이다.

　고스톱에 2등은 필요없다. 1등만이 살 길이다. 대통령도 마찬가지, 오직 한 분만 뽑는다. 때문에 '형님 먼저' '아우 먼저'가 있을 수 없다. 오로지 죽으나 사나 '내가 먼저'다.

　필자가 여기에 내놓은 〈고스톱 손자병법〉은 바로 그러한 취지가 있는 것이다. 남의 돈을 따자는 것이 아니라 잃지 않는 방어법을 알려주고자 하는 데 있다. 그것이 그나마도 고스톱의 병폐를 삭감하는 길이라고 생각된다. 무슨 말인가 하면, 잃은 자에 의한 '본전만회'의 심리가 밤샘으로 판이 거듭되고 그것이 병폐의 원인이 된다는 것이다.

　지금도 어디에선가는 판이 벌어지고 있다. 불꺼진 심야의 빌딩 사무실, 시장의 한 귀퉁이나 여관방, 기사식당, 기원, 당구장, 숙직실, 의원 회관에서도. 그 판에서 어떤 사람은 돈을 따고 있고, 어떤 사람은 돈을 잃고 있을 것이다. 더욱 분명한 것은 딴 사람보다 잃은 사람이 더 많다는 사실이다.

　　　〈두 사람이 노름을 하면 반드시 한 사람은 잃는다.〉- 독일명언

　　　　　　　　　　　　　　　　　　　　　2001년 4월

　　　　　　　　　　　　　　　　　　　　　저 자

고스톱 손자병법 · 차례

제 1 부

대한민국은 고스톱 공화국

고스톱은,
국민 대다수가 즐기는 일명, '국민오락'이면서도
현실적으로는 '서민오락', 혹은 '천박한 놀이'로
괄세를 받고 있다.
물론 고스톱에는 괄세받아도 마땅한 요소가 많다.
그러나 고스톱에 대한 사회적 비판의 대부분은
억울한 누명일 때가 더 많다. 이 장(章)은 바로
그 억울한 누명을 벗겨보자는데 의미가 있다.

고스톱공화국

단군 이래 최고의 범국민적 오락

지금 전국의 곳곳에는 고스톱 열풍이 불고 있다. 아니, 열풍은 이미 70년대에 불기 시작했고 지금까지 고스톱 '악풍'이 불고 있다

열풍을 악풍으로 개명한 근거는 이 책의 본문 곳곳에 있다. 그것을 근거로 삼아주길 바라며 여기서는 대한민국을 고스톱공화국으로 명명한 근거만 요약하겠다.

그것은 한 마디로 간단히 말할 수 있다. 몇 년전 어느 주간지가 고스톱 인구를 2천만 명으로 추산한 바 있는데 우리 사회는 지금 온통 고스톱 천국이 되고 있다는 점이다. 주간지의 추산을 근거로 할건 아니지만, 실제 눈으로 목격되는 실상만

봐도 터무니없는 추산은 아니라는 생각이 드는 것이다.

이처럼 많은 팬을 거느린 고스톱은 그 즐기는 팬의 구성원도 종전에는 회사원, 운전사, 공무원 등 성인 남자에게 국한되었지만 이제는 가정주부와 학생들, 그리고 교육자를 비롯한 지도층에 있는 사회 저명인사들까지 합세하고 있거니와 심지어 도박 행위를 단속하는 경찰과 국가 대사를 논하는 의원회관에서 의원들이 끼리끼리 모여 앉아 고스톱판을 벌이다 발각되어 세상을 놀라게 한 일도 있고 보면 이제 고스톱은 어느 계층을 막론한, 말마따나 단군 이래 최대의 인기를 누리는 범국민적 오락이기도 한 것이다.

물론 여기까지는 문제가 되지 않는다. 누가 고스톱을 했건 오락으로 했다는 데야 문제삼을 이유는 없다. 오락으로 확인만 된다면야 앞으로도 그건 문제가 되지 않는 일이다. 그러나 오락과 도박의 한계설정이 모호하고 따라서 오락을 빙자한 도박 행위로 치닫고 있는 세태가 상상을 뛰어넘는다는 데서 문제다.

물론 도기(賭器)로 사용하는 것이 화투만은 아니다. 고스톱만도 아니다. 마작이나 빠찡고는 물론 당구, 장기, 그리고 가장 건전한 오락기구라는 바둑까지 도기로 변질되고 있고, 스포츠 게임의 승부에도 관람자끼리 돈을 걸어야 직성이 풀리는 세태다. 하다못해 담배 한 개비라도 말이다.

또 즐기는 장소만 해도 종전의 뒷골방을 벗어나 이제는 사무실, 주차장, 상가, 룸싸롱, 대합실, 열차, 여객선, 학교, 수영장, 다목적용 봉고차, 유원지, 정자나무 아래, 등산길, 심지어는 파출소에서도 벌어진다고 하니 그야말로 '장소 불문 시간 불문'은 이래서 생긴 말이다.

즐기는 명분 또한 각양각색, 이유를 대면 안될 명분이 하나도 없다. 초상집이나 백일집, 집들이 등은 전통적으로 내려오는 고유의 명분이요, 결혼·출산·전근·승진·입사·출장·숙직·심심풀이 등 갖다 붙이기만 하면 다 명분인데 명분이 여기서 그칠 리 없다.

어디 그뿐이랴, 이제는 일상생활 언어까지 고스톱화 되어 국어순화운동은 저만치 멀어진 느낌이다. 일례로 축구장이나 야구장, 씨름판이 벌어지고 있는 스탠드의 관중석에 섞여 있노라면 응원의 함성소리 속에 더러는 다음과 같은 고함소리가 섞여 나올 것이다.

"고! 못 먹어도 고"

응원석에서 누군가가 고스톱을 치고 있느냐 하면 그건 아니다. '슛'을 하라는 재촉의 말이다. '안타'를 때리라는 격려의 말이다. 힘을 내라는 응원의 소리가 변형된 말이다. 고스톱 악풍 이후 '고!'는 고스톱에서 뿐만 아니라 때와 장소에 구별없이 갖가지 상황에 따라 변칙 활용되고 있는 것이다.

그런 세태를 풍자해서 지난 국회 회기 때, 자민련의 변수에 따라 부결이 예상되기도 한 대법원장 임명 동의안을 여당이 국회에 상정하게 된 배짱의 배경에도 누군가가 '못 먹어도 고합시다!'하면서 밀어부치자는 제안의 표현을 '고'로 강조했기 때문일지도 모른다. 물론 농담으로 하는 말이다. '농담'이라는 사족이 빠지면 안될 일이다. 따라서 이 책의 편집자는 '농담'이라는 사족이 '진담'으로 표기되는 오식이 없도록 이 부분의 교정에 철저히 임해주기를 차제에 당부한다.

이왕에 하는 농담으로 하나 더 첨부하자면, 생활언어가 고스톱화 되고 있는 추세에 부응하여 어떤 신혼부부는 침실에서의 그(?) 동작 구령을 '고!' '스톱!' '나가레!'로 대변했을지도 모를 일이다. '고!'하면 넣고 '스톱!'하면 빼고 말이다. 그리고 '나가레'하면 불발이라나?

이쯤 되어버린 세태라고 말하면 누군가가 그럴지도 모른다.

"새끼, 4.4.9통 십부족 같은 소리 까고 있네."

고스톱 종주국

잠시 농담 좀 했기로 지나치게 화를 낼 필요는 없다. 농담은 농담일 뿐이니까, 농담을 수용할 줄 모르면 꽁 맥힌 사람이라는 비난을 받는 법이다. 6공시절 노태우 대통령도 자신을 코미디 소재로 써도 된다고 허락했는데, 누군지는 모르지만 당신 따위가 '코'를 풀다니……! 이것도 역시 농담, 각설하고 본론을 들어간다.

고스톱 공화국 운운한 명분은 또 있다. 우리가 사생결단으로 즐기고 있는 고스톱, 그 고스톱의 기구인 화투의 국적이 한국이라는 명분이다. 물론 족보를 대라면 할 말이 없다. 더욱이 나보다 끗발 높은 학자들이 중국이나 포르투갈, 혹은 일본을 주장하는 판세라면 나같은 3류는 그냥 입 다물고 있어야 신상에 좋을 일이다.

그러나 지금 입 다물고 있어야 할 형편이 아니다. 세계 속의 한국으로 뻗어가는 대한민국을 '고스톱 공화국' 운운한 죄가 있거늘 뭔가 명분을 세워야 한다.

전항에서 '범국민적 오락' 운운한 것만 가지고 수습될 성질의 것이 아니지 않는가. 어거지를 써서라도 이유를 대야 한다. 그 이유로 우리나라가 고스톱의 종주국임을 내세웠으니 그럴 듯하게 구실을 달아야 한다.

아놀드라는 서양의 학자는 '도박백과'라는 논문에서 최초로 카드를 사용한 것은 한국이며, '투전'이 카드의 시초라고 했고, 부르크린 박물관장인 크린의 보고서에도 한국의 투전을 서양카드의 뿌리로 추정하고 있다. 그것은 투전의 모양이 길쭉한 종이로 되어 있다는 것과 손에 들고 펼치는 모양에서의 유사점에서 찾을 수 있다.

따라서 이 주장을 받아들인다면 화투는 한국에서 태어나 서양을 거쳐 일본으로 한바퀴 돌면서 지금의 화투로 변형되어 다시 귀국했다고 볼 수 있는데, 더욱 신빙성 있는 근거로는 고스톱에서 '고!' 할 경우 투전의 소몰이에서는 '이랴!' 고스톱에서 '스톱!' 할 경우 소몰이에서는 '워!' 한다는 것처럼 '고'와 '스톱'의 규칙이 적용된 놀이가 투전이었다는 점이다. 바로 이것이 내가 주장하는 구실인 것이다.

아무튼 나는 고스톱의 원조를 '투전'으로, 국적을 '한국'으로 추측하는 서양학자의 주장에 동조하고 있다. 설령 추측이 빗나가고 언젠가 국내 학자들에 의해 학설이 정립되어 나의 동조가 우습게 되어버린다 해도 고스톱의 종주국을 한국으로 지적하는 데는 사양하지 않을 방침이다.

왜냐하면 앞으로 누누이 설명한 대로 현재 우리 사회에서 벌어지고 있는 고스톱 세태는 종주국과 다를 바 없다는 것이요, 종주국이 아니라고 하면 적어도 최다 고스톱 팬 보유국이라는 때문이다. 그것은 고스톱의 활동무대나 애호가들이 원산지로 추측하는 중국이나 포르투갈 그리고 창안국이라는 일본이 아니라 한국, 한국인이기 때문이다. 즉 종주국으로 손색이 없다는 말이다. 그러니 앞의 두 가지 이유로도 고스톱 공화국 운운은 큰 망발은 아니지 않는가?

사회가 고스톱을 권하니까 고스톱꾼이 생겨난다

1) 한국인이 고스톱을 치는 이유 중 가장 으뜸으로 내놓는 변(辯)이 이른바 '심심풀이'다. 그렇고 보면 2천만 고스톱 팬을 보유했다는 대한민국은 심심한 국민이 너무 많은 나라가 아닌가?

그렇다. 우리나라는 심심한 국민이 너무 많다. 국민 모두에게 일일이 '지금 심심하십니까?' 하고 물어본 것은 아니지만 오나 가나 쉽게 목격되는 것이 고스톱 놀이이고 보면 심심한 국민이 많다는 것을 체감할 수 있다.

그렇다면 우리나라에는 왜 심심한 국민이 많을까? 그것은 정부가 심심한 국민을 만들어 내기 때문이다. 즉 실업자를 양산해 내기 때문이다.

"보드라고잉! 그건 IMF 때문이랑께. IMF는 재벌들이 경영을 잘못한 탓이고잉!"

그건 나도 안다. IMF의 씨앗은 김영삼 정부가 뿌린 것이라는 것도 알고 있다. 그러니 '국민의 정부'는 열 받을 필요가 없다. 나는 지금 누구네 정부를 지목하는 것이 아니라 누구네 정부이든 경제정책을 잘못 펴면 나라가 망할 수 있고 따라서 실업자가 대량으로 양산된다는 점을 말하고 있을 뿐이다. 어쨌거나 누구네 정부 탓이건 결국 정부는 실업자를 양산시켰고 그 결과 심심한 국민들이 그만큼 늘었으며 고스톱 팬 또한 그만큼 증가했다.

심심한 국민들은 실업자 뿐만이 아니다. 개점 휴업 상태인 구멍가게 사장님들도 심심하기는 마찬가지다. 경제가 살아난다고는 하지만, 그래서 골프장은 만원이고, 외제 수입품은 동이 나는지 모르겠다만 각종 구멍가게는 파리가 없어서 못 잡을 지경이다. 이른바 대형 할인점이 손님들을 싹쓸이로 휘몰아 가고 있기 때문이다. 초반에는 식료품 정도에 불과했지만 지금은 가전제품·의류·문구에 이르기까지 그야말로 싹쓸이다. 그러니 심심하고 답답하고 환장해서 심심한 사람끼리 고스톱이나 칠 수밖에.

글로벌 시대, 유통 혁명의 일환인 할인점의 등장은 당연한 현상으로서 소비자 또한 득이 되는 입장이지만 구멍가게 경제를 살리는 방법도 연구해야 한다. 그래야 심심한 국민이 줄어든다.

어쨌거나 고스톱은 괜히 치는 게 아니라 심심해서 친다. 심심한 건 내 탓이 아니라 정부 탓일 수도 있다. 따라서 고스톱 놀이가 너무 극성이라는 비난에 앞서 심심한 국민들을 심심치 않게 해주는 비법을 연구하는 것도 고스톱 열풍을 식히는 묘법이다.

2) 고스톱을 치는 이유 중의 하나는 불로소득심리 때문이다. 즉 공짜로 남의 돈을 따보자는 심리다. 물론 공짜 심리는 정도의 차이가 있을 뿐 인간 누구에게나 있는 것이지만 우리 국민의 공짜에 거는 기대감은 각별했다. 왜일까?

그것은 소득분배 구조의 불균형 때문이다. 즉 가진 자일수록 더 많이 차지할 수 있고 못 가진 자일수록 더 가난해질 수밖에 없는 '부익부빈익빈(富益富貧益貧)' 현상 때문이다.

이러한 소득분배 불균형은 부정과 비리, 그리고 부동산 투기가 극성이던 70년대 중반에 극심했다. 하룻밤만 자고 나면 돌밭이 금밭이 되어 부동산 투기꾼들은 갈쿠리로 돈을 긁어들였지만 돌밭은커녕 똥밭 한 뙤기도 없는 서민은 되려 전세값 인상에 허리띠를 졸라야 했다.

IMF 이후 금리가 폭등하자 졸부 사모님들은 너무 신이 나서 아가리가 벌어지는데, 차마 내놓고 웃을 순 없으니까 화장실에서 웃고, 직장 잃은 가장은 가족들 몰래 화장실에서 통곡

했다는 이런 세상, 이런 사회구조에서 고스톱으로 용돈 좀 벌어보자는 심리를 탓할 수만 있겠는가. 정작 큰 노름꾼은 딴 곳에 있는데 말이다.

3) 우리 국민은 해방 이후 오늘에 이르기까지 정치인들을 비롯 사회 지도층 인사들의 갖가지 꼴불견 작태, 그 목불인견(目不忍見)을 보면서 살아왔다. 그냥 살아온 게 아니라 울화통을 짊어지고 살았다.

우리 국민이 고스톱을 치는 이유 중의 하나는 바로 그 때문일 수도 있다. '울화통' 때문일 수도 있다. 홧김에 서방질 하듯 정치권에 대한 분노, 사회 지도층에 대한 불신으로 파생되는 울화통을 달래려고 에라! 하고 고스톱이나 치는지도 모른다. 전두환 대통령이 '정의사회 구현' 어쩌구, 노태우 대통령이 '범죄와의 전쟁' 저쩌구 했다만 그동안 사회불안 요소를 만드는 일차적 흉악범들은 정치인이 아니었던가.

그렇다면 고스톱놀이가 극성인 것은 국민 탓이기 보다 못난 짓만 골라하는 정치인과 사회 지도층 인사들 탓일 수도 있다. 이 말에 수긍한다면 그대들은 가슴을 쳐야 한다.

"어떻게 말이오?"

"내탓이요! 내탓이요! 내 큰 탓이로소이다! 하고 세 번 가슴을 쳐라."

"그러다가 심장 터져 죽으면 어쩔려고?"

"죽거나 말거나 내가 알게 뭐요?"

4) 이런 저런 이유를 댔다만 국민이 고스톱을 즐기는 이유

는 뭐니뭐니 해도 우리 사회에 고스톱 말고는 별로 즐길만한 성인 오락이 없다는 데 있다.

이상 우리 국민이 고스톱을 즐길 수밖에 없다는 사회적 환경을 변론으로 제시했다. 조금은 비약시킨 점도 있다만 한국인이 고스톱을 칠 수밖에 없는 환경 속에 처해 있음은 분명한 사실이다. 우리 사회가 고스톱을 치도록 권하고 있는 것과 다를 바 없을 정도로 말이다.

때문에 무조건 고스톱 놀이 행위를 나쁘다고 탓할 게 아니라 건전한 놀이로 변화시킬 묘법을 찾는데 공을 들여야 할 것이다.

정치 · 사회풍자 고스톱

우리 사회에 새로운 문화형태로 심어지고 있는 고스톱. 고스톱은 이제 놀이로서만이 아니라 사회상 혹은 정치상을 반영하는 새로운 형태의 문화를 연출해 내고 있다.

정치인의 일면을 고스톱으로 우화한 이른바 '정치풍자 고스톱'과 오락문화 부재의 갈등 해소와 한탕주의 세태를 반영하는 '사회풍자 고스톱'이 바로 그것이다.

회고해 보면 화투놀이의 하나인 '섰다'에도 일찍이 역사성, 혹은 정치성이 반영되어 왔다. '섰다'라는 도박의 족보를 보면

38선을 뜻하는 3.8광땡이 있고 1·4후퇴를 뜻하는 1.4가 있고 5·16을 상징하는 5.7(1×6)이 있는가 하면 10·26을 상징하는 장(10)팔(2×6)이 있다.

이처럼 '섰다'의 족보에 엄청난 비극적 사건과 관련된 날짜가 등장되는 것은 이미 일찍부터 화투가 사회성을 반영하고 있었음을 알 수 있는 것이다.

이 외에도 5·17로 3김과 함께 많은 정치인들이 부정축재자로 몰려 정치 일선에서 물러나자 '싹쓸이' '오야 맘대로'하는 고스톱 용어가 등장했고 이때에 '오는 말이 거칠어야 가는 말이 부드럽다'라는 신종 속담이 생겨났음을 주지할 때 화투는 시대를 조명하는 거울이기도 한 것이다.

지난 대통령선거 직전부터 학생사회에서 지어낸 '선거 시리즈'에서도 우리는 화투(고스톱)가 사회적 조명기구의 하나로 등장되었음을 증명할 수 있다.

— 노태우, 김영삼, 김대중, 김종필 네 사람이 고스톱을 치고 있었다. 노태우가 선(오야)을 잡고 네 몫의 패를 돌렸다. 고스톱은 세 사람이 하는 것이기에 누군가 한 사람은 기권을 해야 했다. 그러나 노태우는 오야이니까 기권을 할 수 없었다. 김영삼은 5광패를 잡았으니 '고!'할 수밖에 없었다. 김대중도 7띠의 패가 들어왔으니 찬스라고 판단해, '고'를 할 수밖에 없었다. 김종필은 공포의 칠각피를 들었으니 승산이 있다고 판단, '나도 끼자'고 통사정을 했다.

이렇게 서로 들어가지 않고 팽팽하게 맞서자 누군가가 담요를 벌컥 뒤집으며 '이거 정말 안할 거야?'라고 고함을 쳤다. 그러자 담요 속에 누워있던 대통령이, '거 참 시끄럽게 구는구먼, 대통령을 하기 싫은 모양인데, 그렇담 내가 다시 하지뭐'하고 툭툭 털고 일어났다 —.

전두환 정권이 끝나갈 무렵, 1노 3김 모두가 대통령이 되는 찬스라고 판단, 물러설 줄 몰랐던 당시의 정치상을 고스톱으로 풍자한 것으로 정치인에 대한 비판의식과 비웃음이 고스톱에도 반영되고 있음을 당사자는 물론 정치인은 주시해 볼 필요가 있을 것이다.

정치인을 풍자하는 변형 고스톱

정치적 격동기나 사회적 갈등기에 민의는 여러 가지 모습으로 나타난다. 은어와 속어로도 나타나고, 유언비어나 블랙 유머로도 나타난다. 대중사회의 속어 중 '생쥐 시리즈'에서 생쥐가 개를 보고 '개판이군'하고 비웃는다든지, 소 등에 올라가 '콱 밟아버려'라고 하는 따위가 바로 그 한 예이다.

다시 말해 쥐는 개나 소에게 상대가 되지 않는 약자이면서도 그들에게 굴복하는 것이 아니라 도리어 얕잡아보기까지 하는 어처구니없는 저항을 하는 것이다.

여기서 우리는 '약한 자'를 상징하는 쥐가 '강한 자'를 상징하는 개와 소에게 강한 저항의식을 나타내면서 그 속에 권력자에 대한 자조적인 비웃음이 역설적인 풍자로 내포되어 있음을 느낄 수 있다.

각설하고, 최근에는 고스톱에도 민의가 나타나고 있다. '전두환 고스톱', '장세동 고스톱' 등 고스톱에 정치인의 이름을 부여한 이른바 '정치풍자 고스톱'이 그것인데, 대체로 '설사'나 '싹쓸이'를 했을 때 그 규칙을 어떻게 정하느냐, 즉 '피'를 한 장씩 가져 가느냐, 왕창 다 가져 가느냐, 주는 대로 받느냐는 식으로 대상 인물의 정치적 이슈를 변형된 규칙으로 풍자하고 있는 것이다.

한 예로 '전두환 고스톱'의 경우 '싹쓸이'를 했을 때 피를 한 장 기증받는 종전의 규칙과는 달리 상대의 의사와 관계없이 상대방이 이미 노획한 전리품 중에서 자기에게 필요한 패를 한 장씩 빼앗아 오는 규칙이 적용된다. 즉, 청단을 하고 싶으면 상대방이 소유한 청단을, 광으로 나고 싶으면 광을 빼앗아 올 수 있는 규칙이 적용됨으로써 싹쓸이 한 번이면 게임을 단숨에 역전, 승부를 가를 수 있는 위대한 힘을 발휘하게 되는 게임인 것이다.

이처럼 전두환 고스톱에 싹쓸이 한 번으로 상대방의 패를 마음대로 빼앗아 올 수 있는 규칙이 부여된 데는 역사적 배경이 있다고 볼 수 있다. 즉, 전두환씨는 5·18로 '싹쓸이'하여 정권을 '빼앗았다'는 민의의 반영인 것이다.

그 진위는 필자가 가릴 성질이 아니지만 민정당을 상대로 '공화당 재산반환 청구소송'을 낸 공화당이 '빼앗겼음'을 주장하는 것도 전두환 고스톱의 창안 배경과 맥을 같이 하고 있다. 다시 말해 싹쓸이 상대의 패를 마음대로 빼앗는 풍자는 12·12 이후 전두환씨는 본인이 마음먹은 대로 다 거두었다고 보는 대중의 시각에서 전두환씨의 정권 스토리를 반영한 것이다.

　이처럼 정치인을 풍자하고 있는 변형 고스톱의 종류는 20가지. 쓰리고를 불렀다가 실패하면, 해서는 안될 3선개헌을 했다는 벌칙으로 3곱을 변상해야 하는 '박정희 고스톱'을 위시해서 싹쓸이를 했을 경우 오히려 상대방에게 피를 한 장씩 증정해야 하는 실권 잃은 대통령의 딱한 처지를 풍자한 '최규하 고스톱'. 게임 시작 전, 선은 자신이 소유한 패를 상대선수에게 공개해야 하는 '마음을 비웠다'는 '김영삼 고스톱'이 있는가 하면, 일단 '스톱'을 불렀다가 다음 선수의 내놓는 패와 뒤집어지는 기리패의 판세를 확인한 다음 '고를 부를 수 있는 김대중 총재의 '불출마선언 번복'을 풍자한 '김대중 고스톱'과 4당체제에서 캐스팅보드를 쥐고 있는 공화당을 풍자한, 끝번 선수가 '오야'를 마음대로 지적할 수 있도록 한 '김종필 고스톱' 등이 있는데, 풍자 고스톱은 여기서 멈추지 않는다. 5공화국 당시 신민당 총재이면서도 당의 진로 결정을 장외인 두 김씨에게 물어야 했던 이민우씨의 처지를 빗대어, 점수가 낮아도 '고'와 '스톱'의 결정권을 상대 두 선수의 합의에 따라야 하는 '이민우 고스톱'이라든지, 싹쓸이나 설사패를 먹었을 경우 전두환 고스톱처럼 마음대로 가져 가지만 형인 전두환씨를 상징하는 '팔광'만은 가져 갈 수 없도록 고안된 '전경환 고스톱'에 이르면 그 풍자가 극치를 이룬다.

또한 설사를 하면 상대 두 선수에게 피를 한 장씩 토해내야하는 규칙이 고안된 배경에 형의 후광으로 싹쓸이 하듯 권력을주물렀지만 지금은 '설사'를 하고 있다는 전두환씨의 새마을 스토리가 삽입되어 있음을 감지할 때, 우리 사회에 번지고 있는변형 고스톱의 풍자에는 민중의 날카로운 시각이 집약되어 있음을 정치인은 간과할 수 없을 것이다.

민중의 시각이 얼마나 날카로운가는 백담사에 가기 전 이순자씨가 '빽도 없고 힘도 없다'며 신세를 한탄(?)했다는 보도가나왔을 때 고스톱 창안자들의 즉각적인 반응에서도 엿볼 수 있다. '이순자 고스톱'이 바로 그것인데 '팔공산(8)'을 설사했다가자기가 다시 먹어가면 아웅산 고스톱처럼 상대방이 그때까지노획한 전리품을 몽땅 싹쓸이해 가는 규칙을 부여함으로써, '지금은 설사중이지만 그것은 어디까지나 작전 설사, 풍비박산 당하지 않으려면 조심들 해!'한다는 이순자씨의 한서린 심경을풍자했다고 전해지는 바, 풍자가 이쯤되면 고스톱은 분명 우리사회를 반영하는 조명기구임에 틀림없다.

싹쓸이 심리의 사회·세태 반영

유행한 고스톱의 패턴을 보면 그 속에서 노출되는 대중의 반사 의식을 엿볼 수 있다. 고스톱의 유형과 사회성은 무관하지않다는 말이다. 예를 들어 최근 유행하는 고스톱의 변형된 규칙을 보면 종전의 오리지널 고스톱과 판이하게 다르다. 한마디로 '너 죽고, 나 살자'는 식의 대형참사(큰 점수)를 유도한 규칙이 많이 적용되고 있는 것이다. '설사'제도를 적용한 것이 그 시발점인 바 '아웅산 고스톱'을 대표적인 예로 들 수 있다.

아웅산 고스톱은 미얀마의 아웅산 폭파사건 때 '죽은 자와 산 자'를 묘사한 게임으로서 풍 열끗을 먼저 먹고 뒤집어서 국진 피를 동시에 먹으면(풍 열끗은 10월, 국진 피는 9일, 즉 사건 일자를 상징함) 상대방이 그때까지 먹어 논 전리품을 전부 몰수해 가는 규칙이 적용된다. 단, 팔광 한 장과 비 닉장만은 면책을 받는다. 이것은 미얀마사건 당시 생존자는 대통령과 대체로 '비'수행원이었음을 감안, 팔광을 대통령으로, 비 닉 장은 비수행원으로 상징하여 면책을 받게 한 제도이다.

대단한 풍자요 익살이기도 하지만 '한탕주의'로 치닫고 있는 우리 사회의 세태가 가장 잘 표현된 고스톱이다. 그것은 아웅산 고스톱의 상상 못할 큰 점수에 있다. 이를테면 풍 열끗과 국진 피를 먹어서 상대방의 전리품을 전부 몰수해 오면 이쪽의 점수가 큰 것은 물론 '피박'과 '멍텅'은 물론 '쓰리고'까지 가능하게 되어 대형 점수가 나는 것은 불을 보듯 뻔한 것이다.

예를 들면 상대방 두 사람의 전리품을 다 몰수해 오면 줄잡아도 40점, 쓰리고와 멍텅, 피박의 룰을 적용하면 '따따따블', 따라서 320점의 고점수가 된다. 만약 흔들고 쳤다면 640점이요, '띠'점수를 따블로 쳐주는 규칙이 적용되면 1,280점이다.

만약 상대방이 고를 불렀다가 고 바가지를 쓴 결과라면 혼자서 2,560점을 물어야 한다. 점 천원짜리라고 가정해도 한 판에 2백60만원대, 도박사들이 점 만원짜리를 친다면 한 판 2천 6백만원대다. 아무리 게임이 부진했다 해도 마지막 한 판에 이런 일이 벌어지면 그야말로 한방에 전세를 역전, 승리할 수 있다.

이처럼 고스톱에 큰 점수가 나도록 자꾸 고안되는 것은 곧 우리 사회에 만연된 한탕주의 소산으로 보여진다. 사실 우리 사회는 아직 땀흘리는 대가의 보상이 충분하지 못하다. 거기에 비해 부동산이나 증권 투기의 한탕으로 부를 축적하는 졸부는 줄지 않고 있다.

또 한탕을 용이하게 하는 경제구조도 거두어지지 않고 있다. 따라서 대중은 경제적 충족을 흘린 땀과 비례시키는 것이 아니라 한탕의 찬스에 기대를 걸고 있다. 대우를 말아먹은 김우중 회장의 행보 또한 한탕주의에 예외일리 없다. 고스톱에 큰 점수가 나도록 고안되고 있는 것도 바로 그러한 불로소득의 심적 바탕에서 이루어지는 것이다.

사회를 풍자하는 변형 고스톱은 한탕주의뿐만 아니라 '성인 오락문화'가 부족한 우리 사회의 실상을 측면으로 잘 나타내고 있다. '부패 고스톱', '차이나 고스톱', '엿장수 고스톱', '김지미 고스톱', '이주일 고스톱' 등 20종에 이르는 각종 사회풍자 고스톱이 그것인데 그 게임의 규칙 대부분이 승부보다는 오락적 요소에 치중해 있다는 점이다.

몇 가지 예를 들자면, 싹쓸이를 하면 상대의 패를 볼 수 있는 '뭔가를 보여준다'는 이주일 고스톱, 기리패를 흐트러뜨리고 부폐 음식을 골라 먹을 때처럼 뒤집고 싶은 패를 골라 뒤집는 부폐 고스톱 등인데 이러한 규칙은 기술보다도 순전히 운이 작용하는 게임이 되어 폭소를 자아낸다. 한마디로 도박용이 아닌 오락용인 것이다.

이러한 오락용 고스톱의 등장을 필자는 우리 사회에 성인오락이 부족한 데서 오는 궁여지책으로 해석하고 있다. 다시 말해 현재 우리 사회에는 성인들 여럿이 함께 즐길 수 있는 오락이 고스톱 외에 별반 없다는 말이다. 물론 골프도 있고 승마, 요트, 테니스 등 없는 건 아니다. 그러나 그런 종류는 가진 자들이나 가능한 놀이다. 낚시나 등산도 있지만 따로 시간을 내야 하고 장비가 구비되어야 한다. 바둑, 장기가 있지 않느냐는 반론도 있겠지만 그건 두 사람만이 할 수 있는 게임이다.

결국 무엇인가? 그건 현재 우리 사회에 성인 셋 이상이 함께 즐길 수 있는 오락기구가 화투 외에 별반 없다는 데 문제가 있다. 어떤 사람은 윷놀이를 내세우지만 윷놀이할 멍석을 신문지 말듯 돌돌 말아가지고 다닐 재간이 없고 그 공간이 시시때때로 마련되어질리 없는 이상 그건 무리다.

농담이 많은 글이 되었다. 그러나 농담 속에 진담 있고, 진담 속에 농담이 있는 법이다. 농담과 진담을 구별하는 능력은 오직 독자에게 달려 있다.

제 2부
고스톱판의 요지경 세상

주식회사 고도리

고스톱은 이제 '심심풀이 땅콩'이 아니다. 남녀노소를 불문, 고스톱은 이제 우리 생활 속에 하나의 도박 형태로 자리를 굳히며 고스톱 망국론을 불러일으킬 지경이 되었다.

그러나 필자는 이에 시비를 걸지 않으려 한다. 이미 '심심풀이'의 경지를 벗어나 고삐 풀린 망아지처럼 날뛰는 판세에 시비를 걸어본들 별다른 효험이 없다고 보기 때문이다.

따라서 오늘은 비평을 생략하고 고스톱때문에 빚어진 갖가지 웃기는 사례를 소개하려 한다. IMF이후 우리는 구세주가 오신 것처럼 DJ를 대통령으로 반겼건만… 물건너 가버린지 오래고, 웃을 일이 별로 없는 재미없는 세상에, 그나마도 짜증나는 계절에 한번 웃어보는 것도 보약이라면 보약이다. 이 글은 그동안 시덥잖은 필자의 글을 읽어준 독자에게 드리는 보너스다.

고스톱판의 요지경 세상
■

한판 벌이는 고스톱 현장에서나 혹은 고스톱 때문에 빚어진 웃지 않고는 못 견딜 일화는 우리 주변에 수없이 많다.

다목적 봉고차 안에서 한판 벌였다가 흔들고 쓰리고에 피박을 당하자 당한 쪽에 투자를 한 운전수가 쇼크를 먹고 교통사고를 냈다는 얘기며, 몇 년 전 제주공항에서 악천후로 비행기는 안 뜨고 줄은 잔뜩 섰는데 차례를 지키지 않고 일부 실력자를 우선 탑승시키는 바람에 난장판이 되자 항공사측에서 무마책으로 '지루한 시간 심심풀이나 하라'면서 화투를 분배했더니 좀전까지 서슬이 퍼래가지고 악을 쓰던 사람들이 그때부턴 군소리 없이 고스톱을 즐기더라는 얘기며, LA공항 대합실에서 한국인들이 고스톱판을 벌여 국위를 선양(?)했다는 얘기는 TV, 신문을 통해 널리 알려진 일.

이후에도 고스톱에 얽힌 웃기는 사례는 계속 나타났다.

추석 성묘때, 조상의 묘에 절을 하면서 '똥 흔들고 쓰리고에 양피박 먹게' 해달라고 빌었다는 아가씨, 중국집 주인이 종업원과 판을 벌였다가 마지막에는 종업원이 주인이 되고 주인은 종업원이 되었다는 얘기며, 고급 장롱을 사고 장롱값 2천여만원을 고스톱으로 따서 치뤘다가 상습 사기도박으로 구속된 이촌동 아무개 여자의 스토리 등 고스톱에 얽힌 일화는 한 편의 희극을 연상케 한다.

지금부터는 그 희극적 드라마를 공개하는 바, 독자는 이 드라마의 진위를 가릴려고 애쓰지 않기를 바란다. 실화도 있고, 들은 이야기를 다시 각색한 것도 있고 대체로 믿거나 말거나 한 스토리이기 때문이다. 그렇다고 거짓말이라는 말은 아니다. 사실에 입각은 했지만 분명치 않기 때문에 미리 양해를 구하고자 하는 말이다.

* 고스톱판의 해결사

1999년 겨울, 폭설이 쏟아지고 있는 새벽 3시. 저자의 침실에 전화벨소리가 요란하게 요동을 쳤다.

"누구십니까?"

"박사님 계십니까?"

상대편은 자신의 신분도 밝히지 않은채 다짜고짜 박사님을 찾았다.

"박사라니요?"

"거 왜 있잖습니까?"

"있다니요? 뭐가 있다는 말입니까?"

"고박사말입니다."

나는 이내 상대가 자신을 찾고 있다는 것을 감지했지만 심야에 전화를 걸며 사과 한마디는커녕 경망스런 상대의 말투가 괘씸해서 능청을 떨었다.

"글쎄요. 학사라면 몰라도 박사는 없는데요."

"거 왜 있잖아요. 고스톱박사 이호광씨 말입니다."

"용건만 말씀하세요. 제가 이호광입니다."

"저 말인데요. 중(中)이 청단 비상을 걸었는데요, 바닥에 5 난초 예비군이 초출로 깔렸었걸랑요. 저는 말(末)인데요. 예비 군 한 장을 갖고 있었지만 진쪽이 아니라서 선(오야)에게 걸려 보냈걸랑요. 말이 진쪽도 아닌 예비군을 먹게 되면 선의 패가 중에게 밀려갈게 뻔하잖아요. 그런데 선에게도 수비패가 없어 서 결국 걸려서 돌아오는 5난초를 중이 진쪽으로 쳐서 청단을 났는데 이럴 때 제가 독박에 해당되남유?"

"글쎄요. 규칙은 정하기 나름인데 사전에 규칙을 정하지 않 았나요?"

"안 정했구만유. 그래서 '전국통일안'대로 하자고 했지유."

"그런데 지금 책이 여기 없걸랑요. 그래서 박사님께 물어보 구 박사님 유권해석에 따르기로 합의를 했걸랑요."

비상걸린 패를 끝 선수가 걸려 보내어 점수를 나게 했을 때 독박이 되느냐 아니냐로 시비가 붙은 모양인데, 나의 유권해석 에 따라 시비가 가려져야 할 운명. 그러나 나도 섣불리 답하기 곤란. 홍싸리 한장 때문에 살인사건이 벌어졌던 노름판의 살벌 한 풍경을 상상하면 내 말 한마디에 벌어질 희비쌍곡선이 아무 래도 부담되었다.

"제가 내린 유권해석에 전부 따르기로 동의했단 말이죠?"

"그렇다니까요."

"그걸 제가 어떻게 믿어요. 나중에 군말이 많을 텐데."

"따르기로 했다니깐요."

그때 '염려마슈 따를테니까' 하는 선수들의 화답 소리가 수화기 속으로 새어들어 왔다. 나는 유권해석을 내렸다.

"말이 예비군을 걸려보낸 것은 기술적으로는 당연히 그래야 합니다."

"그렇지유. 잘한 거지유?"

"그렇지만 선이 수비패가 없었으니 댁이 최종 수비자로서 비상건 패를 걸려 보낸 책임은 면할 수가 없습니다. 따라서 독박입니다."

"아까는 당연하다고 했잖아유?"

"선에게 수비패가 있다는 것을 감지하고 걸려 보냈어야 당연한 기술이지 그것을 감지 못하고 걸려 보냈다면 패를 읽는 안목이 부족한 탓입니다. 패를 걸려 보낸 의도는 정상이 참작되지만 수비의 책임은 최종 수비자에게 있다는 통일안규칙에 의하면 독박을 면할 수 없습이다."

"지미 10. 8"

"지금 뭐라고 하셨습니까?"

"아녀유. 그냥 혼자 해본 소리여유."

"그나저나 지금 몇시죠?"

"새벽 3시가 조금 넘었나봐유."

"그래서 하는 말인데요 도대체 무슨 배짱으로 새벽 3시에 전화를 한단 말입니까?"

"아시다시피 고하다 보면 시간가는줄 모르잖아유."

"그렇다고는 하지만 좀 지나치지 않습니까?"

"독박 써서 열받았는데 그거 따질 겨를이 없었구만유."

"앞으로 조심하십시오. 그런 일로 남의 잠을 깨우다니."

"낮에 잠자고 밤에 글쓰신다는 거 다 알고 전화한 건데 거 괜히 독박씌우지마슈!"

'고스톱통일안'을 제정 발표한 후 나에게는 별아별 전화가 다 걸려 온다. 앞의 글처럼 규칙에 대한 분쟁 때문에 유권해석을 얻고자 하는 전화는 비일비재. 그래서 나는 자신도 모르게 '고스톱판의 해결사'로 등극. 그런가 하면 은근히 한 수 지도해 달라는 전화도 더러 있다.

* 가문의 영광입니다

고스톱에 관한 글을 발표한 이후 나는 자의반 타의반으로 한때 고스톱 삼매경에 빠진 적이 있다. 출판사나 잡지사 등을 방문하게 되면 다른 볼일로 방문했던 낯선 사람들이 왈,

"뵙게 돼서 영광입니다. 박사님과 한판 두들길 수 있다면 더욱 영광이고요."

그래서 한판 두들게 되고 그러다가 날밤 새우는 일도 부지

기수였다.

어느날 나는 S은행의 지점장이라고 신분을 밝힌 낯선 사람에게서 전화를 받게 되었다.

"김차장한테 말씀 들었습니다."

김차장은 내가 사는 아파트의 관리비를 수납하는 모 은행 지점의 차석인데 나는 그와 어젯밤 우연찮게 고스톱을 치게 되었다.

아파트 관리소에 업무차 방문한 김차장과 하자보수 관계로 관리소를 방문한 그가 관리소장의 소개로 상견례. 결국 관리소장과 동대표회장, 김차장, 이렇게 넷이 닭도리탕집에서 고도리를 발가먹었는데 결과는 내가 싹쓸이. 김차장은 고스톱박사하고 고스톱을 쳤다는 그 자체를 영광스런 일로 자랑삼아 나의 신출귀몰한 실전보를 과장해서 지점장에게 보고(?)했던즉, 하여 전화를 하게 되었노라고.

"얼마든지 잃어도 좋으니 한 수 지도해 주시면 가문의 영광으로 여기겠습니다."

얼마 후, 김차장을 대동하고 나타난 지점장은 나를 모 산장으로 모시고 가서 극진히 대접해 가며 실컷 돈을 잃었다. 그렇지만 지점장은 조금도 섭한 마음없이 가문의 영광이 되었다며 감사를 연발했다. 돈잃고 속 좋은놈 없다는게 노름판의 정설이고 보면 아무래도 숨겨진 사연이 있을 듯.

"과거 기업에 접대용 술상무가 있었듯이 요즘은 거래처 사람에게 로비용으로 적당히 돈을 잃어 주는 고스톱 상무가 있다는

데 아마도 지점장은 고스톱 상무의 임무를 띠고 그날 나와 한 판 벌인 것 같습니다. 그 무렵 제가 사는 아파트에서는 관리비 수납은행을 다른 은행으로 바꾸려는 움직임이 있었는데 노골적인 부탁은 없었지만 영향력을 행사해 달라는 취지의 작전이 분명했어요. 잃어주는 것도 맘대로 안되는 것이 고스톱 게임인데 적당히 잃어 주는 그 실력이 보통이 아니더란 말입니다. 그렇지만…"

그 지점장의 작전은 실패작. 영향력 행사는커녕, 나는 닭잡아 먹고 오리발. 어쨌거나 그 지점장의 가문에 영광이나 되었는지 궁금하다.

* 이기면 본전 지면 개망신

현재 나의 고스톱 실력은 승률 8할대의 아마 정상급. 〈고스톱 손자병법〉의 저자라는 신분 때문에 저자와의 한판을 요청하는 팬(?)들의 성화에 못이겨 한판 두판 실전에 임하다 보니 실력이 향상된 것인데, 어쨌거나 원숭이도 나무에서 떨어질 수 있듯이 나도 더러는 게임에서 지는 날이 있는 법이다.

그럴 경우 나는 다음 기회에 기필코 복수전을 펼쳐 지난날의 원수를 갚고야 만다. 때문에 돈에 눈먼 악당으로 오해를 받을 수도 있는데, 내가 악착같이 복수전을 펼치는 데는 특별한 이유가 있다.

"이길 수도 있고 질 수도 있는 것이 고스톱 게임인데 어쩌다 한번 진 것이 뭐가 그리 원통할 수 있겠습니까마는 나의 경우는 어쩌다 한번 지면 문제가 좀 고약해집니다. 무슨 말인가 하면 내가 이기면 그것은 〈고스톱 손자병법〉의 저자로서 당연한 일로 여기는 반면 어쩌다 지는 날엔 '저자도 별 수 없구먼.' 하며 비아냥 댄다 이겁니다. 즉 이기면 당연한 것이고 지면 개망신이죠. 뿐만 아니라 고스톱박사와 게임해서 이겼다며 동네방네 자랑을 삼는데…."

그 소문이 꼬리에 꼬리를 물고 안 가는 곳이 없다는 것이 문제란다. 어느날 내가 택시를 탔는데 운전수가 〈고스톱 손자병법〉을 읽어봤냐고 묻기에 안 읽어 봤다며 능청을 떨었더니 운전수 왈,

"그 책 사보지 마쇼."

"왜요?"

"엉터리 책입니다."

"읽어보셨나요?"

"아뇨. 사볼려구 그랬는데 필요없게 됐어요."

"왜요?"

"조금 전에 어떤 손님을 태웠는데 어젯밤 〈고스톱 손자병법〉 저자하고 고스톱을 쳐서 왕창 땄다고 자랑을 합디다. 그러면서 하는 말이 〈고스톱 손자병법〉저자도 기술이 형편없더라는 거예

요. 그러니 그런 형편없는 사람이 쓴 책이 오죽하겠어요."

"아, 그렇군요. 저도 사볼려구 그랬는데 사볼 필요가 없게 됐군요."

다른 사람과 게임을 해서 이겼더라면 자랑삼을 일이 아니건만 고스톱박사로 소문난 이호광과의 게임에서 이기면 당연히 자랑거리. 그래서 그 자랑이 부풀려져서 고작 돈 만원 딴 것을 가지고 수십만원 땄다며 자랑을 삼고 있으니 이는 분명 명예훼손(?). 그러니 복수전을 펼쳐서 나의 따끔한 맛을 보여줄 수밖에.

* 고도리 경리 미스 고

다음의 대화에 주목하기 바란다.

"애, 고공숙이 '떡방'에 취직했다더라."

"떡방? 떡찧는 방앗간 말이니?"

"에그 빙신, 떡방도 몰라? 복덕방 말야! 개가 거기서 뭐하는 줄 아니?"

"뭘 하다니? 여상 출신이 경리 빼고 나면 뭐 있어?"

"왜 없어?"

"뭔데?"

"고리!"

"고리?"

"그래, 걔 거기서 '고리' 본다더라."

"고리를 봐? 그러니까 호텔로 말하자면 도어맨이나 엘리베이터걸처럼 문고리 잡고 현관에서 드나드는 사람 시중든다 이거니?"

"어휴, 이 지지배 몰라도 너무 몰라! 문고리가 아니고 그냥 '고리!' 남자들 화투칠 때 개평 뜯는 거 있잖아?"

"뭐? 그럼 걔가 거기서 화투판 개평이나 뜯고 있단 말야? 경리 안 보구?"

"고리보는 거나 경리보는 거나 그게 그거지 뭐. 셈하는 건 마찬가지니까."

"어쩌다 그렇게 됐대?"

"들어볼래? 아주 웃긴다구!"

"웃긴다면 들어야지. 좀이 쑤시는 판인데."

"들어봐. 걔도 처음엔 무슨 건설회산 줄 알았대. 간판 그럴듯하지, 사무실의 소재가 광화문의 고층빌딩이겠다. 사방엔 온통 전국토를 세분한 지도가 널려 있으니 누가 봐도 영락없는 건설회사더란 말야. 사무실은 작아도 꽤 짜임새가 있어 보이더란 말이지. 그래서 걔는 첫날 바싹 긴장하고 조심을 떨고 있었는데 사무실의 한쪽켠을 칸막이로 가로질러 만든 사장실에서 '고얏!'하고 부르더래. 그래서 '부르셨어요? 사장님'하고 공손하게 사장실 문을 열고 들어갔대. 그랬더니 부른 적이 없다고 그러더래. 그랬는데 잠시 후 또 '고얏!'하고 사장님이 부르더래. 그래서 또 갔대. 그제서야 사장님은 뭔가를 알아채고 한바탕 웃어제끼더래."

"불러놓고 싱겁게 웃긴 왜 웃어?"

"잠자코 들어봐. 그때 사장은 친구들을 불러놓고 고스톱을 치고 있었단 말야. 마침 사장이 쓰리고 찬스를 맞아 호기있게 '고얏!'하고 외친 건데, 고공숙이는 '고양아!'하고 저 부르는 소린줄 알았던 거야."

"야, 고거 꽤 헷갈리겠는데, 그래서?"

"아닌게 아니라 헷갈리더래. '고얏'해서 가 보면 화투판의 '고'이고 정작 사장이 '고양아!'하고 부를 땐 화투판의 '고'인줄 알고 딴짓하기 일쑤여서 결국 고공숙이의 성을 미쓰 '짠'으로 바꿔 부르기로 했대."

"남의 귀한 딸 성은 왜 바꿔? 그리고 하필이면 왜 미쓰 짠이니?"

"응, 그건 고스톱 칠때 '고'하고, 고공숙이를 부를 때 '고'하고 헷갈리는 걸 방지하기 위한 대책이었는데 공숙이가 '고!'할 때마다 '짠'하고 나타나니깐 그렇게 된 거지."

"웃긴다 얘. 도대체 그 회산 밤낮 고스톱만 치는 거니? 경리 사원 성까지 바꿀 정도로 말야."

"그렇게 됐대. 부동산투기가 한창일 때 뻑적지근하게 재미를 봤던 회산데 투기억제 이후 파리가 없어서 못 잡을 지경인가 봐. 그래도 미련을 버리지 못해 '한탕'의 찬스를 기다려 사무실을 펼쳐놓고 있긴 한데 뭐 할 일이 있어야지. 그래서 여기저기 떡방 사람들 모아놓고 고스톱을 치는데 이건 어쩌다가 하는 심심풀이가 아니고 출근 직후 열시만 되면 사방에서 떡방 사람들이 얼기설기 기어들어와 판을 벌이는데 말이 점심내기지 여차하면 야근하기 일쑤래. 그래서 걔네 회살 뭐라고 부르는 줄 아니?"

"뭐라고 부르는데?"

"주식회사 고도리!, 그뿐인 줄 아니? 웃기는 소리로 하는 거겠지만 직책마다 부르는 호칭이 있는데 고도리 사장, 고도리 전무가 바로 그거야. 그러니까 고공숙이는 고도리 경리가 되는 셈이지."

"공숙이도 웃긴다 얘. 그딴 회사 뭣하러 붙어 있다니?"

"모르는 소리 작작해. 니네 회사 월급 50만원이지? 걔는 100만원이 넘어."

"거짓말 마라 얘. 여자 경리사원에게 100만원 월급 주는 회사가 대한민국 어느 천지에 있니? 더구나 파리를 날린다는 '떡방'에서 말야."

"이 지지배, 그렇다면 그런 줄 알 것이지 더럽게 의심하고 있네. 허기야 따지자면 월급은 40만원이래. 그러나 부수입이 매달 60만원이 넘는대. 그러니까 100만원 받는 거나 마찬가지지 뭐."

"걔 경리보면서 삥치는 거 아니냐?"

"그런 소리 마! 걔가 들으면 기분 나쁘겠다 얘. 정정당당하게 버는 수입인데 말야."

"경리본다면서 정당한 부수입이 어디 있어?"

"얘는 참, 누가 경리본다고 했니? 고리본다고 했잖아! 사장 이하 전무, 상무, 있을 직책 다 있지만 밤낮 화투만 치는 회사에 경리 볼 일이 뭐 있겠어. 한다는 일이 고작 때가 되면 중국집에 짜장면 시켜주고 담배 사오고 음료수 사다 바치고 그것뿐이래. 그러니 우두커니 전화통이나 잡고 있는 것도 짜증이 나고 해서 아예 사장실에 들어가 구경꾼이 되어 시간을 쪼개게 되었는데 그러다보니 자연스럽게 '고리담당 경리'가 되었더란 말야."

"정말 웃긴다 얘."

"진짜 웃기는 얘기는 지금부터야. 너도 알다시피 걔가 좀 악착같니? 누가 돈 좀 먹었다 싶으면 가차없이 고리를 뜯고 고리가 시원찮게 쌓이면 '치마 두른 여자도 점 천원짜리 친다는데 사장님들이 쩨쩨하게 점 5백이 뭐예요'하고 바람을 잡아 판돈을 올린대. 판이 오르면 자연 고리도 오르기 마련, 그래서 대략 하루에 쌓이는 고리돈이 10만원이 되는데 그 돈에서 짜장면 시켜주고 담배, 음료수 등 선수 후생복지비를 제하고 남는 건 다 제돈이 되는데 평균 5만원 벌이가 어렵지 않대. 그래서 가끔 수입의 일부를 떼어 사무실 경비조로 상납을 할 정도라니 여고 갓 졸업한 계집애 수입이 그 정도면 '떡방'이고 '고리'고 간에 누가 마다하겠어?"

"듣고보니 그렇다 얘. 나도 그런 델 가서 고리나 봤으면 원이 없겠다."

듣고보니 어떤가? 대학 나와 취직하기도 어려운데 미스 고처럼 고도리주식회사에 취직, 고리나 본다면 시집갈 밑천은 걱정없질 않을는지?

웃기는 사례를 꽁트로 엮은 이야기지만 고스톱의 세태를 짐작하고 남음이 있으리라 믿는다. 다음의 이야기 역시 꽁트로 엮은 필자의 체험담이다.

* 도박 구실 단골메뉴

도박하는데 무슨 명분이 있을까마는 그래도 가장 명분이 서는 도박은 유사 이래 초상집을 빼놓을 수 없다. 말하자면 그것은 도박이 아니라 지루하지 않게 밤샘을 하려는 단순한 오락이라는 구실을 달 수 있기 때문이다. 아닌게 아니라 엉뚱한 곳에서 밤샘으로 도박을 하고 와서 간밤 외박의 알리바이로 초상집 한 번 안 팔아 먹어 본 꾼은 없으리라.

필자의 친구 황 아무개가 바로 그 점에 있어서는 전과자다. 별을 붙이자면 한 두개 가지곤 어림없다. 그가 밤샘으로 도박하는 날은 으레 누군가가 죽었다(?), 아니 누군가를 죽여야 했다. 친구나 회사 동료의 아버지는 말할 것도 없고 이름도 얼굴도 기억에 희미한 국민학교 동창생이 죽어야 했는가 하면 심지어는 고등학교 은사까지 그의 합법적인 외박(도박)을 위해 그날밤, 그들은 억울하게 죽어주어야 했다.

아무튼 한 달에 한두 번쯤은 그의 밤샘 도박을 위해 누군가가 목숨바쳐 희생되어야 했고, 누군가가 희생되지 않는 날은 있지도 않은 숙직이라든가 지방출장을 핑계삼았는가 하면 그 흔해빠진 돌잔치 팔아먹기는 골백번도 더 했다.

어디 그뿐이랴. 내리 한 곳에서 30년 터줏대감으로 살고 있는 친구를 느닷없이 지방으로 위장 이주를 시켜 집들이의 구실을 조작해 내기도 했으니 이쯤 되면 그의 고스톱 열병은 가히 짐작하고도 남음이 있다.

그래서 그 친구는 매번 나의 고스톱 꽁트의 주인공으로 출연하는 영예를 누리기도 했는데 한번 스토리를 들어보기로 하자.

녀석은 오늘도 누군가를 죽여야 했다. 돌잔치를 핑계삼아 봤자 아내가 승인해 주는 시간은 고작 너댓 시간, 그러나 오늘의 승부는 너댓 시간 가지고는 불안하다. 원래 초반 끗발이 약하다는 징크스가 있어 오직 새벽 끗발 하나에 운명을 거는 녀석이다. 그래서 판을 벌이면 밤을 지새야 직성이 풀린다.

더구나 오늘 같은 날은 더더욱 그렇다. 고스톱의 황제라고 자처하던 녀석이 지난 주말 고스톱판의 애숭이한테 거금을 잃었다. 바로 그 복수의 칼을 갈고 닦아 재결투가 약속된 날이 오늘이기 때문이다.

오늘같은 날은 관객도 많다. 그 관객들 앞에서 지난번은 기술탓이 아니라 순전히 운이 나빴던 때문임을 증명해 보여야 한다.

이처럼 오늘은 중대한 대전이 있는 날이다. 이런 날엔 별수 없이 누군가를 죽여야 한다. 초상집의 구실을 만들어 아내로부터 합법적인 외박의 재가를 얻어야 한다.

그런데 문제가 생겼다. 바로 그 누군가를 죽여야 하는데 정작 죽어줘야 할 인물이 통 떠오르질 않는 것이다. 말하자면 죽어줄 인물이 바닥난 것이다.

사실인즉 녀석은 자기와 웬만한 인연을 맺은 사람은 이미 다 고인을 만들어 버렸다. 이럴 때 아내가 좀 미련만 했더라면 까짓것 한 인물 두 번 죽여도 탈날 바 없는데 아내는 생긴 건 맹추같이 생겼어도 기억력 하나는 일품이라 섣불리 한 번 죽인 자를 두 번 죽였다간 탄로나기 십상이다.

그래서 녀석은 출근 직후부터 자기를 위해 고인이 되어줄 인물을 픽업하기에 여념이 없다.

'사장을 죽여볼까? 안돼. 사장이 알면 난 즉각 모가지다. 사환애가 옥상에서 떨어져 죽었다고 할까? 그것도 안돼. 아무리 위장이지만 너무 젊어. 불쌍해. 죄받지 죄받아. 아, 그럼 누굴 죽인담……?'

아무리 죽어 줄 사람을 생각해 봐도 마땅치가 않다. 고작 있다면 살 만큼 살았으니 이쯤에서 죽어줘도 여한이 없을 사람은 장인·장모뿐이다. 그러나 그건 당장에 탄로날 일이고……. 그

때 번개같이 스치고 지나간 인물이 있었으니 그게 바로 필자였던 게다.

얼마나 궁했던지 녀석은 필자를 고인으로 만들어 버렸다. 무박삼일 밤샘으로 집필하다가 과로로 쓰러졌다나. 아마 그렇게 능을 쳤던 모양이다.

녀석이 죽을라고 환장을 했지 멀쩡한 나를 왜 죽여! 더구나 제 여편네는 사실 녀석보다 나를 더 존경하고 있다. 달리 존경하는 게 아니라 그녀가 산후조리를 제대로 못해 골병이 들어 있을 때 남편인 녀석도 못해준 보약을 내가 한 재 기증한 일로 그녀는 제 서방보다 나를 더 받드는 편이다.

녀석은 그걸 미끼로 삼은 것이다. 이호광이가 죽었다는 데야 여편네가 이것 저것 캐물을 리가 만무다. 필자의 마누라보다 더 펄펄 뛰며 울고 불고, 어서 가서 무박삼일 고인의 명복을 빌라고 성화일 것이다.

더구나 필자가 지방으로 이사를 한 직후라서 녀석의 부인이 나의 전화번호를 모른다. 그러니 급한 김에 일단 필자를 죽여 놓고 사후(?)처리는 다음에 해도 된다는 것이 녀석의 전략이었다.

사실 말이지 녀석처럼 철저하게 연막치는 기술자도 없을 것이다. 그처럼 많은 사람을 죽은 자로 위장시켜 놓고도 여태 한번도 발각이 되지 않았으니 말이다.

그것은 녀석이 죽은 자(?)들의 사후처리를 철저히 했기 때문이다. 이를테면 죽인 자들의 명단을 수첩에 일일이 기록하여 두었다가 이중으로 죽이는 실수를 범하지 않을 뿐더러 일단 고인이 된 사람과 부인과의 우연히 발생할지 모를 상봉을 갖는 수단으로 벽을 쌓아놓기 때문이다. 그래놓고는 다음 제삿날까지 한 번 더 구실로 이용해 먹는 기막힌 수를 쓰고 있는 것이다.

그러니까 녀석은 나와 제 아내와의 상봉을 미연에 방지하면 되는 건데 너무 급한 김에 필자의 재가도 없이 나를 고인으로 만들었다가 혼쭐이 나고 말았다.

공교롭게도 녀석이 나를 고인으로 만들어 버린 날 나는 한동안 연락이 두절되었던 녀석의 집을 방문한 것이다. 토요일 저녁 나절이었다. 그의 부인은 다시 살아온(?) 나를 보자 반가움보다도 놀람이 더 컸던지 헷가닥!

일이 이쯤 되었으니 녀석이 곤경에 처할 것은 뻔할 뻔자.

훗날 들은 얘기로, 녀석이 일요일 오후 눈을 게슴츠레 해가지고 와서 그냥 잠자코 있었더라면 나의 생환을 축하해서라도 봐줄려고 했는데 '과부가 된 나의 처와 자식들이 가엾게 됐다'는 둥 능을 쳤던 모양. 그러자 화가 난 녀석의 부인이 한 술 더 떠 '가장 친한 친구가 작고하였다는데 고작 하룻밤이 뭐유? 집걱정은 말고 장례는 물론 49제까지 치르고 오도록 해욧!'하고 강제로 집 밖으로 내쫓았다나 뭐 그랬다.

초상집 팔아먹는 독자나 혹은 그런 애인이나 서방님을 두신 분들은 깊은 감회가 있었으리라 믿는다.

고스톱판의 요지경 세상

*고스톱 부부열전

　요즘은 여성이 고스톱을 하는 장면을 목격하기란 그리 어려운 일도 아니거니와 특별한 일도 아니다. 간혹 신문지상에 '억대 주부 도박단 검거'라는 기사를 자주 볼 수 있듯, 최근 필자가 심사를 본 두 곳의 백일장 응모작품 중에서도 여성의 고스톱 동참 실태를 만끽할 수 있었다.

　하나는 시드니올림픽 백일장에 응모한 국민학교 5학년생의 글인데 지정제목인 '금메달'을 주제로 한 그 소년의 글이 한편은 웃기고 한편은 충격적이었다.

　얘기인즉, 소년의 어머니는 세탁소를 하는데 밤낮 동네 아주머니를 모아놓고 골방에서 고스톱을 친단다. 점 백원짜리가 고작이지만 소년의 어머니는 잃는 때보다 따는 때가 더 많단다. 그래서 많이 따는 날은 기분이 좋아서 용돈으로 만원을 성큼 주는 때도 있단다. 생각 같아선 올림픽에 고스톱 경기가 있더래서 소년의 엄마가 출전하면 금메달감이 틀림없을 텐데 아쉽다는 이야기였다.

　문장이 어지간만 했어도, 또 두 장 반짜리의 너무 기준에 미달하는 짧은 글만 아니었어도 선에 넣고 싶은 내용이었는데 아깝게 제외시켰지만 뭔가 섬찟함을 느끼게 한 요지의 글이었다.

　다른 하나는 주부백일장에 출품된 어느 주부의 글이었다.

　'시장'이라는 지정제목을 가지고 쓴 그 주부는 시장에 가면 아낙네들이 좌판을 무대로 고스톱을 치는 것을 목격하게 되는데 옛날 도박을 추방하기 위해 부지깽이를 들고 궐기했던 이야기를 상기하면 요즘 주부들이 한심스럽다는 요지.

이상 백일장의 글 속에서 여성의 도박 얘기가 나올 정도면 요즘 여성의 고스톱 열기가 어느 정도인지를 가늠할 수 있을 정도이다. 그래서인지 간혹 웃기는 사례로 여성이 등장한다.

전에 살던 동네에 허름한 미장원이 하나 있었다. 아내로부터 전해 들은 얘기로 치면 그 미장원은 부업이고 본업은 고스톱이란다.

사연인즉슨 석이 엄마라고 불리는 그 미장원집 아줌마는 영업은 아예 미용사에게 떠맡기고 고객들을 모아 내실에서 고스톱을 치는 걸로 짭짤한 재미를 본다는데 들리는 소문에 의하면 승률 8할대를 자랑하는 고스톱 유단자란다.

그래서 고스톱으로 올리는 수입이 미장원 수입을 웃도는데, 한편 그의 남편 김씨라는 사람도 일정한 직업없이 밤낮 노름방을 드나드는 화투의 귀재로 연전연승, 마치 그들 부부는 화투를 위해 태어난 사람들처럼 고스톱으로 짭짤한 재미를 보는 편인데 한 가지 웃기는 사례가 바로 다음의 이야기.

어쩌다 어느 한쪽이 터진 날이면 그들 부부는 저녁에 이부자리 펴놓고 낮에 패했던 고스톱을 복기를 해가며 원인을 분석한단다.

이를테면 부부끼리 맞고로 전략을 재평가, 다음날의 전투에 임한다는 얘긴데 부부가 이쯤되면 세상에서 둘도 없는 부창부수 천생연분 찰떡궁합이 아닐는지?

부부 고스톱 열전 이야기는 또 있다.

필자의 고향 선배이기도 한 그들 부부는 어느 상가에서 양품점을 하고 있는데 워낙 장소가 외진 곳이라 손님이 없자 이웃 점포주들이 모여 한판 벌이는 고스톱장으로 둔갑하고 말았다. 문제는 필자의 선배되는 사람이 밤낮 고스톱에서 깨지는 게 문제였다. 한마디로 실력이 형편없이 모자랐던 것이다.

거기에 비해 그의 부인은 '빠꼼이'라는 별명이 붙을 만큼 고스톱의 귀재였다. 그렇지만 남자들이 노는 판에 차마 끼어 들기는 못하니까 옆에서 가게 관리비조로 고리나 뜯는 게 일이지만 남편이 워낙 크게 얻어터지는 게 답답했던지 마침내 남편을 끌어내고 직접 선수로 뛰어들었는데 승률 90퍼센트. 그때부터 남편은 판만 벌려 점 백짜리에선 자기가 치고 점 5백 이상 올라가면 아내를 대타로 기용, 점 백에서 잃었던 돈의 회수는 물론 생계비 조달원으로 활용하고 있다.

* 고스톱 가계부

몇 해 전 추석 성묘 때 어느 공원묘지 앞에 열댓 명의 가족이 둘러앉아 고스톱판을 벌이고 있었다. 그러던 중 한 처녀가 벌떡 일어나 묘소에 넙죽 절하며 소원하기를, '할아버님, 막내 손녀딸 숙자이옵니다. 뒤집는 패마다 싹쓸이 되게 해주시고 똥 흔들고 쓰리고에 양피박 먹게 해줍소서. 술 한잔 올리옵고 비나이다 비나이다'하여, 좌중이 웃음바다가 된 건 말할 것도 없지만 버릇없는 소행이라고 나무라는 어른도 없는 걸 보면 이것이 곧 범국민적인 오락임을 증명하는 관용이 아닐지.

그건 그렇고, 이보다 더 웃기는 사례가 다음의 이야기. 자주 써먹는 일화이지만 여자 고스톱 일화의 걸작품이라서 또 등장시키는 바, 사연인즉 봉천동의 한 주부는 고스톱판에서 돈을 따는 게 하도 기쁘고 신기해서 한달이면 얼마나 따고 잃는가를 계산해 보려고 가계부에 기록했다가 남편에게 들통이 나서 이혼을 당했다는 얘기.

"이런 밥통, 나 화투칩네 하고 광고하는 격이지, 미쳤다고 가계부에 노름하다가 잃고 딴 돈을 적어놔!"

* 누가 고추 무서워서 시집 못가랴

이왕 여자 고스톱 얘기가 나왔으니 이번엔 여대생이 웃긴 얘기를 하겠다.

어느 지방분교행 스쿨버스 안에서 남녀 혼성으로 고스톱판이 벌어졌다. '오가는 현찰 속에 우정'을 어쩌구 해가며 선후배간에 도란거리는 그 모습, 상상만 해도 이 얼마나 보기 좋은 장면인가?

그런데 딱 한 가지, 좀 듣기 난처한 장면이 연출된 것이 탈. 한 여대생이 바닥패를 보고 쳤다가 설사를 한 모양인데 그 바람에 놀래서 한다는 말이 '어맛, 떡쳤네'를 나발댔으니 이 어찌할꼬? 그러니 말세란 말이 안 나오고 뱃길 수 있간.

처녀 고스톱 일화는 또 있다. 재작년 어느 연락선에서 벌어진 일인데 남녀 혼성으로 벌어진 고스톱판에서 마침 한 아가씨가 먹을 게 없는 듯 망설이자 곁에서 구경을 하던 할아버지가 '먹을 게 없으면 비풍초 순으로 버려라'고 훈수를 했단다. 그랬더니 이 아가씨왈,

"왜 먹을 게 업을깝시롱, 먹다 설사할까봐 그라죠."

이쯤에서 할아버지가 잠자코 있었더라면 좋았을 것을 다시 말을 받아, '아가, 고추 무서워 시집 못 가나?'하고 대꾸를 했던 게 화근, 이 엉덩이에 뿔난 처녀 하는 말 맵시 좀 보소.

"할아버지 고추(?)는 안 무서워요!"

다음은 고스톱으로 직원의 인물됨을 평가하는 어느 사장님의 스토리.

* 직원 평가를 고스톱으로

　고스톱을 해보면 사람을 안다는 말이 있는데 헛말은 아니다. 초반 득점으로 횡재를 해놓곤 현상유지책으로 결장하기 일쑤다가 졸립다느니 머리가 아프다느니 급한 일이 생겼다느니 요핑계 조핑계 둘러대놓곤 줄행랑을 치는 '선천성 도덕결핍 불한당족'이 있는가 하면 돈은 안주머니에 깊숙이 꼬질러 놓고 가리로만 연명, 전세가 호전되면 갚아나가지만 전세가 회복불능이면 슬그머니 가리만 걸머진 채 자리를 뜨는 '가리전문족'이 있듯이 고스톱을 해보면 한마디로 사람의 인간성을 알 수 있는 것이다.

　그래서인지 중소기업을 하는 권 아무개 사장은 한가하면 직원들을 불러서 솔선수범 판을 벌이는데, 평소엔 얌전하여 됐다 싶은 인간도 고스톱을 해보면 영락없이 본색이 드러난다는 것.

　예를 들어 사장이 고의로 가리를 해보면 이 친구 영락없이 '오가는 현찰속에' 어쩌구 하며 씩씩거린다. 명색이 사장하고 하는 고스톱 판에서 빨리 열받는 이런 작자에게 충성심을 기대하기란 곤란하다. 또 어떤 친구는 판이 거푸 돌아가서 무르익으면 위 아래도 구별 못한단다.

　원래 고스톱이 부자간에도 인정사정 볼 것 없고 하는 말투가 반말이 예사라지만 '사장님 죽었어?', '앞에서 막 짜르면 어떡해? 내참 이웃 잘못 만나서 원…….' 아무리 돈을 잃고 열받았지만 하는 말투들이 대부분 패씸막씸하다.

허기사 사장님하고 친다고 해서 '저 고하겠습니다' '스톱입니다' 하고 꼬박꼬박 존대할 순 없다. 그러나 어느 정도 예절은 갖추어야 하는데 고스톱 삼매경에 빠지다 보면 뵈는 것이라곤 화투짝뿐.

그러니 사장님에게도 '설사!'하고 김을 빼느가 하면 '사장 피박!' 해대며 제 목줄 쥐고 있는 사장 알기를 우습게 여기고 있으니 이런 작자들은 즉각 권고사직감.

그런 중에도 침착하게 예의범절 지켜 가며 꼬박꼬박 '사장님 저 고입니다. 사장님 저 광 한개 팔았습니다'하고 언행을 바르게 하는 사람이 있는데 이런 직원의 평점은 A, 즉각 인사에 반영된다고. 또 바로 눈앞의 이익에만 눈이 어두워 게임을 그르치는 직원은 감점, 게임을 보는 안목이 툭 터지고 앞을 내다보는 경영을 하는 사람을 득점, 이렇게 해서 직원을 평가한단다.

* 선생님 점 백으로 해요

고스톱으로 빚어진 희극이 어디 이뿐이랴. 방학철을 맞아 교사의 인솔로 여행을 하거나 캠핑을 가는 고등학생들조차 교사와 고스톱을 친다.

"선생님, 점 백으로 해요."

이렇게 해서라도 각박해진 스승과 제자간의 신뢰가 회복되고 금간 정이 재결합된다면 다행이지만 행여 수업시간에 '선생님, 지난번 고스톱 때 가리(외상)한 돈 2천원 언제 주실 거예요?' 한다면 정말 나무관세음보살이 아닐는지?

세상이 이렇거니 요즘은 동네마다 유원지마다 상설고스톱장이 생겨나고 '닭도리탕'집은 아예 '고도리탕'집으로 둔갑. 점심시간이면 한판 벌이는 광경이 가관이다. 뿐만 아니라 요즘은 인사법도 바뀌었다. 오래간만에 만난 사람에게 '차나 한잔 하실까요'가 아니라 '한판 두드릴까요?'한다. 인사법만 바뀐 것이 아니라 욕도 바뀌었다. 요즘 욕 중에 최고 가는 욕이 '오늘밤 고스톱 하다가 피박이나 써라!'가 그것.

세상이 이쯤되면 아무리 기독교가 복음이 잘 됐다고 해도 고스톱 복음을 따를 순 없다. 전국 가가호호에 방석 한 장 화투 한 목 없는 가정이 어디 있으랴. 고스톱만큼 온 국민이 일치단결하여 밤낮으로 고군분투하는 스포츠가 어디 있으랴. 누구 말마따나 올림픽에 고스톱 종목이 있다면 금메달은 우리나라가 '싹쓸이'할텐데 하는 아쉬움도 남는 것이다.

필자는 가끔 헛소리를 하는 버릇이 있다. 그렇게 양해를 바라며 여기서 헛소리를 '스톱'한다. 헛소리 잘못 했다가 '피박' 쓰면 난처하지 않은가?

* 옴 붙은 부적

주부도박단 하면 당신은 금방 알아차릴 것이다. 억대 도박판을 벌이다가 경찰에 붙들려 와서 치맛자락으로 좌악 가려대는 장면을 텔레비전에서 봤을 테니까 말이다.

당신은 그 여자들이 붙들려 와서 제일 먼저 무슨 생각을 하는 줄 아는가?

'제 서방 얼굴에 똥칠했으니 미안해서 어쩌나?'

천만 부당한 말씀. 그럼,

'아이고, 이 에미 신세 조졌으니 새끼들 앞날이 불쌍타!'

아쭈, 그 꼬라지에 자식 장래를 걱정해?

그것도 역시 천만 부당한 말씀.

그럼 뭐냐? 경찰에 붙들려 와서 치맛자락 걷어올려 그 잘난 낯짝 감싸고 제일 먼저 무슨 생각을 하겠느냐 말이다. 체면? 웃기지 마라. 그 빤빤한 얼굴에 무슨 말라 비틀어진 체면이 있겠는가.

"우라질, 재수가 없을라니까 내가 걸려들다니……."

바로 그것이다. 경찰에 붙들려 온 것은 자기 행실이 나빠서도 아니고 더욱이 죄가 있어서도 아니고, 오직 재수가 없었던 때문이라고 그날의 일진 탓만 되씹어 뱉고 있는 것이다.

그리고 또 생각해 본다. 아무리 생각해도 자기의 일진이 나쁠 리 없다는 것을 따져 본다. 아니 적어도 재수가 나쁠 리 없게 되어 있는데, 이런 우라질 일이 벌어졌는가를 말이다. 그럴 만도 하다. 지금 당장 그자들의 치맛자락을 들추고 속고쟁이 안쪽을 들쳐 봐라.

그리고 뭐가 나오는가를 봐라!(여자 부랄?) 좋아들 마셔. 거기에는 도사라고 소문이 자자한 유명 점쟁이들이 붙여준 부적이란 게 매달려 있는데 점쟁이가 경명주사라는 붉은 약품으로 부적을 그리고 있는 동안 그 부적을 주문한 여자들의 주문이 걸작이다.

"십원 놓고 십억 벌게 해주시오, 수리수리마하수리 어쩌구. 똥 흔들고 쓰리고에 양피박 먹게 해주시오, 수리수리마하수리 어쩌구. 뒤집는 패마다 싹쓸이 되게 해주시오, 수리수리마하수리 어쩌구. 경찰 단속에 안 걸리게 해주시오, 수리수리마하수리 어쩌구. 무조건 재수좋게 해주시오, 수리수리마하수리 어쩌구……."

이렇게 큰 재수를 붙여준 부적값만 해도 한 장에 수십만원짜리. 여자들은 그걸 차고 다니면서 이 세상 온갖 보화가 다 제 치마 속에 굴러 떨어지기를 기다리는가 하면, 잡귀는 물러가고 재수좋은 귀신만 불러들였으니 섰다판을 벌여도 잡히는 족족 3.8 광땡이 올 것을 믿는다.

그랬는데, 각본이 다 그렇게 짜여 있는데 이게 무슨 날벼락이더냐! 재수 좋으라고 매달고 다닌 부적이 어떻게 헷까닥 뒤집혀졌길래 3.8 광땡은 고사하고 유치장 신세더냔 말야.

그 여자들은 바로 그 효능(?)없는 부적에 대해서, 더 정확히 말하면 그 부적을 팔아먹은 점쟁이를 원망하고 있는 것이다.

이야기는 바로 지금부터가 진짜다.

그들 중에 한 사람 똘똘이 엄마라는 여자는 보석으로 출감하자마자 곧장 그 효능없는 부적을 팔아먹은 점쟁이를 찾아갔다. 가서 다짜고짜 따지고 들었다.

"이봐요! 이럴 수가 있단 말요? 십원 놓고 십억은 못 벌어줄망정 나보다 더한 딴 것들은 끄덕없는데 내가 걸려들다니, 그렇게 효능 없는 부적을 30만원에 팔아먹다니, 말이나 되냔 말욧!"

똘똘이 엄마는 앙칼지게 대들었다. 그깨 효능도 없는 부적 때문에 콩밥까지 먹었으니 부적값을 도로 게워 내놓든지, 그게 싫으면 '방까이'할 수 있는 호화판 부적을 공짜로 그려내든지 양자택일하라고 윽박질렀다.

넌지시 듣고만 있던 점쟁이가 빙긋 웃음을 감추며 여자에게 타이르듯 말했다.

"사모님, 듣고 보니 딱하게 되었구료. 이제야 말씀드리지만 실은 그렇게 될줄 미리 알고 있었습니다."

"뭐라구요? 이 양반이 점점…… 알고 있다면서 그런 부적 팔아 먹었어요! 무슨 심통으로?"

똘똘이 엄마는 똘똘하게 호통을 쳐댔다.

"심통부린 게 아닙니다. 제 말씀 잘 들어보세요. 제가 그때 뭐랬습니까? 사모님은 50만원짜리 부적을 가져야 한다고 하지 않았습니까? 그랬는데 사모님께서 30만원에 해달라고 고집을 부리시는 바람에 할수 없이 20만원을 깎아드렸는데, 문제는 거기에 있습니다. 생각해 보세요. 50만원짜리 귀신에다 30만 원으로 어물쩡 제사를 지내고 말았으니 귀신인들 얼마나 속상 하고 괘씸하겠습니까. 그러니까 화가 난 귀신이 사모님의 부적 에다 재수 옴 붙을 거란 말씀이죠. 옴 붙은 부적을 달고 다녔 으니 별 수 있었겠느냐 이 말씀이외다."

* 왕서방 참회록

서울시 북창동, 북창동하면 중화요리집. 중화요리집하면 장 꽤. 장꽤하면 왕서방. 왕서방하면 짠물. 이런 상상력은 기본 방정식.

다시 정리하자면, 북창동에서 중화요리집을 경영하는 장꽤 왕서방은 지독한 짠물. 그 짠물 왕서방이 고백한 스토리가 바 로 왕서방 참회록. 중국말로 옮기자니 독자의 어학실력이 의심 스러움.

필자의 그런 오만스런 결정에 따라 우리나라 말로 재편성하 여 옮김.

본전(本錢)이란 무엇인가 하면 '사업하는 밑천이 되는 돈'이다. 그러므로 본전은 누구에게나 소중한 것. 만약에 이 소중한 본전인 밑천을 잃게 돼봐라. 그것도 하룻밤새에 홀라당 거덜내 봐라. 모르긴 해도 누구 누구 할 것 없이 시팔×팔할 것이다.

그러나 밑천도 밑천 나름, 사업도 사업 나름이지 겨우 만원의 밑천을 고도리 사업으로 날렸다고 시팔×팔 할 사람은 없다. 적어도 우리나라 사람에겐 없다. 오히려 더 잃지 않은 것을 다행으로 여겨 '잠시 동안 잘 놀았시다'하고 손털고 기분 좋게 일어났을 것이다.

그러나 또 사람도 사람 나름, 왕서방은 그렇지 못했다.

"만원이 왜 밑천이 아니해? 우리 살람 마니마니 아까운데 어찌 가만있어 해?"

그렇다. 만원이 왜 밑천이 아니겠는가. 짜장면 여섯 그릇 (3,000×3=9,000) 팔아 다 남긴다 해도 천원이 남는 돈이다. 말이 쉬워 짜장면이지. 짜장면 여섯 그릇 팔자면 좆나게 밀가루 반죽해서 신나게 가락을 늘리고 연신 굽신거리며 팔아야 한다.

"왜 하필이면 짜장면에다 비교를 해? 이왕이면 좁쌀로 셈하라구!"

그런 왕서방의 항의에 따라 만원의 값어치를 좁쌀로 환산하기로 하자. 좁쌀 만원 어치면 그걸 오락기구 한개 없는 왕서방 2세들에게 장난감이라고 나누어 주고 한 알씩 가지고 놀라고 한다면 몇십 년은 가지고 놀수 있다. 바꾸어 말하면, 만원이란 왕서방 2세들이 몇십 년을 가지고 놀 수 있는 장난감 값과 맞먹는 큰 돈인 셈이다. 그런 돈을 하룻밤새 홀라당 까먹은 왕서방의 정신이 온전할 수 있겠는가?

종업원들의 고스톱판에 멋 모르고 끼어들었다가 만원을 날려버린 날 밤. 왕서방은 분하고 원통해서 방방 뛰었다. 정확히 열두 번 반을 천장까지 뛰어올랐다가 떨어졌는데 120kg의 육중한 그의 몸체가 바닥에 떨어지는 순간, 국립지질관측소의 지진계는 진도 3을 표시했고 각 방송사에서는 임시 방송으로 서울 북창동에 지진이 일어났다고 보도했으니 만원을 잃은 왕서방의 충격을 짐작하기에는 어렵지 않을 것이다.

이쯤해서 짠물 왕서방이 왜 고스톱을 하게 되었는가를 말하겠다. 왕서방은 원래 고스톱의 '고'자도 모르는 사람이었다. 그에게 노름의 주특기가 있다면 중국 노름 십인계(十人稧).

십인계는 1에서 10까지 적힌 바가지 조각을 엎어놓고 번호를 집어서 맞히면 열 사람이 건 돈을 전부 차지하고 맞히는 사람이 없으면 오야가 걸려 있는 돈을 전부 차지하는 도박이다. 지금도 물건을 턱없이 비싸게 사거나 술집에서 비싼 술값을 물게 되면 '바가지썼다'고 하는데 그 바가지의 속언은 알고 보면 중국 노름 십인계에서 비롯된 별칭인 것이다.

왕서방은 바로 이 십인계에 특기를 가지고 있지만 아시다시피 똑똑한 우리나라 사람이 잘 알지도 못하는 사기도박 십인계를 할 성싶은가. 함께 놀아줄 멤버가 없자 심심하게 된 왕서방이 가만히 살펴보니 종업원들이 고스톱이란 걸 하는데 재미가 있어 보이더란다.

재미로 치자면 중국 노름 십인계니, 삼십육계니, 마작이니 하는 건 아무것도 아니더란 것이다. 그래서 종업원들의 어깨 너머로 기술을 익혔다가 자신이 붙어 첫 출격을 했는데 아차 뿔싸, 그 고래심줄같이 질기고 질기다는 되놈 밑천이 잠깐새에 거덜 난 것이다.

앞서 말한 대로 본전을 잃고 나면 시팔×팔 떫은 것. 본전이란 아쉽고 그리운 것. 본전을 도로 찾겠다는 그런 허망한 인간의 미련은 다시 도전장을 내밀기 마련이다. 왕서방도 마찬가지. 만원의 본전을 단념했더라면 더 이상의 비극은 없었을 것이건만 본전에 대한 애착이 너무 커서 그는 틈만나면 종업원들이 노니는 고스톱판에 끼어들었다. 그럴수록 손실은 더욱 커져 만원을 만회하려던 도전은 실패를 거듭 백여만원으로 불어났다. 그야말로 이제는 '빼도 박도 못하는 신세'가 되어버린 것이다.

고스톱이란 언제나 '할 뻔'했다가 '될 뻔'했다가 '날 뻔'하는 게 아니더냐. 매게임마다 어김없이 깨지는 거라면 일찌감치 단념이라도 하련만 아슬아슬하게 패했던 미련은 다음 판을 기약하게 했으니, 그 점에 있어서는 왕서방도 마찬가지. 언제나 '날 뻔'했던 아쉬움은 그를 완전히 노름판의 호구로 몰아넣었다. 왕서방 스스로도 실력이 달린다고는 생각지 않았다. 운이 나빴다는 것을 매게임마다 패자의 소감으로 피력했다. 언젠가 한번 운이 따라 주면 단번에 본전을 만회하리라고 별렀다. 바로 그 결전의 날이 왔다. 다름아닌 월급날이다. 왕서방이 종업원에게 한달 일한 월급을 주어야 하는 날이다. 그러나 생각해 봐라. 종업원들에게 밤낮 고스톱으로 짜장면 판 돈을 상납한 마당에 무슨 기분으로 월급을 주고 싶겠는가? 그렇다고 안 줄 수도 없다. 그런 기미만 보였다간 노동청에 고발을 하겠다고 으름장을 놓을 게 뻔한 이치.

그렇다고 월급을 고스란히 줄 수 있어? 도로 챙길 방법을 연구해야지. 이를테면 월급을 주었다가 도로 뺏는 법을.

그런 방법이 있긴 있다. 월급 주고 노름해서 도로 따오면 된다. 간밤의 꿈도 똥통에 빠진 길몽이었으니 뭔가가 이루어질 듯 싶었다. 간밤의 꿈 좋았겠다, 기술 또한 연마했겠다, 뭔가가 이루어질 암시가 있었겠다.

초반부터 점에 5천원짜리 판을 벌였다. 그러나 똥통에 빠진 꿈도 말짱 헛거다. 세 녀석에게 바친 월급을 도로 챙겨오기는 커녕 그만큼을 도로 얹어주는 결과가 되었다.

일이 이쯤 되고 산 너머 산, 강 건너 강, 본전 찾는 일이 점점 까마득히 멀어져 갔다. 그렇다고 깨끗이 단념하기는 너무했다. 왕서방은 이판사판 짜장면집 경영을 마누라에게 일임하고 너 죽고 나 살기로 달려들었다.

목숨 걸고 내건 결전의 날은 2000년 3월 10일 토요일 오후 9시. 다음날은 일요일, 그 다음날은 노동절로 연휴다. 지금까지 시간의 제한을 받아 끗발이 오를 만하면 파장이 되어 기회를 놓쳤지만 이제 시간 충분하겠다, 돈 따가지고 내뺄 궁리 없겠다, 끗발 한 번만 붙어주면 주인 돈 발라먹은 앙큼한 녀석들 작살내고 말리라는 다짐으로 다졌다.

왕서방은 그의 돈을 제일 많이 발라 먹은 종업원 셋을 뽑아 놓고 판을 돌렸다. 처음엔 종원들도 극구사양했다. 주인 돈 따 먹기도 미안하고 또 자기들 처지에 잃어줄 형편도 아니니 그만 두는 것이 좋겠다고 말렸다.

'웃기지들 말어. 오늘은 니들 작살내고 말 테니까. 개평 달랠 생각 말고 잘들 해봐!'

그렇게 왕서방은 종업원들을 비웃으며 강압적으로 판을 돌렸다. 뭔가가 되는 듯 싶었다. 패를 잡았다 하면 공포의 칠각장이요, 삼패다 싶어 실망하는 순간엔 맨 마지막장이 같은 패로 '훠 카드'. 밀려서 죽더라도 청단에 광 석장, 합이 광 여섯장 팔게 되는가 하면 뒤집는 화투짝마다 '판쓸이' 아니면 '동시패션' 그야말로 끝내주는 끗발이었다.

그런 끗발은 새벽녘까지 계속되어 그동안 거덜났던 본전이 거의 회수되었다. 이쯤에서 끝냈으면 좋으련만 어디 사람 심보가 그렇더냐.

'무슨 잠꼬대 같은 소리야. 끗발이 오를 때 챙길 건 챙겨야 지. 봉사 문고리 잡을 때 잡아당겨야 한다 이거야'

왕서방의 그런 기세와는 반대로 세 사람의 종업원은 씩씩대 며 열이 올라 있었다.

"점에 2만원으로 합시다. 나가리 올리구요. 이왕 잃을 때 화끈하게 잃어드릴 테니까, 딸때 화끈하게 따시라구요."

누군가가 그런 제의를 하자 세 사람은 동시에 눈을 찡긋 맞추더니 동의를 해 왔다.

"아서, 니들 그러다가 그동안 벌어 논 밑천 다 거덜나면 어쩔려고 그래."

왕서방은 속으로 쾌재를 부르면서도 종업원들을 염려해 주는 체했다. 점 2만원이 아니라 20만원도 겁날 것 없는 화끈하게 쇼부를 내는 게 좋지 않은가.

"염려 마시소. 돈 잃었다고 찝자 붙진 않을 테니까. 우리 밑천 거덜나기 전까진 끝까지 해야 되는 기요?"

다른 녀석이 돈 따고 일어설 순 없다는 다짐이라도 하듯 미리 윽박질러 놨다.

"오냐, 오냐. 돈 따고 내빼진 않을 테니까 니들도 방까이 해봐. 나잇살이나 먹어 가지고 자식 같은 니들 돈 따먹기도 좀스럽다야."

그리하여 본격적인 판이 돌고 돌았다. 2만원짜리니 한 판의 판돈이 몇 십만원은 보통, 크게는 백만원대로 이르렀다. 이 얼마나 즐거운 일이더냐.

그러나 천만에, 즐거워하는 쪽은 왕서방이 아니라 그 반대쪽이었다. 세 녀석이 눈을 맞춘 뒤로는 공포의 칠각장이 아니라 광 넉장 가지고도 피박당하기 일쑤요, 끗발도 개끗발로 쳐져서 쳤다 하면 설사이니 아무리 운수가 뒤틀려도 분수가 있지, 간밤의 끗발이 날샜다고 이렇게 뒤집힐 수 있느냐 말이다. 끗발이고 나발이고 따지기에는 이미 늦었다. 다음날로 이어지는 종반전에 다달아선 간밤에 챙긴 돈은 물론 짜장면집 금고가 바닥이 났다.

왕서방의 눈엔 아무것도 보이질 않았다. 보이는 건 허깨비 뿐. 그래도 그는 악착같이 달려들어 역전의 몸부림을 쳤다.

2천만원짜리 짜장면집 임대계약서를 담보로 하고 그자들한테 구제금융을 신청했다. 노름판에서 밑천이 거덜나면 눈에 뵈는 게 있을 리 없다. 그 자들이 빌려 주기를 주저하자 5백만원을 빌리되 차용증은 2천만원으로 쓰고 파장될 때까지 갚지 못하면 짜장면집을 넘겨주는 기막힌 조건까지 내걸어 인감을 내주고 별도의 각서까지 써 바쳤다.

그런 후한 조건에 종업원들도 침을 삼키더니 돈을 맞추어 건내줬다. 또 다시 판이 돌았다. 이번엔 왕서방쪽에서 먼저 판돈을 점에 3만원으로 인상시켰다.

이틀밤을 쭈그리고 몸을 버티어 오자니 뼈마디가 저려오고 정신까지 혼미해서 오래 시간 끌 일이 아니라 이판사판 단숨에 끝장을 보자는 생각에서였다.

스토리가 너무 지루하게 길어졌다. 결론을 내겠다. 세 녀석은 눈을 맞추어 수를 쓰고 있고, 왕서방은 허깨비가 오락가락 하는 판이니 결과는 너무나 뻔하지 않은가. 짜장면집은 사흘째 밤을 새운 종업원들 손에 넘어 갔다.

짜장면집만 넘어 갔으면 그것으로 이 글을 끝내야겠는데 그것으로 끝낼 왕서방이 아니었기에 요절복통할 마지막 장면을 공개하고 물러나겠다.

"이봐들, 이왕에 망한 신센데 여한은 없어야겠어."

"무슨 소리요? 개평 좀 달라 이 말씀인가요?"

"아냐, 우리 살람 개평 필요없어. 보다시피 망한 놈이 마누라가 뭐시가 필요해. 말하자면 우리 마누랄 사달라 이거야. 생긴 건 빠꾸샤지만 그것하난 끝내주니깐 밑질 건 없다구."

"일없시다. 딴 데 가서 알아보슈."

"그러지들 말고 한 번 봐줘. 이왕에 망한 몸 싸그리 거덜내야 차라리 속이 편할 것 같애. 내가 마누라 판 돈 가지고 술 사먹자는 게 아냐. 마지막으로 한 판 더 붙자 이거야. 잃어도 여한이나 없게 끝장을 내자 이거지."

살찐 암돼지처럼 생긴 왕서방의 마누라를 사서 뭣에 쓰랴 싶어 망설이던 종업원, 아니 이젠 어엿한 짜장면집 주인은 그것 하나 끝내 준다는 데 침을 꼴까닥, 마음이 흔들렸다.

'까짓것 별볼일 없으면 주방일이나 시키지 뭐.'

"얼마면 돼요?"

"2백만원."

"너무 비싸요, 쓸 짝에도 없는데."

"없긴, 끝내준다고 그랬잖아!"

"그걸 어떻게 믿어요? 속은 셈치고 반 딱 잘라 백만원에 합시다."

그렇게 해서 20년간 데리고 살던 조강지처를 팔아넘긴 왕서방은 마지막 끗발 하나 믿고 마지막 회전에 돌입했다. 본전을 찾아야 한다. 빼앗긴 짜장면집도 찾아야 한다. 마누라도 찾아야 한다. 만원의 본전 생각에 안달하던 때는 이미 옛날. 그 본전은 산더미같이 불어나서 영 가망없는 일로 돼버렸지만 희망을 버릴 순 없다.

미련을 버릴 순 없다. 자식들이 몇 십년을 가지고 놀 수 있는 장난감값 만원에서부터 마누라에 이르기까지 도로 찾아야 한다.

본전을 찾아야 한다. 왕서방은 충혈된 눈을 부릅뜨고 패를 쪼았다. 뼈마디가 곧 무너질 듯 부서지는 아픔을 견디면서 혼신을 화투판에 쏟았다.

그런 효험도 없이 한 시간도 채 못되어 마누라 판돈까지 홀라당 거덜냈다. 이제 모든 것이 끝났다.

천장까지 방방 뛰어서 북창동에 지진오보를 할 것이 아니로되, 행여 하더라도 거덜낸 본전 찾겠다는 미련을 버리라는 거였다.

최근에 옛날의 왕서방 짜장면집을 찾아가 보았더니 당시의 종업원이 주인장이 되었고, 왕서방은 거기서 주방장으로, 왕서방의 아내는 종업원의 아내가 되어 있었다.

꾸며낸 이야기라 할지라도 본전 생각에 노름판 떠나지 못하는 사람들에겐 충격이 되길 바란다.

제3부

고스톱 손자병법

그대 이름은 설사

승패의 관건

다 된 밥에 재를 뿌리는 놈이 있다. 불난 집에 부채질하는 놈이 있다. 놈은 남의 멀쩡한 가문에 똥칠하기 일쑤요, 패가망 신시키는 게 일이다. 한 마디로 놀부 심보를 가진 고얀 놈이 다.

그러나 고얀 놈이라고 해서 함부로 다루어서는 안된다. 고얀 놈이긴 해도 잘만 다스리면 내 편이 되어 충성스런 아군으로 둔갑하는 양면성을 가진 놈이기 때문이다.

이를테면, 가난뱅이 흥부를 일약 재벌로 만들어 준 제비같은 자선사업가의 기질도 놈에겐 있는 것이다. 놈을 함부로 다룰 수 있다는 이유도 바로 거기에 있다.

문제는 놈을 어떻게 다스리느냐에 있다. 적군으로 만드느냐, 아군으로 만드느냐는 전적으로 자신의 수완에 달려 있기 때문이다. 그런데 그게 어려운 일이다. 놈은 앞서 지적한 대로 양면성을 가진 데다 늘 숨어 있는 놈이 돼놔서 정글 속의 베트콩처럼 언제 어디서 튀어나와 총알을 갈기고 갈는지.

박씨를 물어다 주고 갈는지 알 수 없는 놈이기 때문이다. 그래서 놈이 나타나면 언제나 희비가 엇갈린다. 총알 맞은 자는 울고, 박씨를 얻은 자는 웃고. 그래서 선수들은 놈을 일컬어 '그라운드의 복병', 이름하여 '설사'라고 한다.

사실, 아닌게 아니라 고스톱에 설사 제도가 도입된 후로 '설사'는 승패와 대형사고의 관건이 되었다. 다 된 밥에 재를 뿌리는 건 예사요, 불난 집에 부채질까지 해서 초가삼간 태우는 건 보통이다. 그런가 하면 다 죽어가는 집에 박씨를 물어다 주어 기사회생, 판세를 뒤집어 놓기도 한다. 따라서 고스톱은 '설사'를 어떻게 잘 다스려 가느냐에 게임의 향방이 정해진다고 해도 과언이 아니다. 때문에 선수들 중엔 자기 차례에 신간만 나오면 겁을 먹고 칠까 말까 노심초사 덜덜 떠는 자가 있다. 그만큼 설사는 무서운 복병이기 때문이다.

X표 양말 총무과 차장 이문출(40세) 씨로 말할 것 같으면 바로 설사의 명수다. 그 냄새가 나는 것하고 전생에 무슨 원한이 있었던지 이차장이 패를 뒤집었다 하면 영락없는 설사. 그것도 어쩌다 한 번이지, 매 게임마다 설사를 퍼질러 놓는데, 그 기록이 17게임 연속 설사. 야구로 말하면 17게임 연속 병

살타를 친 셈인데, 그래서 그에게 붙여진 별명이 '설사황제'.

그러나 엄밀히 따져 보면 그는 설사황제는 못된다. 명색이 황제라면 설사에 도통해서 이왕에 하는 설사 세 번을 하든지, 아니면 작전설사를 하든지, 설사를 자유자재로 부려서 아군으로 수용할줄 알아야 마땅한데 그의 설사는 한 게임에 두 번을 했으면 했지 세 번은 안 한다. 말하자면, 그는 설사를 운영할 줄 모르는 것이다. 그래서 어쩌다 쓰리고 찬스를 만났다가도 설사를 만나 패가망신 당하기 일쑤다. 이처럼 설사를 퍼질러서 이웃까지 폐를 끼쳐 놓고는 패자의 변으로 한다는 말이 '재수가 없어서'일뿐 기술이 부족해서가 아니라고 한다.

문제는 여기에 있다. 설사를 막연히 '재수'라고 여기는 선수들에게 문제가 있는 것이다. 분명히 말하건대 설사는 '재수'가 아니라 기술이다. 남들은 안 하는 설사, 왜 나만 하는지, 다음의 글을 읽고 자신의 스타일을 분석해 보면 알게 될 것이다.

설사는 냄새를 피운다

설사를 당하지 않는 방법은 간단하다. 피해 가면 된다. 똥을 보면 피해 가듯 냄새나는 건 피해 가는 게 상책이다. 문제는 그 냄새 나는 걸 어떻게 피해 가느냐에 있다. 그것 역시 간단하다. 설사는 냄새를 피운다. 아닌 밤중에 홍두깨 내밀듯 불쑥 나타나 다 된 밥에 재를 뿌리는 것 같지만 그렇지 않다. 설사는 항상 냄새를 피우며 자신의 등장을 예고해 준다. 그것을 감지해야 한다. 그러자면 선수는 냄새를 잘 맡아야 한다. 축농증 환자에겐 그래서 설사제도가 불리한 것인지도 모른다.

그러면 설사는 언제 냄새를 피우는가?

설사는 초장엔 냄새를 안 피운다. 아니, 냄새를 맡기가 거의 어렵다. 그래서 초장 설사는 재수로 돌리는 수밖에 없다. 다만 초장 설사가 빈번한 사람은 그 징크스를 피하기 위해 같은 패가 두 장 깔린 것을 먹든지 한 장을 버리든지 하는 수밖에 없다. 그러나 초장에 먹을 것 놔두고 버린다는 것은 욕심 많은 인간세상에선 상상하기 어려운 만큼 일단 먹어라. 그리고 설사를 의식하지 말아라.

구더기 무서워 장 못 담글 수 없듯이 설사 무서워 고스톱 못 칠 수는 없다. 중요한 시점은 초반 이후다. 초반 이후라 하면 2구가 끝나고 3구째부터다. 여기서 설사를 하면 재수 탓이 아니라 게임을 읽는 안목이 어둡다는 결과다. 예를 들어보자.

선수들이 각 2구씩 타구를 때려서 한 사람은 1타 4매씩, 또 한 사람은 1타 2매씩, 또 한 사람은 2구에 2매만 먹었다고 치자. 도합 14장이 본색을 드러낸 셈이다. 그 14매가 두 짱씩 각 패라고 치면 일곱 가지 패는 설사가 없고 설사 가능성이 있는 패는 나머지 다섯 패에만 있다. 그만큼 2구만 돌아와도 설사 가능성은 줄어든 셈이다. 거기에다 자신이 쥐고 있는 다섯 장이 모두 나머지 다섯 패와 형제일 가능성이 있는 패는 세가지로 줄어든다. 이때 앞의 선수가 설사 가능성이 있는 신간을 뒤집어 놨다고 치자. 먹을 것인가? 통과시킬 것인가? 고민에 빠질 것이다.

여기에 정답이 따로 있을 순 없다. 시시각각 변화무쌍한 것이 고스톱인 만큼 작전 역시 수시로 바뀔 수밖에 없다. 따라서 상황 판단이 중요하다. 상황에 따라 먹어야 할 때도 있고, 통과시켜야 할 때도 있다. 그 두 가지 경우를 밝히겠다.

상대에게 곧장 점수를 내주는 패라면 무조건 먹어야 한다. 우선 독박이 되기 때문이다. 이럴 땐 운수소관에 맡겨야 한다. 자신이 선일 경우도 먹고 볼 일이다(바닥에 굳은 패가 없을 경우). 패가 말리기 때문이다.

이 세 가지 경우를 벗어났다면 일단 통과시키고 볼 일이다. 더욱이 자기 점수에 보탬이 안 되는 패라면 응당 통과시켜야 한다. 먹어봤자 별볼일 없는 패에 위험 부담을 자초할 필요는 없기 때문이다. '뛰는 놈을 잡아라'라는 격언과 상반된 견해이지만 프로는 상식을 가끔 초월할 줄 알아야 한다.

뛰는 놈을 잡으라는 말도 초반 얘기지 초반 이후엔 뛰는 놈도 골라 잡아야 한다. 굳은 패가 있는 마당에 이것도 저것도 아닌 신간은 탐낼 필요가 없는 것이다. 선이 아니고 말일 경우는 더욱 그렇다.

이렇게 해서, 돌려준 패가 다시 돌아와 4구째를 맞이했다고 치자. 이때는 먹어서는 안된다. '한번 돌린 패는 끝까지 돌려라'라는 말대로 3구째 돌린 패가 4구째에 오면 설사 확률은 더욱 높다. 5구째는 더더욱이다. 이 때는 패를 한 장 버리는 한이 있더라도 먹어서는 안된다. 패를 버리는 것을 아깝다고 생

각하지 말라. 설사를 해서 대형사고를 당하는 편보다는 낫기에
하는 소리다.

치고 빠지는 작전

권투의 치고 빠지는 작전을 응용하면 설사를 피할 수 있다.
즉 초반에는 뛰는 놈을 무조건 잡을 것이며, 중반에는 자신에
게 별 득이 없는 신간이거나 상대에게 곧바로 점수가 되지 않
는다면 일단 통과시켜라.

종반의 신간은 패를 버리더라도 먹어선 안된다. 간혹 어쩔
수 없노라고 하면서 종반의 신간을 때려서 설사를 퍼질러 놓는
경우가 있는데 그건 제집에 제손으로 성냥을 긋는 격이다.

상대가 떠 가든지 먹어 갈 때를 기다려야 한다. 오히려 그게
안전하다. 점수를 내줘도 큰 점수는 아닐 테니 너무 아까워하
지 말 것이다.

그리고 간혹 '비만 먹으면 설사야'하는 푸념을 듣게 된다. 사
실 그런 날이 있다. 이럴 땐 '이번에도 설사'하고 덤벼들지 말
라. 설마가 사람 죽인다.

각종 스포츠에도 그날의 징크스가 있듯이 고스톱에도 징크스
가 있다. 이 징크스를 피해 가자면 권투의 아웃복싱 작전을 구
사해야 한다. 접근 방식이 아니고, 치고 빠지는 작전인 것이
다. 즉, 쳐서 먹을 생각을 버리고 떠 먹는 작전이다.

징크스가 있는 패가 나오면 무조건 돌리고 굳은 패 우선으로

처야 한다. 그러나 시간이 흘러 징크스를 모면했다고 생각되면 다시 인파이터로 원대복귀해야 한다. 즉, 흐름을 잘 타야 한다는 말이다.

효자 뻑

앞서도 말했지만 설사라는 것이 무조건 고얀 놈만은 아니다. 쌍둥이를 가지고 있다가 설사를 하면 그렇게 귀여울 수가 없다. 흔히들 작전설사를 만들어서 빈 집에 황소를 불러들이는데 여기에서도 기술이 필요하다.

한마디로 말해서, 한 장만 들었을 때 설사 냄새가 나면 피해 가야 하지만 쌍둥이 형제를 데리고 있을 때는 피해 가는 게 아니라 문밖에 나가서 맞아들여야 한다. 그러자면 역시 냄새를 잘 맡는 후각이 필요한데, 그렇다고 콧구멍을 벌름 벌름 들썩거릴 필요는 없다.

앞서의 설사를 피해가는 방법을 역으로 생각하면 작전설사는 가능한 것이다.

즉, 특별한 경우를 제하고 일단 초반에는 통과시켜라. 설사 냄새는 중반, 종반으로 갈수록 짙게 풍기기 마련이다. 이때다 싶을 때 한 놈을 내보내서 퍼질러 앉게 만들어라. 실패해도 서운할 게 없다.

여기서 '이때다 싶을 때'가 언제냐고 묻는 사람이 있을 것이다. 애매모호하지 않느냐는 질타도 있을 것이다. 그러나 여기엔 역시 정답이 없다. 게임이 진행되는 동안의 흐름을 잘 파악하면 그런 감이 온다. 그 감은 결코 무시할 수가 없다.

간혹 '설사다' 싶은 감을 가지고 망설이다가 쳤을 때 설사가 나오는 경우가 많다. 확률적으로도 높다. 곧 텔레파시다.

고스톱에서 텔레파시를 무시하면 안된다. 기분이 찝찝한 생각이 들면 일단 후퇴하는 게 좋다. '판쓸이'도 마찬가지다. 냄새를 잘 맡는 게 급선무다. 판쓸이의 냄새도 설사와 같은 이치에서 풍긴다. 판쓸이의 찬스를 설사로 망치는 경우가 많은데 실례를 들어보자.

앞서의 '설사황제'라는 이문출 차장은 판쓸이의 찬스를 설사로 망치는 경우가 비일비재했다. 바닥에 풍 한 장이 신간으로 여러 번 돌아갔다. 패를 들고 있는데 미처 먹을 겨를이 없다가 굳은 초 한 장이 뒤집어져 판쓸이의 찬스가 돌아왔다. 이럴 땐 굳은 초를 먹는 게 기초상식이다.

그런데 이차장은 굳은 패는 패말리기 전에 여유분으로 저축해 둔답시고 그간 돌고 돈 풍을 먹고 설사를 하는 것이다. 이 경우는 어처구니없는 경우로 친다 하고 만약 초가 신간으로 튀어나왔다 치자. 바닥의 풍은 몇 차례 돌고 돈 신간이다. 어떤 것부터 먹어야 할 것인가? 당연히 뛰는 놈 초를 잡아야 한다.

이런 찬스가 5구나 6구째 왔다면 백발백중 판쓸이다. 풍은 아무도 들고 있지 않는다는 계산이 서니 기리패에 두 장이 숨어 있다는 얘기고 막판에 나온 초는 이제 선을 뵈는 것이니 아직 차례가 오지 않은 상대 선수가 각각 1장씩 가지고 있을 확률이 높다.

설사는 선수가 1장씩 갖고 있을 때는 없는 것이다. 묘수는 기리패 속에 쌍둥이가 있느냐 삼형제가 있느냐 그것을 읽어야 한다. 그러기 위해서는 역시 게임 중 상대 선수의 패를 잘 기억해 두는 도리밖에 없다.

아무튼 설사는 고스톱의 복병이다. 설사 제도만 없으면 그저 입맛 닥치는 대로 먹어오면 그만인데 설사때문에 입맛대로 먹을 수가 없다. 생각해 보라. 잔칫집에서 실컷 퍼먹었는데 막판에 설사를 좔좔 했다고 치자. 차라리 안 먹은 것보다 못하지 않는가. 설사패를 운영하는 결과에 따라 고스톱의 승패가 좌우된다. 명심하라, 선수들이여.

그라운드의 무법자

어부지리의 원흉

　전국 규모의 각종 대회에 앞서 신문이 참가팀을 소개할 때 꼭 복병으로 몇 개 팀을 소개하는 걸 본다. 여기서 복병이라 함은 그간의 전적이 우수하지 않지만 기본기와 팀웍이 잘 짜여진 대기만성형으로서 언제 어느 때 강한 돌풍을 일으킬지 모르는 팀을 말한다.

　고스톱에서도 복병이 있다. 그러나 고스톱의 복병은 일반 스포츠에 있어서의 복병 개념과는 그 차원이 다르다. 즉, 일반 스포츠의 복병은 기본기가 잘 다듬어진 대기만성형을 말함이지만 고스톱의 복병은 그 반대로 기본기는 고사하고 전혀 기초가 안되어 있는 선수를 말하는 것이다. 이를테면 작전이고 뭐고 없다.

상대 선수가 어떤 작전을 펴고 있는지, 그건 알 바가 아니다. 우선 눈 앞에 보이는 것은 닥치는 대로 먹고 본다. 그저 앞 뒤 가릴겨를 없이 종횡무진 천방지축, 한마디로 그라운드의 무법자이다.

"그런 아마추어하고 붙으면 쉽지 뭘 그래?"

그럴 것 같지만 그렇지 않다. 경험해 본 사람은 알겠지만 고스톱판에서 제일 겁나는 선수가 바로 이런 사람이다. 이런 사람이 선수로 등장하면 유단자들은 애를 먹는다. 왜냐하면 '기술이 무술'이요, '무작전이 상작전'으로 천방지축 좌충우돌 도무지 감을 잡을 수 없기 때문이다.

다시 말하면, 유단자의 기술이라는 것도 상대방이 어느 정도 수준에 있어야 통하는 법인데, '운'만 믿고 돌격하는 이런 무법자 앞에선 유단자의 기술이 먹히지 않는 것이다.

물론 1대 1의 게임이라면 문제가 될 게 없다. OK목장의 결투에서도 기술 좋은 총잡이가 이기는 게 통례다. 바둑에서도 그렇다. 초급자가 유단자를 이길 수는 없다. 1대 1의 게임이기 때문이다.

1대 1의 게임에서는 운이 통하지 않는다. 오직 기술이 우위인 것이다. 따라서 이런 무법자라면 '호구'로 모셔서 한방에 갈겨 버리면 끝날 일이다.

그러나 고스톱은 1대 1의 게임이 아니라 1대 2의 게임이다. 세사람이 서로 물려서 싸우는 상대적인 게임이라, 어부지리라는 기술 외적인 작용이 발생한다. 그래서 유력한 우승 후보가 패자로 밀려나고 엉뚱한 선수가 우승의 헹가래를 치는 경우가 수없이 많다. 게임에서 가장 찝찝한 순간이다. 바로 이 어부지리를 공급하는 원흉이 '그라운드의 무법자'다

그를 '복병'이라 함은 그 어부지리 공급의 향방에 득이 될 수도 있고 해가 될 수도 있는 변수가 거기에 있기 때문이다.

우리의 맴버 중에 딱 그런 사람이 있다. 미술책을 판매하고 있는 허 아무개 씨가 바로 그 주인공인데 이 양반의 스타일은 영락없는 무법자. 1대 1이라면 백전백승 까부수겠지만 중간에 만만치 않은 탓자가 끼어 있으니 그게 마음대로 안된다. 마음대로 안 되는 정도가 아니라 시도 때도 없이 치고 박고 버리고 하는 통에 중간에 끼어서 보초를 서다 보면 패를 다 버리게 되어 기본 점수만 내줄 것을 피박에 쓰리고로 덤터기를 써야 하는 경우가 한두번이 아니다.

물론 이런 경우가 뒤바뀌어서 내 쪽에서 횡재를 하는 경우도 있지만 언제 어느 때 사고를 저지를지 예측할 길이 없으니 불안하기 그지없다. 이런 무법자를 유단자들이 껄끄러워하는 이유는 또 있다.

첫째, 승부에 관계없이 우선 게임이 재미가 없다. 자로 잰 듯한 날카로운 판단, 완벽한 타이밍, 게임을 읽는 넓은 안목, 대형사고의 위기를 소당으로 막아내는 멋진 플레이, 서로 물고 물리는 견제구 등 이런 것들이 조화를 이루어야 고스톱의 묘미가 있는 법인데 이런 무법자가 중간에 버티고 있으면 게임이

시시껄걸 맛이 안난다.

둘째, 이런 무법자는 응당 패자가 되어야 마땅한데 그렇지가 않다는 점이다. 기술 외적인 어부지리가 있다고 했듯이 어부지리의 득을 보는 확률은 오히려 무법자에게 더 많이 있어서 고스톱의 '고'자도 모르는 무법자가 최후의 챔피언이 되어 승리의 나팔을 부는 경우가 비일비재한 것이다. 꿩이 매를 잡았다고나 할까, 떨떠름한 순간이 아닐 수 없다.

멋진 플레이를 하다가 졌다면 한이 없다. 선수 같지도 않은 무법자에게, 게임 같지도 않은 난장판의 게임에서 지고 나면 여간 속상한 일이 아니다. 따라서 이런 무법자가 멤버에 끼면 어떻게 해야 할지 미리 대책을 세우지 않으면 안된다. 그 방법은 아래와 같다.

(1) 무법자의 다음 타자가 되도록 자리(오른쪽)를 잡아라

자기 왼쪽에 고수가 있으면 견제구에 걸려 작전을 펴기 어렵다. 그러나 무법자는 원래 견제에 취미가 없는 터라 견제에서 벗어날 수 있을 뿐 아니라 견제를 한다 해도 그 수가 모자라기 때문에 덕을 보는 수가 많다.

그런가 하면 무법자는 '열고'를 잘하기 때문에 '결장'의 횟수가 적다. 따라서 무법자의 다음 타자가 되면 그를 피해 갈 수도 있고 광을 팔 수 있는 확률도 높다.

(2) 무법자의 비위를 건드리지 말라

고수는 게임의 분위기에 관계없이 게임을 정석으로 끌고 가지만 무법자는 기분 여하에 따라서 온건파가 될 수도 있고 강경파가 될 수도 있다. 따라서 자기 비위에 거슬리는 사람에게 불리하도록 게임을 운영하는 못된 매너가 있다.

매맞을 일이지만 '아시다시피 무법자가 뭘 아느냐'며 몰라서 그랬노라고 오리발 내미는 데야 별 도리가 없는 일이다. 고로 무법자의 비위는 건드리지 말되 이왕이면 내 편으로 만들어 두는 게 유리하다.

그러자면 필요없는 패 하나 던져 주면서 '자, 받아 먹어'하며 생색을 내라. 은혜를 잊지 않을 것이다. 무법자일수록 감정에 약하다는 것을 가슴속에 새겨둘 것.

(3) 떡으로 치는 놈은 떡으로 쳐라

눈에는 눈, 이에는 이라는 말이 있다. 한마디로 맞부딪치는 방법인데, 무법자와 똑같이 천방지축 종횡무진 그라운드를 난장판으로 만들어라. 기술이 안 먹힐 땐 무작전이 상작전이다.

(4) 2인의 무법자를 동시에 상대하라

두 사람의 고수가 1인의 무법자를 꺾기는 어렵다(정석 플레이일 경우). 그러나 한 사람의 고수가 2인의 무법자를 동시에 상대하기는 쉽다.

전자의 경우는 유능한 견제세력이 서로 맞물려 무법자가 어부지리를 따내는 경우가 많아서이지만 후자의 경우는 두 무법자가 제멋대로 장구치고 북치는 경우이기 때문에 작전으로 이용할 수가 있기 때문이다.

고로 1인의 무법자와 멤버가 구성될 때 결장하고 2인의 무법자와 멤버가 구성될 땐 가차없이 고를 외치고 참가하라.

(5) '광'으로 유인하라

무법자일수록 '광'을 좋아한다. 무법자에게 돌려 주든지 버려 주든지 하여 광 두 개까지는 차지하게 기회를 주어라. 그러면 그는 필경 광으로 나기 위해 손에 쥔 광 한쪽을 애지중지, 다른 중요한 패를 버릴 것이다.

그걸 받아먹고 대형사고의 찬스를 만들어라. 광 3점은 겁낼 것 없다. 점수가 나더라도 3점이지만 대개는 다른 견제세력이 보초를 서고 있을 확률이 높다.

언제나 '할뻔'하고 '날뻔'한 사람에게

수비가 최선의 공격이다

멤버 중에 '백촉'이라고 불리는 서 아무개라는 선수가 있다. 머리의 3분의 2가 벗겨진 대머리여서 전깃불이 없어도 밝다는 뜻으로 붙여진 모양인데 고스톱 경력 10년이라는 이 선수의 게임을 보면 대머리는 밝아서 백촉이나 되는지 몰라도 게임을 읽는 눈은 깜깜 무인지경 5촉짜리 꼬마 전구에 비길 만큼 어둡다. 한마디로 시야가 어두운 선수라는 말이다.

우선 이 양반이 치는 스타일을 보자. 이 양반은 도대체 남의 패를 보지 않는다. 남이 무슨 패를 해 갔는지, 현재 점수가 어떻게 되어 있는지, 게임이 어떻게 전개되어 가고 있는지 통 관심이 없다. 오직 손 안에 든 자기 패만 뚫어지라고 볼 뿐이다.

그러다가 상대가 점수를 나서 스톱을 하면 그때서야 깜짝 놀란다.

"아이구, 나도 날 뻔했는데 언제 점수났어?"

손자병법에 '적을 알고 나를 알아야 싸움에 이긴다'고 되어 있다. 그런데 이 양반은 나만 알고 적을 모른다. 백촉이나 되는 훤한 이마를 가졌으면서도 상대를 보지 못하고 고작 5촉짜리 까막눈으로 자기 패만 들여다 보는데 여념이 없다. 그러니 싸움에 이길 수가 없는 것이다. 그래서 허구헌날 돈보따리 싸들고 와서 월사금을 바치는 모양이다.

이처럼 자기 패만 들여다 보고 있다가 '날 뻔'했는데, '할 뻔'했는데 하고 2등 차를 타는 사람의 결함은 수비를 안 하고 공격에 치중하는 데 있다. 물론 공격이 최선의 수비라는 말도 있다.

지금은 흘러간 권투왕들이었던 장정구 선수나 김태식 선수처럼 초반에 탱크처럼 밀어부치는 공격으로 상대에게 공격의 기회를 아예 처음부터 차단하는 방법도 있다. 그러나 고스톱은 다르다. 상대가 둘인 것이다. 혼자서 두 사람을 당하기는 어려운 것이다. 뿐만 아니라 작전이 노출되어 집중공격을 받게 된다.

설령, 초반 선제 공격으로 점수가 났다고 해도 점수는 고작 '기본'에 불과하다. 수비를 하지 않았으니 '고바가지' 쓸 위험이 불을 보듯 뻔하기 때문이다.

'먹을 땐 3점으로 먹고, 줄 땐 덤터기를 쓴다'는 경우가 바로

고스톱 손자병법

공격일변도의 선수층에 많은 것도 그 한 예이다.

물론 그렇다고 무조건 수비만 하라는 말이 아니다. 시시각각 변하는 정세에 따라 작전은 바꾸어야 한다. 한 가지 작전으로 고집을 피우는 것도 패인이 된다. 다만 모든 작전의 기본에 '수비'가 '공격'보다 우선이라는 말이다.

어떤 사람은 수비만 해서 어느 세월에 남의 돈을 따 먹겠느냐고 할지 모르지만 그건 모르는 소리다. 고스톱에서 '수비가 최선의 공격'임을 증명하겠다.

야구에서 안타성 타구가 날아왔다고 치자. 그 공을 받아내지 못하면 상대의 공격은 계속된다. 그러나 반면에 호수비로 막아냈다면 공격권을 넘겨받게 된다. 즉, 수비를 잘 해야 공격의 찬스를 만들 수 있다는 것이다.

수비의 중요성은 그뿐만이 아니다. 일반 스포츠는 수비만 하면 점수를 잃지 않는 대신 점수를 얻지도 못하지만 고스톱은 수비만 해도 점수가 나는 경우가 얼마든지 있다. 쓰리고의 찬스는 바로 이때 생긴다. 수비를 잘 해놨으니 걸리는 게 없지 않은가?

고스톱에서 '수비'의 이점을 3가지로 정리해 본다.

1) 공격형의 인파이터들은 우선 자기 앞에 것에 눈이 어두운 나머지 '설사'를 잘 한다. 그것을 받아 먹을 확률은 수비선수 쪽에 더 많다.

2) 게임에 지더라도 대형참변을 당하지 않는다. 수비수의 눈은 항상 상대를 감시하기 때문에 실수를 범하지 않는다. 대형

사고는 기술에 의해서가 아니라 패자의 실수가 유발시키는 것이다.

3) 대형사고를 터뜨릴 확률이 높다. 5광이나 쓰리고 등 큰 점수는 하고 싶다고 해서 되는 경우보다 저절로 되는 경우란 것도 알고 보면 수비가 바탕이 되어 있을 때 인연이 닿는 것이다.

고스톱에 2등은 필요없다. 1등만이 살 길이다. 대통령도 마찬가지, 오직 한 사람만 뽑는다. 때문에 '형님 먼저', '아우 먼저'가 있을 수 없다. 오로지 '내가 먼저'다.

언제나 '할 뻔'하고 '날 뻔'했다는 2등차를 타는 선수들! 그대들의 패인은 수비가 허술했음에 있다는 것을 명심하라. 자기 먹을 패에만 정신 못 차리는 선수들! 땅만 보고 가다가 전봇대에 부딪친다는 것을 기억해 두기 바란다.

순간의 선택이 운명을 좌우한다

지는 팔자와 이기는 팔자

고스톱에서 승패를 '팔자'에 맡기는 사람이 있다. 뒤집어 보기 전에는 알 수 없는 기리패의 향방을 빗대어 하는 말일 것이다. 그래서 설사를 해도 '아이구 내 팔자', 판쓸이를 해도 '아이구 내 팔자'. 모든 것을 팔자 탓으로 간주, 별로 속상해 하지도 않는다. 팔자가 그렇게 된걸 어쩔 수 없지 않느냐 이거다.

고스톱의 승패가 '팔자소관'인지 아닌지는 좀더 연구를 해봐야 알 일이지만 아무튼 좋은 마음가짐이다. 돈 몇푼 잃었다고 방방 뛰는 사람들보단 모든 결과를 팔자소관으로 돌려 위안을 삼는 것도 매너로 치면 일품이다. 아닌게 아니라 누가 설사를 하고 싶어 했겠는가? 누가 쓰리고에 피박을 당하고 싶어서 당했겠는가? 뒤집고 보니 그렇게 된걸 날더러 어쩌란 말이냐?

그러나 '팔자론'은 패자의 자위행위로는 좋은 방법임에는 틀림없지만 게임에 출전하는 바른 자세는 아니다. 설령, 게임의 승부가 팔자소관(운명)이라 치자. 그리고 자기는 매일 지는 팔자라고 치자. 매일 지고만 있을 텐가? 아니다. 매일 지는 팔자라면 매일 이기는 팔자로 바꾸어야 한다. 8자를 9자로 바꾸든지 10자로 바꾸든지 해야지 그냥 팔자소관으로 내버려 둘순 없지 않은가.

점쟁이한테 부적 한 장 써받으면 '쌍팔자'도 '상팔자'로 바뀐다는데 고스톱 팔자라고 못 고칠리 없다. 점쟁이는 아니지만 지는 팔자를 이기는 팔자로 고쳐 보겠다.

장미는 겨울에 꽃을 피우지 않는다. 겨울에 꽃을 못 피우는 게 장미의 타고난 팔자다. 그러나 보라! 겨울에도 장미는 곳곳마다 피어 있다. 장미의 타고난 팔자로는 겨울엔 꽃을 피우지 못하게 되어 있는데 꽃을 피우고 있지 않은가? 왜인가? 그것은 장미가 팔자를 고쳤기 때문이다.

겨울엔 꽃을 못 피우는 팔자를 피우는 팔자로 고친 것이다. 어떻게 고쳤는가? 간단하다. 비닐하우스로 자신의 팔자를 커버한 것이다.

마찬가지다. 매일 지는 운명을 가진 고스톱 팔자라면 매일 이기는 팔자로 고칠 수가 있는 것이다. 그러기 위해서 먼저 왜 자기의 팔자는 설사만 하는지? 왜 먹으면 3점이요, 줄 때는 피박인지 자신의 스타일을 점검해 보기 바란다. 십중팔구는 초반부터 패가 꼬이기 시작하더니 그런 불상사가 나더라고 회고를 할 것이다.

맞는 말이다. 윗단추를 잘못 끼우면 아랫 단추 모두가 잘못 끼워지는 것처럼 초반에 패를 잘못 치면 막판까지 팔자가 꼬인다.

"아이쿠, 초를 안 치고 비를 쳤더라면 판쓸인디, 초를 쳐서 그만 설사를 해버렸네요잉."

"아이쿠, 쌍피를 먹었으면 피박이나 면할 건디 고놈의 초단 한답시고 띠를 먹는 바람에 단도 못하고 피박만 옴팍 써부렸네요잉."

이런 아쉬운 한탄의 소리가 나오는 것도 따지고 보면 초반에 뭔가를 실수한 것이 틀림없다.

허허실실로만 받아 넘길 얘기가 아니다. 돈 잃고 기분좋은 사람 없다. '잃고 나서 후회 말고 잃기 전에 공부하자.'

여당은 야당할 각오로

바닥에 솔광 한 장, 홍단 진쪽 두 장, 고도리 진쪽 한 장, 초단 진쪽 한 장, 그리고 똥 쌍피 한 장이 깔려 있다. 선은 손에 쥔 일곱 장이 바닥패와 모두 삼형제다. 먹고 싶은 대로 먹을 수 있다는 얘기다. 그런데 무엇부터 먹어야 할까? 이놈도 먹고 싶고 저놈도 먹고 싶고 차려놓은 상이 진수성찬이라 무엇부터 먹어야 할지 헷갈린다. 차라리 형제패들이 한 놈씩 차례

때마다 등장해 주면 좋을 걸 이렇게 초반부터 먹을 게 많으면 그것도 탈이다. 따라서 광을 조질까, 단을 조질까, 피를 조질까 고민이 될 것이다.

고개는 갸우뚱, 손가락은 이걸 뺄까 저걸 뺄까 망설이다가 홍단을 내리찍었다. 손에 나머지 한 장 홍단 진쪽이 있으니 똑똑한 놈 셋, 홍단으로 승부를 내겠다는 작전이었다. 아! 그러나 이 무슨 변고란 말인가. 초구에서 설사라니…… 그야말로 순간의 선택이 운명을 갈라 놓았다. 앞이 캄캄하다. 앞이 캄캄하니 뵈는 게 없다.

이왕에 엎질러진 죽사발 개가 먹든 소가 먹든 먹을 테면 먹어봐라는 식으로 2구부터 마구잡이로 나간다. 첫단추가 잘못 끼워졌으니 다음 단추는 뻔한 것이다. 물론 초구에 설사를 했다고 무조건 진다는 것은 아니다. 변화무쌍한 것이 고스톱이니까 말이다. 그러나 어쨌든 초구 설사로 인해 어려움을 겪는 건 당연한 일이다.

그러면 홍단 설사는 과연 운, 혹은 팔자였던가? 초구 설사는 운에 맡길 수밖에 없다고 했으니 팔자로 돌릴 수도 있다. 그러나 팔자도 고칠 수 있다고 하지 않는가? 그러나 미리 밝히건대, 고스톱 팔자는 점쟁이한테 부적을 써 받는다고 고쳐지는 게 아니다. 비닐 하우스를 덮는다고 고쳐지는 것도 아니다.

고스톱의 팔자는 자신이 스스로의 판단으로 고쳐가는 것이다. 스스로의 판단이란 게임의 전체를 관망하는 안목이다. 초원을 바라보는 넓은 시야로 설사의 운명을 피해가는 것이다.

근거를 하나 만들어 보이겠다.

선은 홍단을 하겠다는 계산으로 홍단을 먹다가 변을 당했다. 그건 운이 아니라 시야가 어두운 탓이다. 설사를 하지 않았더라도 마찬가지다. 바닥에 같은 약단이 두 장 깔려 있다면 어떤 선수고간에 그 약단을 하기가 어렵다. 더욱이 선일 경우는 중이나 말이 예비군 한 장씩만 가지고 있으면 더욱 불확실하다. 뿐만 아니라 초구에 선이 약단을 먹으면 중과 말이 내버려 둘리가 없다.

약단이 깨어지는 건 물론 이쪽의 작전이 탄로나서 집중 공격을 받게 된다. 차라리 중에게 돌려줬다고 하자. 중이 약단 하나를 먹으면 말의 생각으론 선에게 자가 없다고 판단, 말이 깨줄 것이다. 설령 그렇지 못하고 중이 두 장을 다 해간다 해도 나머지 한 장은 선이 쥐고 있으니 7구째까지는 걱정할 게 없다. 오히려 그 한 장을 소당패로 써먹을 기회도 오는 것이다. 따라서, 어차피 하기 어려운 약단에 손을 댈 필요는 없다. 일단 한 바퀴 돌려 보내서 의사 타진을 해보는 것이 좋을 것이다.

'광' 역시 이럴 경우 먹을 필요가 없다. 광 먹으면 촌놈이라는 말이 있듯이 광으로 나는 점수는 대체로 별볼일 없는 것, 오히려 상대에게 광으로 나게 돌려줘서 큰 화를 면하는 경우도 있다.

또한 혼자서 방어하는 것이 아니라, 둘이 하는 것이니 광을 돌려줬다고 당장 나는 것도 아니다. 이런 경우 선은 똥피를 먹었어야 옳았다. 설사가 된다 해도 이치는 그렇다. 약단은 서로가 견제하기 마련이다. 그렇다고 남에게 견제를 떠맡기라는 말은 아니다. 이번처럼 먹을 패가 많을 땐 일단 의사 타진으로 돌려보라는 것이다. 물론 이것도 똥피가 있기에 하는 말이다.

똥피가 없었다면 고도리를 먼저 깨서 수비를 해야 한다. 홍단은 나도 못 하지만 남도 못하는 것, 내가 난다는 것보다 상대가 나지 못하도록 하는 게 우선이다. 똥피를 먼저 먹는 것도 내가 난다는 이유가 아니라 방어의 자세이다.

다시 말해서, 선은 항상 여당이 된다는 생각을 버리고 야당이 된다는 생각을 해야 한다. 즉, 승자가 됐을 때보다 패자가 됐을 때를 가정해야 한다.

큰 점수는 선보다 말이 날 확률이 더 많기 때문에 피박을 당하지 않으려면 피를 우선하고 볼 일이다. 선이 초구에 홍단 설사를 한 것은 팔자(운)라기보다 시야가 좁아 패의 선택을 잘못한 것이다.

이처럼 게임 전반에 임하는 넓은 시야를 가지면, 사실 설사라는 운명도 피해갈 수 있는 것이다. 역으로 말하면, 운명이란 팔자소관이 아니다. 저절로 어쩔 수 없이 오는 것이 아니라 스스로 만들어 내는 것이다. 그만큼 게임을 읽는 안목이 넓기 때문이다.

결론지어 말하면, 고스톱 게임은 팔자로 풀어나가는 것이 아니라 기술로 풀어나가는 것이다. 즉, 기술로 팔자도 풀어나가는 것이다.

운은 기를 꺾지 못한다

'팔자'얘기를 하다 보니 '운'얘기를 안 할 수가 없다. 별도로 말하고자 했던 건데 비슷한 얘기니 여기에 함께 묶기로 한다.

고스톱은 운이냐 기술이냐 라는 질문을 받을 때 나는 기술이라고 말한다. 물론 운이 승패에 영향을 안 미치는 건 아니다. 그래서 기술 70%, 운 30%라는 사족을 달기도 한다. 그러나 결론은 역시 기술이라는 것을 강조하게 된다. 왜냐하면, 어쩌다가 한번 해본 판에서 운으로 이겼다면 고스톱은 운이라고 말해도 좋겠지만 매일 하는 고스톱이라면 상황은 달라진다.

운을 30%로 봤을 때 승률이 3할대다. 그럼 나머지 기술로 거는 70%는 어쩔 셈인가? 운으로 이긴 3할대의 승리가 기술로 진 7할대의 대차대조표를 만들어 보면, 결국 주머니 돈이 나갔으니 패자가 아니겠는가?

도박성 고스톱은 무조건 안 하는 게 상책이지만 하더라도 운만 믿고 덤비지 말기를 바란다. '운3'이 '기7'을 꺾을 수 없기에 하는 말이다.

이 글의 제목으로도 달았듯이 순간의 선택이 운명을 좌우한다. LG 텔레비젼은 10년 생명을 좌우하지만, 고스톱을 노름으로 선택하면 그 순간부터 일생이 좌우된다. 매게임마다 뽑아 드는 패 한 장의 선택도 마찬가지다. 한번 실수는 '병가지상사'

어쩌구 하는 말도 고스톱에는 통용되지 않는다.

순간의 선택으로 잘못 뽑아든 패 한 장은 그 판의 게임을 좌우한다. 그 선택은 운명도 아니고 팔자도 아니다. 선수의 재능이다.

기술을 연마하면 설사약을 안 먹어도 멈춰질 것이요, 팔자가 꼬이지도 않을 것이다. 그렇게 되거들랑 지는 팔자를 이기는 팔자로 고쳤다고 말해도 좋다.

고스톱의 삼각관계

기본전략

한 여자와 한 남자가 서로 사랑한다면 하등 문제될 소지가 없다. 그러나 거기에 제 3자가 끼어들어 함께 사랑을 하자고 나서면 문제가 복잡해진다. 이름하여 '삼각관계'라는 관계는 서로 물고 물려서 해결의 실마리가 좀처럼 풀리지 않는 것이 다반사다.

싸움에 있어서도 마찬가지다. 두 사람이 1대 1로 맞붙어 싸운다면 누가 죽든 살든 결판이 나기 마련일 거고 싸움에서의 작전 역시 복잡할 게 없다.

상대가 턱이 약하면 어퍼컷으로, 복부가 약하면 훅으로 겨냥하면 될 일이다. 그러나 세 사람이 삼각관계로 치고 박고 싸운다면 문제는 달라진다. 더구나 세 사람이 각자가 서로 적이 되어 싸운다면 더욱 복잡해진다.

고스톱 게임이 그렇다. 고스톱은 1대 1의 싸움이 아니다. 삼각관계의 복잡한 싸움이다. 그라운드의 방석은 분명 4각이지만 게임에 임하는 세 선수는 언제나 3각을 유지한다.

링으로 말하자면 4각의 정글이 아니라 3각의 정글이요, 축구로 말하자면 골문이 3개가 있는 3각의 그라운드다. 여기서 세 선수가 서로 물고 물리면서 싸워야 한다는 데에 묘미가 있다.

어떤 사람은 고스톱을 1대 2의 대결이라고 한다. 아주 틀린 말은 아니다. 그러나 엄격히 말하면 바른 해석이 아니다. 한 사람이 두 사람을 상대하는, 이치로 따지면 그렇지만 고스톱은 항상 1대 2로 공격 내지 방어를 하는 게임이 아니다.

처음에는 1대 2의 입장에서 공격해 나가지만 어느 틈엔가 상대의 하나가 금방 내 편이 되어 2대 1의 공격조로 편성을 짜기도 하고, 그런가 하면 금방 내 편이 되었던 선수가 독립해 나가 거대한 성을 쌓을 준비를 하면 좀전의 적이었던 선수와 한 조가 되어 성을 허물어뜨리기도 한다.

한마디로 말하면, 1대 1대 1의 대결이다. 영원한 우방도 없고, 영원한 적도 없다. 시시각각 변하는 정세에 따라 우방이 적이 되기도 하고, 적이 우방이 되기도 한다.

이 점은 오늘의 국제 정치와도 흡사하다. 옛날에는 세계의 힘이 미국과 소련으로 양극화 되어 있어서 어느 한쪽이 확실한 우위를 지킨다면 침략의 가능성이 높았다. 그러나 지금은 세계의 힘이 다극화로 분산되어, 즉 견제세력이 많아져서 침략의 가능성이 그만큼 적어졌다.

미국과 소련이 서로 대등한 군사력을 가졌다고 하면 중국은 한 수 아래다. 그러나 한 수 아래라고 해서 어느 한쪽에 먹힐 염려는 없다. 미국과 소련이 번갈아 가며 견제세력으로 등장해 주기 때문이다. 예를 들자면 이렇게 될 것이다.

소련이 중국을 치면 미국은 어떻게 할 것인가? 중국이 공산주의국가니까 내버려 둬? 천만의 말씀이다. 중국이 소련에 넘어가면 미국의 안보가 위태로워진다. 따라서 미국은 중국이 소련에 넘어가지 않도록 중국을 돕는다. 여기까진 쉽게 말해 미국과 중국이 한편이다.

그러면 반면에 중국이 소련을 친다고 하자. 미국은 어떻게 할 것인가? 좀전까지 한편이었으니까 중국을 거들어줘? 이것도 천만의 말씀이다. 소련이 중국에 넘어가면 중국이 너무 커져서 미국의 안보가 불안해진다. 따라서 이번엔 소련이 중국에 넘어가지 않도록 소련을 돕는다. 미국과 소련이 한편이 된 셈이다.

또 만약에 이번엔 미국이 중국을 친다고 하자. 소련은 어떻게 할까? 좀전까지 한편이 되어 중국을 공격하는데 협조한 우방이었으니까 모른 체 해? 역시 천만 부당한 말씀이다. 중국이 미국에 넘어가면 소련의 세력이 그만큼 약해진다. 따라서 소련은 좀전의 적이었던 중국을 돕는다.

말이 되는지 모르지만 필자가 보는 국제 정세의 균형은 바로 이러한 삼각관계의 견제세력 때문에 유지되었다고 본다. 비유로 달기에는 좀 뭣하지만, 고스톱의 삼각관계에 있어서 전술적인 '함수관계'는 바로 미국·소련·중국의 삼각관계와 흡사하다. 즉, 영원한 우방도 없고, 영원한 적도 없다. 시시각각 변하는 정세에 따라 작전을 변경해야 한다.

고스톱의 전술적 논리는 바로 그것이다. 견제가 최선의 기본전략이 되어야 한다. 또한 그것이 기본 매너다. 이 기본전략이 무너졌을 때 대형참사를 당하는 것이다. 혼자만 당하는 것이 아니라 이웃까지 함께 당한다. 그래서 '이웃 잘못 만났다'는 비난을 받게 된다.

초구에 작전 있다

작전기밀을 빼내라

적의 작전을 미리 간파할 수 있다면 전투는 그만큼 유리하다. 정보에 의하면 적이 보병(피)으로 전진해 온다는 것을 알았다고 치자. 이때 아군은 보병으로 맞서선 안된다.

적군이 보병작전으로 포진했다면 적은 아군보다 보병이 수적으로 우위라는 것이 예상된다. 따라서 아군의 보병은 수비로 돌리고 기갑부대(광,약단)를 투입, 초전에 박살내는 작전을 펴야 한다.

만약 수적으로 열세인 아군의 보병을 내보냈다가 포로가 되면 그야말로 피바다를 이루어 일거에 군량미(돈)를 송두리째 헌납하여 재기불능이 되고 만다.

또 만약에 적의 전략이 기갑사단으로 정예의 특공대(광,약단)를 투입시키는 작전을 알았다면 이번엔 아군이 보유한 기갑부대를 수비로 전환시키고 보병부대로 하여금 고지를 점령한다는 작전을 펴야 한다.

정면 대결을 피하는 필자의 병법에 너무 옹졸한 방법이라고 비웃는 사람이 있겠지만 '선방후공'편에 근거를 밝혔기에 여기서는 생략하기로 한다. 아무튼 이처럼 적의 작전을 미리 안다면 전투에 유리한 것은 두말할 것 없다. 문제는 어떻게 적의 작전기밀을 빼내오느냐는 것이다.

스파이를 보낼 수도 없다. 보유한 병사래야 7명뿐. 언제 적의 침공이 있을지 모르는 판에 병사 하나를 희생시켜 적진으로 보낼 수도 없다. 또 장시간 탐색할 여유도 없다. 5분이면 한 판씩 끝나는 단기전이요, 이미 전투는 개시됐다. 어물거리고 있다간 작전 한번 펴지 못하고 적군의 미사일 공격에 얻어 맞는다.

적의 전략을 탐지하기에 가장 어려운 난제는 또 있다. 그것은 적이 포문을 열기 전엔 도저히 간파할 수 없다는 점이다. 이 점은 서로가 마찬가지 입장이다. 따라서 누가 먼저 상대의 전략을 빨리 알아내느냐가 유리한 고지를 점령하는 관건이 된다. 그 비법을 지금부터 말하려 한다.

적군의 초구를 기억하라

전투가 진행되는 도중에 자기가 선인지 말인지조차 잊어먹고 물어오는 기억상실자에게는 무리한 요구겠지만 전투가 끝날 때까지 적군의 초구를 항상 기억해 둘 것이다.

기억력에 자신 있으면 2구까지 기억해 둬라. 최초의 두장에 적군의 전략이 숨어 있기 때문이다. 패가 마땅치 않아 짝맞춰 먹는 경우를 제하고 나면 적군의 초구 두 장에는 분명 전략이 있다. 다음을 보자.

바닥에 누구나 입맛 당기는 똥 쌍피가 있는데 그것을 마다하고 초단을 한 장 쳐서 가져 갔다. 이때까지는 작전을 알 수가 없다. 그러나 2구에 가서 똥피를 쳐서 가져 갔다면 초단 진쪽 셋을 보유하고 있다는 결론을 얻을 수 있다.

왜냐하면, 쌍피를 버려가며 가능성이 희박한 단을 해갈 리는 없다. 예비군을 들고 있더라면 수비용으로 일단 간직하고 피를 먼저 먹었을 것이지만 확실한 놈 셋이 있으니 초단에 승부를 건 것으로 봐야 한다.

이렇게 적의 전략을 탐지하게 되면 자연히 적이 보유하고 있는 패 두 장은 무엇인지 알게 된다. 그것을 안다는 것은 소당이나 고를 부르거나 받을 때 중요한 판단이 된다.

이를테면, 앞서 적군이 초단 두장을 먹어가고 자기는 광으로 점수가 났는데 고가 성공하면 5광이 확실한 찬스다. 그러나 적군이 초단으로 버티고 서 있으니 어쩌면 좋은가. 적군이 초단을 쳐서 가져 갔는지, 뒤집어서 업어 갔는지 기억이 없으니 야단이다.

손에 든 패를 내고 쳐갔다면 예비군이 숨어 있을 가능성이 많은 걸로 판단, 스톱을 해야겠지만 뒤집어서 업어가다가 우연히 초단 두 장을 해간 것이라면 괜한 겁을 먹고 5광의 찬스를 놓칠 필요가 없다. 그러나 많은 선수들이 이런 일에 부딪치면 적군이 초단 두 장을 노획해 간 경로를 기억하지 못해 일을 그르치고 만다.

적군의 초구 두 장을 기억해 두라는 말은 적의 전략을 간파하는 이점도 있지만 이처럼 중요한 기로의 판단에 도움이 되기 때문이다. 초구뿐만 아니라 나머지 노획품도 작전을 펴서 가져간 것인지, 작전과 관계없이 가져 간 우연한 노획품이었는지 기억해 두면 더욱 유리하다. 자기가 선인지 말인지도 구별 못하는 기억상실자가 많은 고스톱 현장에서 필자의 안타까운 충고이다.

역공(逆攻)이 정공(正攻)을 함락한다

꼴찌보다 못한 2등

고스톱에 2등이 필요없다는 것은 너무나 잘 아는 주지의 사실이다. 올림픽에서 2등이라면 은메달이니 장하다고 하겠지만, 겨우 세 사람이 달린 경기에서 2등이니 별볼일 없는 것은 당연지사이다.

그러나 어떤 선수는 2등한 것도 대견한지 1등과의 차점자임을 들어 자기 실력을 과대평가하는 경우가 있다. 기술이 달려서가 아니라 단지 간발의 차이였을 뿐이라고 스스로 자위를 하는 것이다. 2등이 꼴찌보다 못하다고 하는 것은 바로 여기에 있다.

2등이 1등과의 차점자임은 틀림없다. 그러나 실력의 차는 차점이 아니다. 그것은 바둑의 경우를 들어도 알 만한 일이다.

바둑에서 리드하는 기사가 두 수 앞서가는 경우는 드물다.

한 수 한 수가 천금 같은데 두 수나 앞질러 갈 필요는 없는 것이다. 그래서 바둑판의 곳곳에 펼쳐지는 싸움터의 전세를 보면 리드당하는 자의 포진은 항상 한 수가 달리게 되어 있는 것이다. 그런 전세를 두고 한 수가 모자랄 뿐이라고 자위한다면 큰 오산이다.

고스톱에서 2등도 마찬가지다. 항상 차점으로 2등하는 것 같지만 그것은 천만의 말씀이다. 1등이 2등의 차점자를 만들어 놓고 스톱을 걸기 때문에 그렇게 되는 것이지 실력의 차가 차점은 아니라는 것이다.

그런데 매번 2등차를 타는 것을 그래도 꼴찌보다 낫다고 생각하는 사람이 있다. 2등의 변을 들어보면 뻔하다. 언제나 '할 뻔'하고 '날 뻔'하고 '될 뻔'했으니 이번에는 1등을 할 것이라는 기대를 갖게 되는데 2등차를 자주 타는 사람이 고스톱에서 헤어나오지 못하는 이유가 바로 이것이 아닐는지.

차라리 매번 꼴찌나 했더라면 실력의 차이를 깨닫고 집에서 애나 볼 것을 매번 2등으로 될듯 말듯 달렸으니 그 꿈을 포기하지 못하고 창고를 들락거리니 원수라면 2등이 원수다. 하여, 2등을 면하고 1등이 되는 비법을 소개하겠다.

보초를 세우는 법

매번 2등을 단골로 하는 선수는 들거라. 자신이 언제나 할 뻔했다가 간발의 차이로 2등을 했을 때, 그 '간발'의 원인 중에 '보초'때문인 경우가 있음을 기억할 것이다. 어쩔 수 없노라고 변명하지 말아라. 보초는 자신이 서고 싶어 서는 것은 아니다. 누군가가 당신에게 보초를 떠맡긴 것이다.

당신은 바보같이 남이 서야 할 보초를 대신 선 것이다. 보초를 서고 보니 당신의 작전에 차질이 생겼을 것이다. 그것이 '간발의 차'가 되었을 것이다. 그렇다면 이번엔 당신도 남에게 보초를 세워봐라. 간단한 경우를 실례로 들겠다.

군대에 가서 보초를 서봐야 알겠지만 한마디로 보초는 고달프다. 고스톱도 전투가 되다보니 보초를 서야 한다. 적군 하나가 광을 두 개 먹어다 놨으니 광이 되는 패를 곧장 주면 독박을 쓰게 된다. 그러니 광이 되는 예비군을 모두가 소중히 간직하고 보초를 서게 된다.

내게는 필요도 없는 패를 쥐고 있어야 한다. 그냥 있는 게 아니라 그 보초패를 간직하기 위해서 자기의 소중한 병사를 희생도 시켜야 한다. 얼마나 고달픈 일인가.

이럴 땐 빨리 보초를 면하는 방법이 있다. 비상을 걸어 논 적군은 중이고, 아군은 말, 다른 적군은 선, 중은 광 진쪽을 들고 있다고 가정하자. 이때, 비상을 걸어논 중이 뒤집어서 가짜 광을 센터링 해놨다. 말인 내가 예비군으로 가짜를 먹으면 선이 가지고 있는 예비군은 막판에 가서 자동으로 중에게 돌아가 중이 점수를 내게 된다. 때문에 이때는 가짜 광을 선에게 돌려주고 말이 보초를 서서 중의 광 3점을 막는 게 정석이다.

그러나 고스톱은 정석이 따로 없다. 먼저 1등하는 게 정석이다. 따라서 선에게 돌려 주어야 마땅한 광피를 먹어 온다. 선은 속으로 노발대발하지만 어쩔 수 없이 막판까지 보초를 서야 한다.

말이 서야 할 보초를 대신 서는 것도 억울한데 귀한 자기 패를 버리기까지 해야 하니 원통절통할 것이다. 신경 쓸 것 없다. 당신도 수없이 당한 일이다.

정공법이 역공법에 당하는 것이 요즘 고스톱 풍조다. 중요한 것은 지금부터다. 선에 보초를 떠맡기는 상식을 벗어난 일을 저질렀으니 수습을 해야 한다. 수습의 해결책은 선의 보초 패가 중에게로 넘어가기 전(7구째)인 6구째까지 내가 먼저 점수를 내는 방법이다.

그것은 가능하다. 광피를 잘라 놨으니 내 쪽은 우선 피 두 장의 득을 봤고 반면에 비상을 건 선수는 굳은 자니 더욱 광을 움켜쥐는 대신 다른 패를 버릴 것이요, 선도 역시 보초를 서느라고 다른 패를 버릴 것이니 말은 그 틈에 흘러나오는 패를 먹어 삼키면 먼저 날 수 있는 확률이 높은 것이다. 그렇게 되면 선으로부터의 비난도 면하게 된다. 1등한테 시비걸 놈은 없다. 항상 니 탓 내 탓 다투는 것은 2등과 꼴찌가 하는 법이니까.

한 가지 조심할 것은 이럴 경우 자기가 먼저 날 수 있다는 확실한 계산이 서야 한다. 적어도 소당패가 될 수 있다는 안목은 가지고 해야 한다. 그렇지 않고 중이 광으로 나게 되면 실력이 없다느니 매너가 없다느니 비난을 면치 못할 것이고 은퇴

의 종용까지 있을 것이다. 그래도 할 말이 없다. 상식 밖의 일
을 저질러 놨으니까. 때문에 역으로 칠 때는 정확한 계산을 바
탕에 두고 해야 한다.

초전박살

초반 실점을 막아라

고스톱 전투에 임하는 병사들의 대부분은 초전에 수비가 허술하다. '첫끗발은 개끗발'이라는 징크스 때문에도 그렇고 '초식은 불길'이라는 좌우명 때문에도 그렇거니와 아직 잃지 않았으니 본전이요, 잃는다 해도 후반에 만회하면 된다는 느긋한 마음이 작용하기 때문이다.

우리나라 대표 축구팀이 늘 그렇지 않던가. 게임 시작 5분, 끝나기 전 5분을 주의하라고 그토록 일렀건만 꼭 전반 5분에 한 골 먹고나서 우왕좌왕 만회하겠다고 난리다. 전반 30초만에 한 골 먹더니 전반전 루스타임에도 한 골을 먹었다.

여기서 우리는 한 가지 교훈을 얻어야 한다. 후반에 만회한다고 하지만 초장에 점수를 잃고 나면 당초의 작전이 흔들리기 쉽다. 우선 마음이 편하지 못하고 조급해진다.

반면에 상대는 앞서가니 여유가 있게 되고 여유가 있으니 작전 또한 잘 풀린다. 우리 선수가 만약 전반 30초에 한 골을 먹지 않았더라면 상황은 분명 달라졌을 게 틀림없다.

고스톱도 예외는 아니다. 초반에 잃고 나면 따겠다는 생각보다 만회하겠다는 생각이 작용한다. 만회한다는 생각은 이미 패자의 길을 걷고 있는 것이다.

누구는 벌써 얼마를 따고 가는데 누구는 본전을 찾는 길을 가고 있다면 심리적으로도 불안하다. 때문에 초장에 신중을 기해야 한다. 잃은 땅을 찾아야 하는 전투와 더 많은 땅을 차지하려는 전투에 나서는 병사의 전술적 심리는 분명 차이가 있는 법이다. 때문에 고스톱이라는 전투에 임할 때는 초장에 박살낸다는 투지로 신중히 해야 한다.

초장이 중요한 이유는 또 있다. 후반에 만회한다고 하지만 그러자면 만회할 충분한 시간이 보장되어야 한다. 고스톱은 축구시합처럼 시간이 정해진 것이 아니다. 어느 순간에 갑자기 판이 깨지는 경우도 있다. 그때 가서 바지가랑이 잡고 늘어져 봤자 매너 없는 놈으로 찍힐 뿐, 후반 만회의 기회는 사라지고 만다.

어디 그뿐인가. 축구 시합은 먼저 골을 넣었다고 그만하자고 내뺄 수가 없지만 고스톱은 초반에 왕창 긁은 자가 이 핑계 저 핑계 둘러대고 뺑소니 치는 경우가 얼마든지 있다. 그래서 돈

딴 놈은 마파람에 방귀새듯 새버리고 돈 잃은 화상끼리 패자부
활전을 한답시고 두들기고 있지만 그게 바로 죽은 자식 좆만지
기가 아니고 무엇이겠는가.

아무튼 초장에 박살내라. 박살내고 뺑소니치라는 말이 아니
다. 그런 눈꼴신 꼴 안 보려면 일단 초장부터 앞서가야 모든
전투가 유리해진다는 말이다. 더구나 수비가 허술한 그 시간이
공격의 찬스가 아닌가. 초반 한 시간에 당일의 운명이 좌우된
다는 것을 염두에 두라.

홧김에 서방질을 하지말라

누구누구 할 것 없이 게임이 안 풀리면 열을 받기 마련이다.
정도의 차이가 있기 마련일 뿐 돈 잃고 열 안 받지 않는 사람
은 없다고 봐야 한다. 초반 한 시간을 경계하라는 가장 중요한
이유도 여기에 있는 것이다. 왜냐하면 모든 일상사가 그렇겠지
만 열받아서 되는 일은 별로 없다. 열 받으면 될 일도 안 되는
게 정한 이치이기 때문이다.

고스톱에선 더욱 그렇다. 열 받은 사람이 잘된 것을 본 적
없다. 멀쩡한 정신으로도 얻어맞는 판에 열 받은 정신으로 뭐
가 보일 것인가. 스톱할 때 고!하고, 고 할때 스톱!하고 오락
가락하는데 그런 정신으로는 게임을 이길 수가 없는 것이다.

어디 그뿐이겠는가. 홧김에 서방질한다고 했으니 홧김에 무
조건 '고 !'를 남발할 것이니 고바가지는 따논 당상이다. 그래

서 고스톱에서 가장 금기로 되어 있는 것이 '열'을 받지 말라는 것이다.

그러나 어디 그런가. 누가 열 받고 싶어서 열 받는가. 초반부터 돈 잃었지, 돈 딴 놈은 내뺄 궁리나 하고 있지, 옆에서 약은 올리지, 열이 안날 수가 없다. 그러니 작전이고 뭐고 가리지 않고 마구잡이로 돌격을 하니 될 일이 뭐 있겠는가.

이렇듯 열을 받으면 게임이 안 풀리게 되어 있다는 것은 이미 경험자들이 다 아는 주지의 사실이다. 그래서 열 받는 일은 피해가야 한다. 피해가는 방법의 하나는 오직 게임을 리드해가는 방법뿐이다.

게임을 리드하는 선수는 여유가 만만하다. 그래서 누가 시비를 걸어도 건성이다. 아니, 유머로 받아넘긴다.

축구나 농구 시합에서 많이 볼 수 있듯이 심판에게 달려들고 상대 선수를 주먹질하는 경우의 대부분은 리드당하고 있는 쪽에서 일으키는 사고다. 열을 받았기 때문이다. 따라서 초반에 리드를 당하면 열을 받을 우려가 그만큼 빨라진다.

물론 고스톱은 초반에 리드당했다고 패자가 되는건 아니다. 안타가 있는가 하면 홈런도 있고, 행운의 7회 초가 있는가 하면 9회 말 투아웃 이후의 역전승을 기대할 수 있는 게임이 고스톱이다. 그런 다변화의 찬스가 있기 때문에 오직 새벽 끗발을 기대하고 고군분투하는 것이다.

그러나 열을 받으면 이러한 역전의 찬스도 오지 않는다. 설령 온다 하더라도 기회를 놓치고 만다. 열 받은 놈의 눈에 뭐가 보인단 말이냐. 때문에 초반에 리드는 당일의 게임 전체의 컨디션을 유지하는 데 중요한 사활이 걸려 있는 것이다.

군소리가 되겠지만 권투의 예를 들어보자. 당초의 작전은 판정승으로 가기 위해 체력의 안배를 해가며 아웃 사이드로 돌았다. 그런데 초반에 엉겁결에 다운을 빼앗겼다.

일이 이렇게 되고 보니 체력의 안배고 뭐고 가려지지 않는다. 열을 받았기 때문이다.

열 받은 놈이 무슨 작전이 필요해? 그냥 죽자살자 달려들다가 또 한 방 휘영청 한다.

초반 실점이 게임 전반에 불리한 악영향을 준다는 교훈으로 남기는 이야기다.

당국의 협조를 구하라

이웃의 실수는 내것으로

정부에서 고스톱을 관장하는 주무부서가 있다고 생각하면 오산이다. 물론 노름꾼을 잡아들이는 경찰이나 검찰청이 없는 건 아니지만 그런 곳에 협조를 구했다간 제 손으로 무덤 파는 꼴이다.

아직까지 우리 정부에 '고도리부'라는 부처는 없으니 오해는 말라. 허긴 모르겠다. 올림픽에 고스톱대회가 있어서 고스톱 종주국인 우리나라가 금메달을 판쓸이해 온다면 정부에서 고스톱을 지도육성하는 '고도리부'를 발족시킬런지.

농담이다. 본론으로 들어가자. 고스톱을 하다 보면 '당국의 협조로 말미암아', '이웃을 잘 만나서'라는 말을 듣게 된다. 여기서 '당국'과 '이웃'이라함은 자신과 게임을 하고 있는 양편의 두 선수를 말함이다.

이 말은 고스톱이 저 혼자 힘만으로 승자가 되는 것이 아니라 다른 선수의 협조 여하에 따라 좌우된다는 실증을 대변하는 말이다. 즉, 서로의 견제로 팽팽하던 게임이 어느 한 선수의 실책으로 균형이 깨짐으로써 어부지리로 승자가 되었을 때 자주 쓰이는 말이다.

사실 실전을 하다 보면 자기 힘보다는 이웃의 협조로 생각지도 않은 횡재를 얻는 경우가 많다. 여기서 협조라 함은 듣기 좋은 말로 하는 것이고 정확히 표기하자면 이웃의 '실수' 덕분이라고 해야 맞는 말이다. 물론 실수가 아니라 고의적인 협조도 없는 건 아니다.

누군가가 대형사고를 터뜨릴 조짐이 보이면 일찌감치 제 3의 선수가 3점으로 먼저 나도록 협조하는 경우도 있고 나가레를 만들기 위해 휘하의 병사를 양분하여 양군의 세력을 팽팽하게 만들기도 한다.

결국 작전의 하나인데 대체로 당국의 협조는 '이웃의 실수'를 빙자한 말인 바, 실전에서 이 당국의 협조는 아주 중요한 변수로 작용한다. 다된 밥에 재를 뿌리기도 하고 즉사 직전에 구출도 해주는 등 당국의 협조 여하에 따라 판세가 달라지는 것이다.

따라서 당국의 협조를 내 편으로 끌어올 필요가 있다. 바꾸어 말하면, 상대의 실수가 내 쪽에 유리하도록 게임을 전개 내지는 유도해야 한다는 말이다. 이 말은 곧 당국의 협조라는 것도 엄밀히 따지면 선수의 수완에 달려 있다는 얘기다.

이런 경우가 있을 것이다. 어느 한 선수가 매게임마다 설사를 퍼질러 놓는데 그 선수가 설사를 해놨다 하면 그것을 받아 가는 선수는 항상 정해져 있는 것이다.

내 쪽에서 받아먹을 수 있는 설사를 해놓으면 좀 귀엽겠는가만은 꼭 다른 선수에게 차지가 돌아가니 여간 미운 게 아니다. 즉, 당국의 협조가 이루어지지 않는 것이다. 그뿐만 아니라 다른 실수 역시 그 덕을 보는 사람은 내가 아니라 다른 선수 차지가 된다.

이것을 운으로만 다루어서는 안된다. 상대의 실수를 당국의 협조로 만들려면 그만한 전술이 있어야 한다. 믿거나 말거나지만, 몇 가지로 요약해 본다.

(1) 실수를 잘하는 선수의 오른편에 앉아라. 이유를 설명하자면 너무 길다. 일단 그런 경우가 있으면 오른편에 앉고 봐라. 분명 득이 있을 것이다.

(2) 그 선수가 보유하고 있다고 생각되는 형제패가 바닥에 나오면 특별한 경우를 제하고는 그에게 돌려 주어라. 실수를 잘하는 선수는 설사도 잘하는 법이다.

(3) 그가 자신을 견제하도록 유인하라. 빈번한 견제구가 사고를 저지른다.

제 4부
잃지 않는 고스톱 50계명

잃지 않는 고스톱 50계명

고스톱은 시시각각 정세가 천변만화로 변한다. 따라서 글로 써다 밝히자면 몇 권의 책으로도 모자랄 것이다. 공연히 어설프게 서술해 봤자 해석 여하에 따라 도리어 패전교재가 될 수도 있다.

앞장의 글들 역시 정세에 따라 융통성 없이 인용한다면 패전의 화근이 될 수 있다. 해석 복잡한 설명보다는 뿌리가 되는 근본 경구만 따로 밝혀 두는 것이 도움이 되리라 싶어 정리해본다. 한편, 이 글을 철석같이 믿는 사람이 있다면 그것도 걱정이라는 말을 남겨 둔다.

제1계명 — 돈을 잃지 않으려면 아예 치지를 말라

바둑이나 장기에서 가장 확실한 묘수는 '절대로 지지 않는 수는 절대로 두지 않는 수'뿐이다. 고스톱도 예외는 아니다. 돈을 잃지 않으려면 처음부터 판에 끼지를 말아야 한다.

초상집, 백일잔치, 돌잔치, 생일, 집들이 등등 온갖 명목의 자리에서 필수품목으로 화투가 준비되고 고스톱이 있기 마련인데, 아무리 판이 적다 하더라도 '나는 화투라곤 모르는 사람입니다'하고 뒷전에 물러나 앉아 있는 게 확실히 돈을 잃지 않는 묘수이다.

점100원짜리 정도라고 우습게 여기며 은근 슬쩍 판에 끼었다가는 그게 화근이 될 소지가 많다. 이때 불행히도 승자가 아닌 패자가 된다면 돈의 액수를 떠나 인간은 공연히 배가 아프고 '졌다'는 데 대해 마음을 끓이게 된다. 따라서 아예 안 치는 게 따는 수이고, 판이 있는 장소에는 가지를 않는 게 최상책이다. 즉, 복 있는 사람은 악인의 꾀를 쫓지 아니하며, 죄인의 길에 서지 아니하며, 오만한 자리에 앉지 아니하고…… 의 성경 말씀을 항상 기억하라.

제2계명 ― 기본 3점은 미련없이 주라

가랑비에 옷이 젖는 법, 따라서 3점짜리라고 팁을 뿌리듯 인심을 쓸 수는 없다. 기본 3점은 미련없이 주라는 말은 인심을 쓰라는 것이 아니라, 어차피 승산이 없다고 판단될 때에는 더 큰 피해를 줄이기 위해 상대선수가 3점 나고 고를 부르지 못하도록 방어를 하라는 말이다. 왜냐하면 승산없는 게임을 역전시키려고 바둥거리다간 더 큰 피해를 보기 때문이다. 따라서 승산이 없다고 판단되면 전면 수비형태로 작전을 바꾸어 '고'에 대한 방어벽을 구축해야 한다. 즉 '비상'을 걸거나 '소당'의 수비 형태가 그것이다.

제3계명 ― 초반에 득점을 노려라

모든 선수는 초반에 수비가 허술하다. 이때 공격의 주도권을 잡아라. 초반 한 시간과 종반 한 시간에 당일의 승부수가 걸려 있다. 만약 초반에 대량 실점을 했다고 가정해 봐라. 만회한다고 하지만 심리적 부담감으로 헛손질이 많아질 것이다.

제4계명 ― 수비는 최선의 공격이다

공격이 최선의 수비라는 말은 1대 1의 게임에서나 가능한 말이다. 고스톱은 4각의 그라운드에 골문이 셋이 있는 상황이다. 1대 2로 싸우는 것은 불리하다. 선제공격은 집중공격을 유발시킨다. 수비만 한다 해도 상대의 자살골로 득점이 가능한 게임이니 공격보다 수비가 우선이라는 생각을 항상 가지고 임하라.

제5계명 ― 적의 초구 두 장을 기억하라

자기가 선인지 말인지도 잊고 전투에 나가는 기억 상실자에게는 어려운 일이겠지만 초구 두 장을 기억해 둬라. 적이 내놓는 1타와 2타에 적의 전략이 숨어 있다. 적의 전략을 알고 난 뒤 아군의 작전을 세워라.

제6계명 ― 역공법이 정공법을 능멸한다

거꾸로 가도 서울만 가면 되는 게임이 고스톱의 특징이다. 로마로 가는 길은 여러 갈래이다. 한 길만 고집하지 말아라. 선이 똥 석 장을 흔들고 한 장을 버렸다 치자. 그리고 말이 한 장을 들었다고 치자. 흔든 사람의 패니 당연히 먹는 것이 일반적인 통례다. 그러나 말의 경우 패가 말리지 않는 경우라면 똥을 선에게 돌려주는 방법도 역공법의 하나이다.

흔든 사람을 도와주는 것 같지만 천만의 말씀이다. 선은 나머지 똥 한 장이 기리패 속에 있다는 미련을 버리지 못해 똥한 장을 끝까지 들고 있을 것이며 따라서 작전상의 혼란이 올것이다.

제7계명 ― '광' 좋아하면 촌놈이다

광으로 나야 3점이라는 말이 있듯이 광은 흑자 경영에 큰도움을 주지 못한다. 광으로 나겠다는 적이 있으면 백번 줘도 좋다는 여유로 작전에 임하라. 광은 수비용으로 하나면 족하다.

제8계명 — 적의 노획품 경로를 파악하라

자기 패만 들여다보는 한심한 선수가 있다. 내 손에 든 패 도망갈리 없으니 적의 노획품을 먼저 살펴라. 작전에 의해 가져간 노획품인지, 우연한 전리품인지 파악해 두면 '고'와 '스톱' 그리고 '소당'을 부르거나 받을 때 참고가 될 것이다.

확실한 쓰리고의 찬스에 허수아비로 내세운 소당에 겁을 먹고 무위로 끝내는 경우는 곧 적의 노획품 경로를 파악하지 못하고 있는 데서 오는 실책이다.

제9계명 — 홧김에 서방질을 하지 말라

열을 받지 말라는 얘기다. 열 받아서 되는 일이 없다는 것은 만고의 진리다. 설령 열불이 나도 내색을 하지 말라. 열 받은 선수는 견제의 대상이 된다.

제10계명 — 비, 풍, 초 순을 믿지 말라

버리는 패의 공식처럼 되어 있는 비, 풍, 초 순을 고집하는 것은 바보다. 서자도 키워놓으면 효자 노릇을 할 때가 있는 법이다. 설사제도가 있는 게임에서는 더욱 그렇다. 버린 자식도 애지중지 데리고 있는 덕에 한 밑천 단단히 벌어들이는 경우가 있다. 공식을 믿지 말고 게임의 흐름을 인식하라는 충고다.

제11계명 — 승부에 관계 없는 패는 돌려라

비띠로 초출인 비멍텅구리를 먹는 사람이 있다. 오죽 답답하면 그랬겠느냐만, 그걸 먹어서 약이 될 확률은 거의 없다. 그 덕분에 광과 쌍피를 헌납하는 결과가 된다. 가만 놔두면 어떻게 될까? 쌍피든 광이든 하나는 자연히 내 몫이 될 것이다.

또 한편으로는 누가 덜컥 설사라도 해놓을지 모를 일이다. 승부에 관계 없는 패를 먹어봤자 약도 안 되고 일만 저지르기 쉬운 법이다.

제12계명 — 영감은 적중한다

'설사!'하면 설사가 나오고, '판쓸이!'하면 판쓸이가 될 때가 있다. 치는 대로 맞고 두드리면 맞고 알라딘의 램프처럼 뜻대로 패가 나와 준다. 그것은 일종의 영감이다. 영감은 적중한다. 설사다 싶어 망설이다 치고 보니 설사가 되는 경우가 얼마나 많던가.

승부수가 아니라면 불길한 예감은 일단 피해가고 봐야 한다. 불현듯 충동적으로 어떤 느낌이 수시로 있다면 이것은 영감이 아니라 조바심일 뿐이다. 영감과 조바심은 구별되어야 한다.

제13계명 — 송사리는 연못에서 놀아라

네 꼬라지를 알라는 말이다. 노름판에 앉으면 남의 돈이 다 내 돈같이 보이겠지만 밑천이 달리면 승산이 없는 법이다. 세종대왕 한두 장 가지고 점 천원짜리 판에 들어가 침을 흘려본들 잘 나가다가 대형참사를 당하면 삼천포로 빠진다. 점 백의 송사리는 점 백에서 놀고, 점 천의 잉어는 점 천에서 놀아라. 제바닥에서 놀아야 제 맛이 나는 법이다.

제14계명 — 되로 주고 말로 받아라

기본으로 9회 패하고 똥 흔들고 쓰리고에 양피박으로 1회 승리했다면 10전 1승 9패라는 저조한 기록이겠지만 노획품은 9승보다 더 많을 것이다. 그래서 고스톱은 승률로 따지는 것이 아니라 노획품으로 계산하는 것이다. 한마디로 적게 주고 크게 받아오라는 얘긴데, 그러자면 기본작전이 필요하다. 수비작전과 소당작전, 나가리작전이 점수를 적게 주는 방법이다.

제15계명 — 입이 방정이면 패도 방정을 떤다

'이거 설사하겠는걸' '아이구, 피박당하겠는걸'하고 수선을 떨다보면 영락없이 말대로 된다. 입이 방정이라는 말이 그래서 곧잘 쓰여진다. 하면 된다라는 명언이 있듯이 모든 것이 잘 된다는 마음가짐으로 임하라. 패할 것이라고 입방아를 찧었으니 '피박'을 당해도 당연지사.

제16계명 ─ 뛰는 놈을 잡는 것도 때가 있다

뛰는 놈(초출)을 잡으라는 명구가 있다만 그건 아마추어를 위한 훈계일 뿐 프로는 '내가 쳐서 먹는 것'보다는 '뜨는 것'을 좋아한다. 초구에는 뛰는 놈을 잡되 종반 이후에는 굳은 패를 치고 초출은 떠서 먹는 작전을 펴라.

제17계명 ─ 굳은 패로 상대의 작전을 교란시켜라

민화투 같으면 굳은 패를 미리 까보여도 승부에 관계 없는 일. 그러나 고스톱에서 굳은 패는 적이 작전을 교란시키기도 하고 일방통행을 저지하는 데 중요한 구실을 한다.

가령 초단을 노리고 있는 A가 난초와 홍싸리 진쪽을 쥐고 있고 바닥에 B가 들고 있는 홍싸리 진쪽이 굳은 패로 몇 차례 돌아가고 있다고 하자. 이때 A는 홍싸리가 기리패에 들어 있다는 가정 아래 떠서 먹으면 초단을 한다는 계산으로 초단패를 끝까지 고수하느라 다른 패를 버릴 것이다. 즉, 상대방이 불가능한 작전을 포기하지 않도록 하여 다른 패를 버리게 만드는 작전인데 만약에 B가 어차피 내것이라는 생각만으로 굳은 패를(패가 말릴 경우는 어쩔 수 없지만) 먹는다면 A는 초단을 포기하고 작전을 바꿀 것이다. 한마디로 상대의 작전을 일찍 깨지 말라는 말이다.

또 한가지는 A가 4타에 점수가 났고 바닥의 굳은 패가 있어서 확실한 쓰리고 찬스다. 그러나 바닥에는 C선수의 고도리 진쪽 나머지 한 장이 굳은 패로 깔려 있어서 A는 고민을 하게 된다. 그러나 고도리 한 장은 B가 가지고 있다.

만약에 이때 B가 굳은 패라고 고도리를 먹어가면 A는 무조건 고를 불러 성공한다. 이때 B는 다른 패를 버려 가면서라도 고도리를 A의 위협세력으로 남겨두어야 한다. A가 눈치를 채지 않은 이상 쓰리고까지 감행할 배짱은 못부릴 것이다.

제18계명 ─ 포기하는 것도 전략이다

자신의 작전이 도저히 불가능하다고 생각되면 또한 패색이 짙다고 생각되면 역전을 노리지 말고 곧 포기하여 피해를 줄이는 방법으로 작전을 전환시켜야 한다. 죽이 되든 밥이 되든 끝까지 고집불통으로 자신이 계획하는 패를 잡고 늘어지는 초심자가 있는데 이런 경우 대형참변으로 가는 지름길이다.

몸을 아끼면 몸을 망치고 몸을 내던지면 몸을 구한다. 패를 버리면 버린 만큼의 대가가 돌아온다는 것을 명심하라.

제19계명 — 가슴과 무릎 사이에 고와 스톱을 결정하라

증권 투자에서 가장 어려운 결단을 요구하는 것이 '사자'와 '팔자'의 순간이다. 바닥시세에서 사고 '상투'에서 판다면 더 이상 금상첨화는 없으련만 그것은 욕심이다.

욕심이 많으면 화를 불러 일으킨다. 뭐든지 알맞게 먹어야 알맞게 싸는 법이다. '못 먹어도 고!'라지만 못 먹으면 '고바가지'다. 그 다음 끗발까지 죽는다.

제20계명 — 기리에도 작전이 있다

기리의 이름은 다양하다. 칼기리, 통기리가 있고 작살기리가 있고 대리기리가 있다. 그러나 한 가지, 기리의 공통점은 자신이 유리하게 패를 뜨고자 하는 데에 있다. 하지만 기리는 어떻게 해야 된다는 결론은 없다. 막연하나마 운수대통을 빌어보는 '고사'정도라고 밖에. 그러나 기리를 할때 다음 몇 가지를 기본 전략으로 세워두면 소위 말하는, '기리 덕'을 볼 확률이 높다.

1) 기리발이 받고 있다면 자기 스타일을 고수하라.

2) 기리발이 안 받으면 대리기리를 시키든지 떼는 몫을 불균등하게 하라.

3) 요리 빼고 조리 빼고 요사스럽게 굴지 말고 묵직하게 한 번으로 끝내라. 귀신도 요사한 것은 싫어한다. 모양새가 좋으면 결과도 좋은 법이다.

제21계명 ― 승부수를 띄워라

똑똑한 놈 셋만 필요하다는 명언의 주인공은 지금 세상에 없지만 똑똑한 놈 셋이면 적을 간단히 해치울 수 있는 게임이 바로 고스톱. 그런데 19장을 먹고도 점수를 못 내는 얼치기가 있다. 이름하여 2.4.4.9통. 열 아홉 번 슛을 날리고도 1점도 골인을 못 시켰으니 비경제적이요, 비효율적인 게임을 한 것이 틀림없다.

그것이 애석하다고 해서 통수고스톱에서는 5점으로 쳐주는 예도 있다만 2.4.4.9통의 결과를 분석해 보면 분명 한 가지 잘못이 있음을 발견하게 될 것이다. 즉, 술에 술 탄듯 물에 물 탄듯, 이런들 어떠리 저런들 어떠리, 두리뭉실 어물쩍하고 맥없이 게임을 진행했을 것이다.

열 아홉장이나 노획했다면 보유했던 병사도 꽤 쓸만한 놈이었을 텐데, 고향의 계집 생각하느라고 장군이 먼 산만 바라봤다는 얘기다. 그 정도의 병력이라면 7회의 공격중 분명 승부수를 걸 만한 기회가 한 번은 있는 법이다. 그런데 설사도 무섭고, 독박도 무섭고, 안 되면 어쩌나, 어영부영 뒷걸음만 치다가 군식구들만 불러들인 것이다.

어떤 게임도 한 번의 찬스는 있는 법이다. 무위로 끝난다 하더라도 승부수를 던져 총력을 기울여라. 모험을 걸라는 말인데 무조건의 모험이 아니라 군식구 데리고 살 바라면 내 자식 찾는 승부를 걸었어야 옳다는 말이다.

제22계명 — 빗자루는 내가 쥐고 있어라

평소에 제 집 마당 한 번 쓸지 않는 사람에겐 반갑지 않은 충고이겠는데, 요는 '판쓸이'에 대한 비법을 빙자한 말이다.

고스톱의 룰 중에서 가장 모범적인 룰을 나는 '판쓸이'로 꼽는다. '공'이 있으면 '상'이 있고 죄가 있으면 '벌'이 있는 것이 마땅한 것이 이치이거늘 바닥을 청소해 놨으니 어찌 기특하지 않은가. 그래서 피 한 장씩을 상으로 수여하는 바, 말이 그렇지 어디 청소가 쉬운 일이겠는가. 한 게임에 많아야 두세 번, 자기에게 빗자루가 쥐어지는 기회는 더 적은 것이 사실이다.

가장 중요한 것은 뭐니뭐니해도 내가 빗자루를 쥐고 있어야 한다는 것이다. 인천 앞바다에 사이다가 둥둥 떠도 컵 없이는 못 먹는다 하지 않던가. 그러면 어떻게 빗자루를 내가 쥐어야 하는가. 한가지 확률 높은 계산은 패가 말리지 않는 한 바닥의 굳은 패 한 장을 고수하는 방법이다. 이것은 다른 사람에게 청소의 기회를 안 주는 방법도 되는 것이다.

한편 굳은 패를 가지고 있다고 다른 사람에겐 청소의 기회가 전혀 없는 것은 아니다. 이러한 가상의 게임이 얼마든지 있다.

판에 깔린 화투는 비 피와 목단 띠 해서 두장이다. 비 피는 굳은 패고 목단은 초출, 그야말로 대청소의 찬스다. 누구든지 굳은 패를 치는 것은 당연하다. 그러나 청소를 못하고 엉뚱한 굳은 패 똥이 나왔다고 치자. 다음 차례의 B는 굳은 똥을 가지고 있다. 기리패에서 한 장이 줄었으니 A보다 B가 목단을 뜰 확률이 더 많다.

문제는 내가 청소를 못 하면 다음 사람에게 기회가 넘어간다는 얘기다. 따라서 A는 상황에 따라 다르겠지만 흐름으로 봐서 자기가 청소하기 어렵다고 생각이 되면 굳은 패를 먹지 않고 몹쓸 자식 하나를 과감히 버리는 것도 고수들의 난해한 비법이다.

제23계명 — 윗단추를 제 구멍에 끼워라

윗단추 하나를 제 구멍에 잘못 끼우면 아랫단추가 다 잘못 끼워진다는 것은 알 것이다. 그렇다면 1타를 잘못 치면 2타, 3타가 계속 헛손질 내지 사고를 저지른다는 것도 알고 있을 것이다. 바둑에도 수순이 있고 수순이 잘못되면 망친다. 그러나 바둑은 2백여 수, 한번 잘못된 수순을 바로 잡을 기회가 있다 치면 고스톱은 오직 7회뿐, 한번 수순이 잘못되면 바로 잡기 어렵다. 무엇이 정석 수순이라고 내놓기는 어렵지만 일단 다음과 같은 착상을 해보기 바란다.

1) 초구에 바닥에 먹을 패가 많다. 그러나 하나만 겨냥할 수밖에 없다. 따라서 패를 잡으면 우선 뚜렷한 목적을 세워라. 똑똑한 놈 석 장이 있고 바닥엔 똑똑한 놈과 짝맞는 놈이 한 놈뿐이면 그놈을 잡아들여라. 그러나 두 놈 세놈이 한꺼번에 나와 있으면 작전 성공이 어려우니 상대패를 깨는 패를 먼저 먹어라. 똑똑한 놈 한 장을 쥐고 있고 그 형제놈이 바닥에서

짝맞추자고 방긋 웃더라도 지나쳐라. 수비용으로 간직하고 변경된 작전에 합당한 패를 먹어라.

2) 1,2타는 공격용으로 목적타를 쳐라. 광을 하기로 했으면 바닥에 고도리나 청단이 입맛을 돋우어도 일단 작전대로 가라. 3타부터는 수비로 전환하라.

3) 똥이니 비 같은 미사일 쌍피가 있으면 당연히 쌍피로 먼저 달려야 한다.

4) 중반에 돌입했으면 자기 병사가 무엇을 할 수 있는 놈인가를 판단해야 한다. 소당 구실을 할 놈인지 보초를 서야 할 놈인지 분명한 결정을 내려서 수순을 정비해야 한다.

제24계명 ― 알로(밑으로) 기어라

고득점의 가장 큰 공로자는 피다. 반면에 대형참사를 당하는 원인도 피 보충을 못한 데 있다. 피박만 면하면 대형참사를 당할 경우는 많지 않다. 따라서 피보기를 돈같이 해야 한다. 피 우선의 원칙을 세워라.

제25계명 ― 여당은 야당할 각오를 하라

선은 그 게임의 집권자이니 여당이라는 호칭도 그럴 듯 할 것이다. 그런데 선이 특별히 지켜야 할 기본 자세가 있다. 그것은 누구보다도 수비에 치중해야 한다는 점이다. 왜냐하면 큰 점수는 선일 때보다 말일 때 나는 확률이 더 높다. 따라서 선은 패자가 되었을 때를 가상하여 내가 나는 쪽보다 점수를 적게 준다는 방향에서 게임을 운영해야 한다.

그 방법의 하나가 양쪽 선수에게 균등한 패의 공급 역할이다. 자신의 작전이 무너졌다고 생각하면 즉시 양쪽의 세력을 평준화 시켜 일방통행을 못하도록 견제하는 것이다. 자신이 견제하는 것이 아니라 2등으로 달리는 이웃을 도와서 견제 세력으로 키워 주는 여당다운 너그러움으로 쇄신해야 하는 것이다.

이 작전은 선뿐 아니라 모두에게 필요한 기본자세이지만 특히 선에게 요구되는 점이다. 선이 재집권의 꿈을 버리지 못하고 역전만을 고집할 때 대형참사가 난다는 것을 기억해 두라.

제26계명 ― 난적은 피해가라

아무리 고군분투해도 꺾이지 않는 선수가 있다. 이런 선수에게는 이기겠다는 욕심을 버리고 피해가는 것이 상책이다.

세 사람 이상이 할 경우 난적이라고 여기는 사람의 오른쪽 (다음 타순)에 자리를 잡으라. 난적과 치느냐 마느냐의 선택권을 자신이 갖기 위한 방편이다. 즉, 자신이 선일 때를 제외하곤 대부분 '참여'와 '결장'의 선택권을 자신이 갖게 된다는 말이다.

그리고 난적이 선을 잡는 경우가 많으면 난적의 바로 아래쪽 (왼쪽)에서 '광' 장사나 하는 것도 치사한 방법이지만 난적을 피해가는 요령이다.

제27계명 — 쌍피는 비행기 타고 가다가도 내려 먹어라

생명체를 소유하고 있는 동물이라면 누구나 '피'를 소중히 여긴다. 만약 피를 많이 흘려 피가 부족한 상태라면 그 동물은 비실비실 '호랑나비'처럼 여기에도 넘어지고 저기에도 쓰러진다.

고스톱에서도 절대적인 게 바로 피다. 피가 부족하면, 즉 피가 6장이 되지 못하면 피바가지로 항상 되로 받고 말로 주는 꼴이 된다.

고스톱에서 피는 모두 28장(국진 열끗과 비 피, 똥 붉은 피를 각각 2장으로 계산함)인데, 세 사람이 공평하게 나눠 가진다면 별 문제가 안 되지만 이 놈의 피는 어찌된 셈인지 세 사람이 비슷하게 나눠 가지는 것을 좋아하지 않고 때로는 한 사람 쪽으로 수혈하는 걸 원한다. 따라서 고스톱 기본 원칙의 하나로 '피작전'을 꼽을 수 있다. 무자식이 상팔자가 아니라 '피작전이 상작전'이라는 말이다.

바닥에 광과 국진 열끗이나 비피, 똥 붉은 피가 깔려 있을 경우 무엇을 먹을까 망설이는 사람은 촌놈이다. 두말할 것 없이 우선 피부터 확보해 놓고 볼 일이다.

광 3점은 고스톱 초보자나 좋아할 점수, 피 바가지를 일단 면해 놓고 자신의 다른 전략을 세우는 게 상책이다. 기왕 3점으로 날 바에는 광보다는 피로 나야 상대방으로부터 따불로 받을 수 있고 기분도 좋다.

이상하게도 사람들은 광이나 단으로 5점이나 6점 나는 것은 별로 동요를 안 느끼면서, 피 바가지 3점을 쓰면 같은 점수인데도 인상을 쓰며 떫은 감 씹은 표정을 짓는다.

나는 기분 좋고 상대방은 똥 밟은 표정 — 그래서 쌍피는 비행기를 타고 가다가도 뛰어 내려서 먹고 가야 한다는 새로운 격언이 생겨났는지도 모른다.

제28계명 — 죽을 때는 열 번 내리 죽어라

고스톱을 치다보면 참으로 묘한 것을 경험하게 된다. 한창 잘 되다가도 갑자기 쳤다 하면 설사요, 당하는 것은 대형사고다. 열고를 한 것도 아닌데 갑자기 언제부터인가 먹지를 못하는 것이다. 이럴 때는 잠시 리듬을 바꿀 필요가 있다. 즉, 열 번 계속해서 죽으라는 말이다.

물론 3인조 게임에서야 죽으나 사나, 패가 좋으나 나쁘나 쳐야 하는 형편이지만 4인조 내지 5인조 게임에서는 자기에게 죽을 권리가 주어진다. 뭔가 일이 잘 안 풀린다고 생각하면 일단 열번 내리 결장하라. 아무리 패가 좋아도 될 리 없다. 따라서 결장을 자주 하여 게임의 흐름을 바꿔놓게 되면 자신의 운세에도 변화가 올 것이다. 화장실에 가는 것도 그 한 방법이다.

제29계명 — 표정을 남에게 들키지 말라

고스톱처럼 매 판마다 아슬아슬한 게임도 드물다. 그리고 희비가 금방금방 교차된다. 청단 두 장을 초구에 치고 받아 먹고 제2구째 나머지 한 장을 마저 먹은 다음 확실한 쓰리고에 돌입하려는 순간, 이게 웬일인가. 설사를 질펀하게 퍼질러 놓았으니 옷 꼴이 말이 아니다. 점잖은 신사가 넥타이 매고 바지를 더럽혔으니 얼굴이 붉어지는 것도 당연한 일.

그러나 아무리 많은 양의 설사를 했다 하더라도 얼굴을 붉히거나 씩씩거리는 것은 금물이다. 또한 설사패를 자신이 쥐고 있다고 해서 주택복권이라도 당첨된 양 흥분을 감추지 못하는 것은 정상급의 고스톱 선수는 아니다.

어린이 미술책을 만드는 M사의 이 아무개 사장은 절대로 남에게 표정을 들키지 않는 고수. 이 사장은 평소 고스톱판에서 신사로 알려지고 있는데 그 이유는 별로 말이 없기 때문이기도 하지만 자신이 들고 있는 패를 앞사람이 홀랑 먹어가도 표정 하나 바꾸지 않기 때문이다.

그리고 설사를 자신이 한다든가 설혹 남이 설사해 놓은 패를 자신이 쥐고 있다고 해도 눈썹하나 동요하지 않는다. 혹자는 이런 사람을 가리켜 무섭다느니 음흉스럽다고 할는지 모르지만 고스톱 세계에서야 일등 선수임은 자타가 공인해야 한다.

표정을 감출 줄 아는 선수, 그가 바로 돈을 잃지 않는 선수이다.

제30계명 — 오늘의 운세를 가볍게 여기지 말라

고스톱에서 기술이 먼저냐 운이 먼저냐를 따져 볼 때 기술도 중요하고 운 역시 무시할 바가 아니다. 어느 천지에 고스톱 운이 있을까만은, 인간사회에는 운이 필연적으로 따라다닌다. 즉, 태어날 운이 있었다면 죽을 운까지 있으니까. 그래서 결혼식을 올린다든가 집을 이사할 경우 소위 길일을 택해 정하듯이 고스톱도 칠 날이 있고 치지 않을 날이 있다. 그러면 언제가 고스톱의 길일인가.

최근에는 각 주간지와 스포츠 신문에서 금주의 운세나 오늘의 운세를 게재하고 있다. 꼭 믿을 바는 아니지만 크든 작든 돈이 왔다갔다 하는 게임에서 그 운세를 업신여길 수도 없다. 그렇기 때문에 '오늘의 운세란'을 주의 깊게 살펴보고 '고'와 '스톱'을 결정할 줄 아는 지혜가 필요하다.

C제본소의 장 아무개 사장은 오늘의 운세를 무시하고 멋 모르고 고를 외쳤다가 자주 망신을 당하곤 한다. 즉, 장사장은 문제의 그날 '오늘의 운세'가 기가 막히게 좋았다. 참고로 스포츠 신문에 게재된 장사장의 오늘의 운세를 살펴보자.

'재수도 좋고 계획하는 일도 성취될 길일. 길운이 임하니 소망한 일 찬스 놓치지 말라.'

기가 막히게 좋은 일진을 생각하며 장사장은 고스톱 판에 뛰어들었고, 역시 운수 대통하여 치는 대로 맞았다. 자연 장사장의 앞에는 돈이 주체할 수 없을 정도로 쌓였고 시종일관 얼굴에서 웃음이 떠나지 않았다. 그러나 웬걸, 초저녁부터 시작된 판이 자정을 넘기는 순가 장사장의 일진도 끝나고 말았다.

왜냐하면 딱이 그럴 리는 없겠지만 우리가 일진이라고 하는 것은 그날 하루에 해당되는 운세이며, 자정을 넘기는 순간 새 날이 다가오지 않았는가.

연일 계속해서 일진이 좋으라는 법은 없다. 한창 널뛰다가 그만 추락하고 말았다. 0시 15분, 찬스가 도래하여 그 이름도 거룩한 '화이브 고'를 불렀는데(장사장은 화이브 고까지 부르지 않으려고 했지만 상대 두 선수 중 한 사람이 하나도 먹지를 않아 어쩔 수 없이 자연 고, 화이브 고까지 부르게 되었단다), 마지막 순간에 한 선수가 초단을 치고 받아 오히려 고 바가지까지 쓰게 되었다. 그리고 그때부터 죽기 시작한 운은 소금에 절인 배추처럼 폭싹 시들어버려 판이 끝날 때까지 다시 되살아나지 않았다.

결국 날마다 장마다 월척은 있을 수 없는 법, 오늘의 운세가 좋을 때는 적당히 즐기고 자정을 넘기지 말 것.

제31계명 ― 앓는 소리를 하는 선수를 경계하라

선수들의 특성도 가지가지이지만 그 중에서도 공연히 앓는 소리를 하는 선수는 요주의 인물. 기가 막힌 패를 자신이 들고 있으면서도 상대 어느 한 선수가 고도리 한 장을 먹어가면 '야, 고도리 한다 고도리' 어쩌구 하며 다른 선수로부터 동정표를 구한다. 그러나 이런 선수부터 경계해야 한다. 왜냐하면 엉큼하기 때문.

일명 '영동의 하리마오'라고 불리우는 황 아무개 사장은 이런 방법으로 짭짤한 수입을 올리고 있는 인물이다. 언제나 묵묵히 치지를 않고 앓는 소리로써 상대방의 동정표를 구한 다음 갑자기 호랑이로 돌변하여 쓰리고에 훽고까지 외친다. 그래서 최근에는 고스톱에서 딴 돈으로 산타모차까지 구입하고 고스톱판이 벌어지는 곳이면 총알같이 달려간다는 믿지 못할 소문이 자자하다. 그러면서도 항상 하는 말은 '아이구, 이거 죽겠는걸'이다.

제32계명 ─ 상대방의 기분을 상하게 하는 것도 때로는 작전이다

고스톱은 상대적인 게임. 내가 잘 되면 남이 잘 안 되고 남이 잘 되면 반대로 나는 도로아미타불이다. 따라서 좀 치사하지만 상대방의 감정을 자극하여 소위 석을 죽이는 방법도 비법이라면 비법.

미술관계 서적을 수입해 판매하고 있는 이 아무개 전무는 앞의 선수가 무엇을 먹을라치면 '설사다, 설사!'하면서 상대의 기분을 자극시킨다. 그런데 묘한 것은 말이 씨가 되듯 그때마다 설사를 하여 설사를 한 선수는 기가 꽉 꺾인다. 그리고 기분이 상하게 되어 다음 패를 먹을 때도 설사를 하면 어떻게 하나 하는 마음이 되어 불안과 초조감에 휩싸인다. 그러나 이것도 작전.

제33계명 — 고추가루를 뿌릴 때는 확실히 뿌려라

고스톱은 앞에서도 말했지만 1대 2의 게임이다. 두 사람이 어느 한 사람을 상대로 집중공격을 하면 당해낼 재간이 없다. 따라서 적당히 오늘의 적이 내일의 우방이 되고 내일의 적이 오늘의 우방이 되어야 한다. 또한 어느 한 사람이 일방독주를 할 때는 다른 한쪽을 도와 대형으로 가는 길목을 막아야 한다.]

이럴 때 필요한 것이 확실한 고추가루. 즉, 적게 나는 선수를 밀어주라는 말인데 물론 잘못 밀다가는 그것이 오히려 화근이 되어 고추가루가 아닌 꿀물이 될 수도 있다. 상대방을 견제할 수 있는 패를 기가 막히게 푸는 선수가 바로 영악한 선수이다.

제34계명 — 때로는 모험도 필요하다

우리의 인생살이가 다 그렇지만 모험 없이는 크게 될 수가 없다. 사업도 그렇고 사랑도 그렇고 투기하지 않고는 크게 될 소지가 없다. 고스톱의 경우도 예외는 아니다. 대형으로 나고 싶으면 일단 모험을 걸어라.

까짓것 고바가지를 쓸때 쓰더라도 과감하게 밀어붙이지 않고는 대형사고를 일으킬 소지가 없다. 기본 3점으로 다섯 번 고바가지를 쓰다가도 오직 한번, 만루홈런을 날린다면 그게 소득면에서는 훨씬 가치가 높다.

제35계명 ― 적의 노획물을 예의 주시하라

적이 먹어 간 패들을 주의깊게 관찰해 보라는 말이다. 즉, 사람마다 스타일이 모두 다르기 때문에 먹어 간 노획물을 정리하는 방법도 다른 것을 발견하게 된다. 어떤 사람은 먹은 순서대로 그냥 앞에 놓는 선수가 있는가 하면, 슬그머니 그 순서를 바꿔 뭔가 작전을 숨기기도 한다.

또한 똑같은 피를 그냥 붙여서 놓는 사람이 있고, 혹시 다음 판에 설사하는 것을 방지하기 위해 비록 쌍피를 먹어와도 다른 피와 썩어서 겹치게 진열하는 법이 없다. 따라서 상대선수의 스타일을 잘 파악해 두었다가 그것을 다음 게임에 이용할 줄 아는 지혜가 필요하다.

제36계명 ― 적당히 먹고 적당히 도망가는 것도 작전이다

중국 무술에서 최고의 무예가 36계라고 하던가. 적당히 챙긴 다음 틈을 봐서 자리를 뜨는 게 상책이라면 상책.

그러나 인간은 '땄다'는 데 대해 공연히 미안한 생각이 들고 어떻게 따고서 자리를 뜨느냐는 심리적 부담감에 그냥 눌러앉는 게 보통이다. 그래서 처음에는 밤 10시까지 치기로 한 게임이 잃은 사람때문에 자정이 되고, 급기야는 올 나이트까지 돌입하게 되는 사례를 왕왕 볼 수 있다.

땄을 때는 적당한 순간에 적당히 자리를 뜨라. 물론 3인조 게임에서야 오줌 누고 뭐 볼 시간도 없겠지만, 4인조나 5인조 게임에서는 얼마든지 가능한 일이다. 따고 도망갔다고 처음 그 순간에는 구설수에 오르지만, 다음에 만났을 때는 그냥 허허 웃음으로 지나치는 게 고스톱꾼들의 상례.

실제로 이런 일도 있었다. 모 전집회사의 남 아무개 사장은 4인조 게임에서 간단히 두 시간만에 30만원을 챙겼다. 그날따라 남사장은 운이 억세게 좋았던 것. 쳤다 하면 먹고 말이 되어 죽을 때도 꼭 광 서너개씩 팔았다. 그리고 남이 설사해 놓은 패는 십중팔구 남사장이 먹었다.

간단히 30만원의 수입을 올린 다음 남사장은, 고액권은 지갑 속에 넣어두고 천원짜리 8장만 자신이 앉았던 방석에 여러 사람이 볼 수 있도록 그냥 놔두고 화장지를 찾았다. 배가 살살 아파 화장실이라도 가서 배설의 기쁨을 누리겠다는 것.

그리고 화장지를 둘둘 손에 말아든 남사장, 화장실을 간 지 두 시간이 지나도 판에 나타날 줄을 몰랐다. 분명히 방석 위에 돈 8천원이 있으니 간 것은 아닐 텐데.

그러나 그것은 남사장의 수법. 30만원을 챙겼으니 8천원 정도는 누가 갖던 헌납하고 대신 두루마리 휴지나 한 뭉치 말아갖고 36계 — .

돈을 땄을 때는 두루마리 휴지를 찾아라……?

제37계명 — 오래 치길 원하는 선수와는 자리를 하지 말라

고스톱을 치다보면 별 선수가 다 많다. 자기는 첫 판에 먹으면 그날은 깨진다느니, 자기는 새벽닭이 울어야 끗발이 난다느니 별 희한한 선수들이 어울려 있는 곳이 바로 고스톱판이다.

그러나 길게, 그리고 오래 치는 것은 금물. '세 번은 짧게, 세 번은 길게'라는 영화가 있었지만 고스톱은 오로지 짧게 치는 것이 노름이 아닌 놀음이다. 적당히 심신의 피로를 풀고 쌓인 스트레스를 해소하는 것만이 이상적이다.

그런데 유난히도 오래 치기를 원하는 사람이 있다. 판이 열렸다 하면 밤샘을 해야만 직성이 풀리는 심야족들이 있다. 이런 사람과는 아예 판에 앉지를 말라. 돈을 잃고 따는 것은 그날의 재수, '꾼'이라면 다음을 기약할 줄 아는 매너를 갖춰야 한다.

제38계명 — 누가 뭐래도 소신껏 쳐라

인간만사가 다 그렇기는 하겠지만 고스톱도 소신껏 치지 않으면 돈을 잃는다.

흔히 고스톱을 치다보면 유난히 짜증을 부리는 선수가 있다. 가령 자신이 비 띠와 비 멍텅구리를 들고 있다고 하자. 그리고 바닥에는 비 광이 깔려 있다. 그럴 때 앞의 선수가 비 피로 광을 먹으면 냉큼 비 열과 비 띠를 패대기치며 '에이, ×팔'하며 앞의 선수를 비난 내지는 원망하는 선수를 보게 된다.

이럴 경우 보통은 뒤의 사람에게 미안한 감정이 들며 다소 위축되는데, 절대로 마음의 동요를 느끼지 말라. 오히려 고소한 감정을 가질 줄 아는 느긋함이 선수로서 필요하다.

신설동에서 덤핑책만을 팔고 있는 최 아무개 사장이 그 대표적인 인물. 그는 어찌나 군소리가 많은지 그의 앞에 앉으면 욕을 바가지로 먹는다. 그가 들고 있는 패를 먹기라도 할라치면 야단법석이다. 그것도 한두 번이지 매 판마다 그 지경이니 앞에 앉은 선수는 지겹다. 그래서 먹을 것도 제대로 먹지 못하고 멈칫거리게 된다.

그러나 이것이 최사장의 작전. 최사장은 요로코롬 상대를 지겹고 멈칫거리게 해서 자신은 쾌재를 불러가며 맛있는 것만 골라 먹는다.

소신껏 쳐라. 만약 최사장과 같은 타입과 맞붙을 때는 오히려 상대를 약올려 가며 더 열심히 먹는다면 그는 마침내 제 풀에 못이겨 무너지고 말 것이다.

제39계명 — 패를 함부로 보이지 말라

프로의 세계에서는 그렇지 않겠지만 아마추어 중에서는 자신의 패를 소중히 여기지 않는 경우가 많이 있다. 가령 4인조 게임에서 말이 되어 밀려 죽을 때 자신의 패가 아까운 나머지 '에이, 기가 막히게 좋은 팬데 밀려 죽네' 하면서 손에 든 일곱 장을 펴 보이는 선수가 있다. 그러나 이것은 절대로 삼가야 할

금기 사항이다. 왜냐하면 알 만한 선수는 그 작은 기회를 지나칠리 없기 때문이다. 한 순간 눈에 들어 온 그 좋은 패를 머리 속에 차곡차곡 정리해 두는 것이다.

실제로 도자기를 판매하고 있는 김 아무개 사장은 눈썰미가 기가 막히게 좋은 프로급 선수. 김사장은 한번 슬쩍 본 패를 절대로 잊어버리지 않으며 일곱 장의 순서까지도 정확히 기억하는 뛰어난 머리의 소유자이다. 만약 그에게 패를 보였다가는 패를 기억하지 못하는 다른 두 선수가 패할 것은 자명한 일.

때문에 죽거나 광을 파는 사람은 필요한 광 이외의 화투짝을 펴놓는 것은 금해야 할 사항이다.

제40계명 — 모르는 사람과는 치지 말라

세상에 태어날 때부터 아는 사람은 없겠지만 평소 친하게 지내지 않는 사람과는 고스톱을 치지 말라. 왜냐하면 그것이 함정이 될 가능성이 많기 때문이다.

서로 아는 사람끼리야 돈 떨어지면 몇 번 가리도 할 수 있고, 짐짓 안주머니에 수표라도 있는 양 허세라도 부릴 수 있지만 모르는 사람과는 점잖은 체면에 그럴 수도 없다. 따라서 오고가는 현찰 박치기 속에 패가망신하기 일쑤인데 흔히 돈을 크게 잃은 경우의 대부분이 문제의 모르는 사람으로 부터이다.

평소 잘 모르는 사람, 그가 프로세계의 꾼일 가능성이 농후하기 때문에 적게 잃었을 때, 남의 돈 적게 만졌을 때 자리를 툭툭 털고 일어서는 자세가 필요하다.

제41계명 — 키워서 먹어라

고스톱은 승률의 게임이 아니라 결과론의 게임이다. 즉 손털고 문지방 넘어 갈 때의 득실을 따지는 게임이다. 따라서 중요한 건 몇 번 이겼는지가 아니라 손익 계산서의 득실이다.

손익 계산서를 흑자로 기록하자면 되로 주고 말로 받아야 하는 게 당연한 일. 그런데 어떤 선수는 당연히 고를 불러도 확실한 승산이 있는 판에서도 3점만 나면 무조건 스톱을 외쳐댄다. 허기사 3점 난 것만도 대견한 일이니 그럴 수도 있다.

그러나 되박질은 손만 바빴지 매상고는 별게 아니다. 매상고를 올리자면 되박 손님이 말손님이 되도록 유인을 해야 한다. 그 유인작전으로 중국무술 '취권'이 어떨까? 이쪽은 술취한 무사이니 때는 이때다 하고 병력을 총동원 해 겁없이 발길질을 해올 것인즉 '호랑나비' 김흥국이 비틀거리다가 '앗싸'하고 힘을 내듯 벌떡 일어나 이마로 받든지 복부를 한 방 먹이든지.

결국 무슨 말인가? 상대에게 승산의 희망을 주어서 실탄을 허비하도록 하라는 말이다.

제42계명 — 응원부대를 철수시켜라

고스톱은 본게임 출전 선수 3인이 하는 것이지만 후보선수와 그밖에 방청객이 있기 마련이고 이들 후보선수와 방청객은 오페라를 감상하듯 침묵을 지키고 있는 게 아니라 선수의 작전에 간섭 내지는 호들갑을 떨며 응원을 해대는 게 아마추어 고스톱판의 현장이다. 권투경기를 봐서 알겠지만 열을 내는 것은 뛰는 선수보다 링사이드의 방청객이다.

고스톱이 바로 그렇다. 참전 선수의 옆이나 뒤에 앉아 이거 빼라, 저거 빼라, 그걸 치면 어떡하냐, 혹은 아까운 찬스를 놓쳤다 싶으면 혀를 내치며 자기 일처럼 안타까워 해주기도 한다. 좋게 보면 하나의 응원이요 격려로서 고마운 일이지만 결과는 이쪽의 보유 패를 상대에게 노출시켜준 역적행위에 불과하다.

말하자면 고스톱의 경우엔, 응원이 도리어 해가 된다는 지침인데 하여 일러두기를 자기 옆에 응원석을 마련하지 말라는 부탁이다. 그러나 그것이 쉬운 일은 아니다. 이쪽의 요청이 없어도 자원봉사자가 많은 게 고스톱판의 현장 생리인 만큼 따라붙는 방청객을 매몰차게 꺼져달라고 말할 순 없는 것이다.

그렇다면 어떻게 할까? 방법이 될는지 모르겠다만 일차적으로 자기가 쥐고 있는 보유패를 등 뒤에 혹은 옆자리의 후보선수나 방청객에게 노출시키지 말아라. 치사하다는 비난도 받겠지만 손 안에 바싹 감아쥐고 음흉한 표정을 지어라.

몇회가 거듭되면 참견거리가 없어진 방청객은 심심해져서 관전석을 옮겨 가 다른 선수의 응원단이 되어 호들갑을 떨어줄 것이다. 이때부터 당신은 상대의 응원부대가 본의 아니게 노출시켜 주는 상대 선수의 보유패를 감지해 나가면 유리할 것이다.

제43계명 — 출입문 쪽에 앉지 말아라

42계명과 맥을 같이 하는 경구다. 출입문 쪽에 앉게 되면 자연히 드나드는 사람이 많고 이들에게 보유패를 노출시키기 마련이다. 그러나 43계명이 지적한 것처럼 불리한 여건이 조성되기 십상이다.

또 등 뒤에 드나드는 사람이 있을 경우 산만해져서 정신 집중이 안돼 실수를 범할 확률도 높다. 따라서 좌석을 잡을 때 이왕이면 출입문을 바라보고 칠 수 있는 구석진 자리, 즉 방청객이 빌붙을 수 없는 좌석을 차지하라.

제44계명 — 싸부님 말씀은 따르는 게 좋다

게임이 안 풀릴 땐 별의별 변고가 다 일어난다. 초장부터 설사요, 어쩌다 날까 싶으면 소당이 걸려 오고, 났다 하면 3점이요 썼다 하면 피박이다. 공포의 칠각장을 들었어도 남의 보초서다가 그 좋은 패를 다 버려야 하고 광 넉장 들고도 팔기는커녕 밀려 쳐서 쓰리고에 피박까지 당한다.

사실 이런 날엔 안 하는 게 상책이다. 한번 운세가 물 건너 가면 좀처럼 돌아오지 않는 법이다. 그러나 어디 선수들의 마음이 그런가, 오기가 나서 이판사판 공사판의 노가다 식으로 분배받은 패도 점검 안 해보고 무조건 고!다.

열을 받아서 좋을 게 없다는 지침은 이미 앞에서도 했지만 요즘 학생들이 싸부님 말씀을 잘 따라 줄리 없다. 그래서 싸부님의 지침을 무시하고 열을 내며 고!를 외쳐댄다. 좋다. 말릴 수는 없는 거니까 열고를 해도 좋다. 그대신 단 한 가지 싸부님의 지침을 기억해 주기 바란다.

우선 세면장에 가서 찬물로 세수를 하라. 열을 식히라는 말이다. 그런 다음 지금까지 고수해 온 자신의 스타일에 변화를 주어라. 즉 선이 되어 패를 분배할 경우 지금까진 처음은 넉장 다음엔 석장씩 돌리던 것을 석장, 넉장의 순으로 뒤바꾸든지 혹은 둘 둘 셋의 순으로 분배의 흐름을 뒤바꿀 필요가 있다.

또 말이 되어 기리를 할 경우도 한장 기리나 두장 기리 등으로 종전의 기리를 떼던 습관을 뒤바꿔라. 이래도 게임이 안 풀린다면 귀신이 당신을 물먹이겠다고 작당을 한 날이니 다음 날을 기약하며 자리를 뜨는게 좋다.

제45계명 — 큰 그물이 큰 고기를 낚는다

바둑에서 중공식 포석은 변보다 중앙을 중요시하는 작전이다. 따라서 상대 선수에겐 변에다 초가삼간 짓게 자리를 마련

해주고 자신은 중앙에다 잠실운동장 만한 집을 차지한다.

고스톱의 경우도 포석을 크게 해야 한다. 겨우 3점 나겠다고 버둥거려 봐야, 그래서 기본으로 백 번 점수를 내 봐야 따따따블 한 방 맞으면 말짱 도로묵이다. 따라서 상대에겐 초가삼간을 짓게 하고 자신은 큰 집을 마련하는 전략이 필요한데 그러자면 앞서 말한 중공식 포석을 해야 한다. 즉 그물을 크게 던져 송사리는 빠져 나가게 하고 대어를 낚자는 건데 대어를 어망 속으로 불러들이자면 또 작전이 필요하다. 필자는 그 전략의 기본을 다음 두 가지 경구로 제시한다.

1) 초반엔 절대 약단에 눈을 돌리지 말고 피를 우선으로 공격하라. 때문에 상대가 3점으로 초가삼간을 짓는다 해도 큰 고기를 잡을려면 감수를 해야 한다.

2) 승산이 없다고 판단한 상대선수는 점수를 적게 내줄려고 견제 세력을 키우기 마련이다. 그렇다면 큰 점수를 얻기가 어렵다. 따라서 상대 선수에게도 점수가 날 수 있다는 꿈을 키워줘라. 즉 상대 선수의 약단을 깨지 말아야 한다. 물론 모험이긴 하지만 모험 뒤에 영광이 따르는 법이다.

이 모험이 성공하는 케이스는 이렇다. 자신이 수비를 안 하면 다른 선수가 몸이 달아 수비를 대신하기 마련이다. 즉 보초를 서느라고 자신의 패를 버리게 되고 승산의 꿈을 갖고 있는 선수 역시도 전략무기를 제외한 병졸들을 죄다 내보내는 결과가 된다. 이런 것을 다 받아 먹어야 큰 점수의 확률이 높은 것이다.

제46계명 ― 수비를 끌어내라

수비는 공격이라는 말이 있듯 수비가 철저하면 그만큼 공격이 어렵다. 따라서 공격을 수월하게 하자면 수비를 끌어내야 한다. 45계명과 같은 취지의 전술로서 수비를 끌어내는 방법의 하나로 중국무술 '취권'을 권하겠다.

이쪽은 비틀비틀 술취한 선수. 그러니 겁날 게 없는 상대 선수는 수비를 열어둔 채 공격해 올 것이다. 그때 한 방 먹이는 방법이다. 즉 이쪽의 헛점을 보여서 상대를 유혹하는 작전으로서 실전의 예를 들면 아마추어의 티를 내어 상대의 수비를 끌어내는 작전이다. 축구경기에서도 이 작전이 종종 쓰여지는 바 오래전에 한창 인기를 끌었던 가수 김흥국의 '호랑나비' 흉내를 내는 것도 한 방법이 될 것이다.

제47계명 ― 메뉴를 기억하라

고스톱의 규칙이 판을 벌이는 장마다 다르다는 것은 이미 알고 있는 일. 여기 가면 박서방, 저기 가면 오서방 식이다. 때문에 점수를 내는 메뉴가 다르기 마련인데 기본 메뉴 이외에도 '비도리' '팔싸리' '월약' '피바가지'외에 '광바가지'까지, 그리고 따따따 나팔 좋아하는 사람들은 '멍텅 따블'에다 '띠 따블'까지 곁들이니 룰이 이쯤 되면 정신이 없다. 그래서 새로 가입한 선수는 남의 동네 룰을 깜박 잊어 손해를 보는 경우가 비일비재하다.

이를테면 월약이 있다는 것을 모르고 월약을 내주어 독박을 쓰거나 팔싸리 약을 나고도 모르고 그냥 지나친다. 허기사 남의 동네 룰이 아닌 우리 동네 룰을 적용해도 장시간이 경과해서 무릎이 뻣뻣해지고 허리가 저려오고 정신이 희미해지는 시간이 오면 혼든 걸 모르고 지나치거나 점수 계산도 약 하나쯤 잊어먹기 일쑤인 것이 혼한 예다.

그러나 고스톱은 '일사부재리'의 원칙에 충실한 게임이므로 버스 지난 뒤에 손 흔들어 봤자 닭 쫓던 개 지붕 쳐다보기일 뿐 원통하다고 소리쳐 본들 누구 하나 위로를 해주는 사람이 없다.

로마에 가면 로마법을 따라야 한다. 남의 동네에 가면 남의 동네의 룰을 따르기 마련이다. 생소한 룰, 혹은 습관화 되지 않았던 룰이 적용되면 가끔 이 동네의 룰을 마음 속으로 점검해야 한다. 메뉴가 뭔지 알아야 주문을 할 게 아닌가.

제48계명 — 독박도 작전이다

게임에 져서 값을 치루는 것도 찜찜한데 독박까지 써서 곱을 변상하는 것이 작전이라니 말이나 되는가라고 이의를 제기해 올지 모르겠다. 그러나 분명한 것은 독박도 작전이다. 설명을 하겠다.

독박을 자청하는 것은 한푼이라도 손해를 줄이자는 뜻이다.

5점보다는 3점이 싸고, 피박보다는 기본이 헐값이다. 그런데 독박만은 쓸 수 없다고 움켜 쥐고 있다가 흔들고 쓰리고에 멍텅에 따따따블을 얻어 맞는 경우를 보게 된다.

독박도 작전이란 말은 큰 점수의 위기감이 감돌 때에만 필요한 전략이다. 그러나 독박을 쓰는 것도 찬스가 있다. 무턱대고 일찌감치 독박을 썼다간 '독박은 영원한 독박'이라는 룰이 적용되는 게임에서 나중에 점수까지 키워서 변상을 하게 되면 큰일이다. 때문에 독박을 쓸땐 상대선수가 독박을 먹고 고를 부를 판세가 아닌 경우에만 해야 한다.

물론 소당이 가능할 땐 소당 전략으로 방향을 조정해야겠지만 사태가 심각하다고 여겨지면 기본 3점일 독박을 자원하는 것도 큰 피해를 줄이는 방법이다. 어음 할인을 주업으로 하는 방배동 이 아무개 사장이 자주 이용하는 방법인데, 좀 치사한 방법이다. 돈푼께나 만지는 자로서.

제49계명 ― 소당을 막아라

어쩌다 큰 점수가 날 기세인데 소당을 걸어와서 나무아미타불이 되는 경우를 종종 경험했을 것이다. 여간 섭섭한 일이 아니다. 그러나 이러한 결과의 초래는 소당에 대한 대비를 하지 못한 자신의 실책이다.

소당을 방해하자면 우선 게임의 흐름을 판독, 누군가가 소당 작전을 펴고 있음을 감지해야 한다. 그것을 감지했으면 소당을

준비하는 선수가 보유하고 있는 패를 바닥에 내놓아서 무산시
켜야 한다.

예를 들어 이쪽은 청단, 저쪽은 홍단, 이 두 가지 패를 다른
한 선수가 가지고 있다. 그런데 아직은 보유패가 많아서 소당
의 기회가 없다. 이럴 때 자신의 약단 패를 버려서 소당의 조
건을 무산시킨다.

물론 약단이 아니고도 점수를 낼 수 있다는 확신이 있을 때
에 한한다. 그마저 받아 먹겠다는 욕심으로 쥐고 있다간 철커
덕 발목에 쇠고랑 차기 십상이다.

제50계명 — 마음을 비워라

고스톱 손자병법 50계명 중 가장 철칙으로 지켜야 할 계명
으로 욕심을 버리라는 말이다. 인간사를 봐도 알겠지만 항상
화를 불러 일으키는 것은 욕심이다. 이 욕심때문에 얼마나 많
은 사람들이 패가망신하였던가?

회고해 보건데 한때 우리의 정치인들은 저마다 '마음을 비웠
노라'고 외쳐댔다. 그랬지만 실제로 마음을 비운 정치인은 없었
다. 비운 척만 했던 것이다. 때문에 되는 일이 하나도 없었다.
그것을 뒤늦게 후회해서인지 6공시절 한때 3당이 통합을 했
다. 3당 통합이 가능했던 건 서로가 마음을 비웠기 때문이다.
뭔가 되는 일을 해보자는 생각이 합쳐졌기 때문이다.

그러나 마음을 비울테면 확실히 비워야지 비운 척만 해서는

안된다. 즉, 정치가 잘 되어 나가면 정말 마음을 비운 것이고 잘못되어 나가면 비운 척만 했던 때문으로 봐야 한다.

고스톱도 마찬가지다. 진짜로 마음을 비워야지 비운 척만 해 가지곤 되는 일도 없겠거니와 화를 불러 일으킨다. '적당히 먹고 적당히 싸라' '과욕은 금물이다'라는 고스톱 현장에서 흔히 불려지는 경구를 소홀히 하지 말라.

〈고스톱 손자병법〉의 경구가 아무리 훌륭해도 그것을 실전에 응용하지 못한다면 소용이 없는 일이다. 일일이 실전의 예를 들어 해설을 달아주기를 기대하는 독자도 있겠지만 시시각각 천변만화하는 고스톱 게임인지라 설명을 하자면 이것 하나만으로도 몇 권의 책을 써야 한다. 실전에 잘 응용하는 지혜가 필요할 것이다.

끝으로 당부하고자 하는 말은 이 〈손자병법〉이 따기 위한 전략이 아닌 잃지 않겠다는 마음가짐으로 응용되기를 바라는 바다.

제 **5**부

사기도박단 라인계

도박사와의 만남

1997년 4월 20일 오전 10시.

Y잡지의 마감 원고 집필로 간밤에 혹사한 나는 깊은 잠에 빠져들고 있었다. 8시에 취침을 시작했으니 그 시간이면 천하일색 양귀비가 데이트를 신청해도 거절할 만큼 비몽사몽의 시간이다. 이 시간은 그날뿐만 아니라 20여년 전부터 정해져 내려오는 나의 상습적인 취침시간이요, 이 시간은 그 누구도 나의 단잠을 방해해선 안되는 성역의 시간이다.

하여 이 시간 무렵엔 나의 후계자이며 집안의 말썽꾸러기인 장남 '우람타미나'와 제2의 후계자인 장녀 '아름새미나'를 제외한 온 가족이 숨을 죽이며 지내는 시간이다. 따라서 이 시간을 전후해 한 두 시간은 '전화사절'의 특명이 공포된 시간이기도 하다. 그런데, 하느님 다음 가는 남편의 특명을 거부하고 아내가 나를 흔들어 깨웠다. 내가 한방 먹인다는 시늉으로 주먹을 흔들어보이자 아내가 변명을 늘어 놓았다.

"취침 중이라 안된다고 했는데도 중요한 일이라며 꼭 바꿔달라고 해서……."

아내는 무선 수화기를 들이밀면서 원고청탁일지도 모르니 전화를 꼭 받아야 한다고 협박을 했다.

'하룻밤 잠 좀 못 잤다고 죽지는 않는다. 원고청탁 끊어지면 밥줄 끊어지는 거나 마찬가지다, 그러면 죽는 거나 마찬가진데 당신이 무슨 통뼈라고 청탁전화를 마다하느냐? 처자식 굶겨죽일 셈이냐? 그렇게 나오면 나도 생각 고쳐 먹겠다. 일치감치 보따리 쌀 테니 딴 여자를 구해봐라!'

그런 투의 독촉에 겁을 집어먹은 나는 조리개가 열리지 않는 눈을 비비며 전화를 받았다. 닦아놓은 길 없고 쌓아놓은 업 없으니 청탁을 놓치면 그야말로 큰일이기 때문이다.

"제 결심이 변할까봐 주무시는 걸 깨워달라고 했습니다."

수화기 저쪽의 사내는 단잠을 깨운 데 대한 해명으로 '뭔가 고백하려고 하는데 특명이라 바꿔줄 수 없다고 하더라. 그러나 몇날 밤을 모색하며 작심한 결심인데 이 시간이 지나면 생각이 바뀔지도 몰라 변심을 방지하는 방편으로 통화를 간청했다'면서 단잠을 깬 사과를 정중히 송신해 왔다.

"뉘신데? 무슨 일로?"

고스톱 손자병법
■
164

사나이는 이름을 묻지 말라고 했다. 그래서 이름은 생략하고 직업을 물었다.

"'구라꾼'입니다."

"'구라꾼'요? 그게 무슨 말입니까? 그런 직업도 다 있습니까?"

"여태 그럴 모르고 있었습니까? '구라꾼'도 모르면서 어떻게……."

사나이는 의외라는 듯 놀라면서 이내 전화를 건 것을 후회하고 있는듯 했다.

그의 설명을 듣고 안 일이지만 '구라꾼'이란 '사기도박사'를 일컫는 '은어'이다. 즉, 사나이는 '사기도박사'인 것이다. 사나이는 생각한 바가 있어 사기도박의 흑막을 나에게 고백하고 그것을 책으로 펴내기를 요청하려 했던 것이다. 사나이가 나를 '필자'로 선택한 동기는 '고스톱 열전'과 '전국 고스톱 통일안'이 수록되어 있는 나의 연작꽁트집을 읽고 적임자라고 판단한 때문인데, 그래서 당초 인기작가 L씨와 구두계약한 것을 파기하면서까지 나를 선택한 것인데, '구라꾼'을 모르다니? 구라꾼도 모르면서 '고스톱 열전'을 썼단 말인가? 구라꾼도 모르는 사람에게 어떻게 집필을 맡길 수 있단 말인가? 그래서 그는 후회를 하고 있는 게 틀림없었다.

"사실 그 방면에 대해서 아는 게 없습니다. 또 《까》를 쓸 때만 해도 고스톱을 잘 모르고 있었습니다. 다만……."

다만, 때마침 전국적으로 불고 있는 고스톱 열풍을 어깨 너머로 눈동냥한 고스톱 지식을 밑천으로 풍자해 본 정도요, '통일안' 역시 통일안 자체의 효력보다 풍자적 의미가 더 참가된 아마추어식 발상임을 고백하면서, 그러니 고스톱을 잘 아는 다른 작가를 물색해 보라고 한번 퉁겨 봤다. 그랬는데 한번 퉁긴 게 효력이 발휘됐는지,

"아닙니다. 고스톱도 잘 모른다면서 그만큼 써냈다면 해내실 수 있습니다. 브리핑을 해드리면 되지 않습니까?"

그건 맞는 말이다. 도박사가 브리핑을 해준다는 데야 명색이 작가가 그걸 왜 못 엮겠는가? 더구나 지금은 '통일안'의 창안자라는 체면치레로 고스톱을 연마, 이제는 실전경험 풍부한 '고스톱 황제(?)' 소리를 듣는 판이니 집필이 훨씬 수월해질 게 당연하다. 그래서 일단 사나이의 면담을 수락했다.

숭인동 시외전화국 뒤 지하다방

나와 책의 발행자인 C출판사 J사장, 그리고 만약의 사태에 대비한 '보디가드'와 사나이의 '구라꾼'으로서의 위치를 감별할 그 방면 정보에 밝은 김헌달(가명)씨. 이렇게 네 사람이 2개조로 나누어 앉아서 사나이를 기다리고 있었다.

보디가드와 김헌달씨를 동행한 것은 아직 사나이의 확실한 신분을 모른다는 우려. 다시 말해 도박꾼을 비난한 나의 글에 대한 감정을 가지고 있는 구라꾼이 '고백'을 위장한 '보복'에 대한 대비와 면담 요청의 목적이 '고백'으로 밝혀질 경우, 고백의 진실정을 인정할 만한 '구라꾼'인가를 탐지해야 하기 때문이다.

하오 7시 30분.

한 사나이가 내게로 다가왔다. 지면에 공개된 사진을 본 터라 알아볼 수 있노라며 이산가족을 찾는 만남의 장소에서처럼 '팻말'이 필요없다더니 역시 그는 단번에 나를 발견하고 자리에 앉았다.

건장한 청년을 상상했던 예상은 빗나가 사나이는 깡마른 30대 중반, 험상궂게 생겼을 것이라는 예상도 빗나가 의외로 얌전해 뵈는 인상, 아무리 봐도 도박사의 냄새를 풍기는 용모는 아니다.

이번엔 내 쪽에서 후회를 하기 시작했다. 사나이를 만난 것을 후회하는 것이 아니라 이렇게 순진하게 생긴 충청도 아저씨인 것을 모르고 '만약의 사태' 어쩌구 하며 보디가드를 포진한 실책 말이다.

후회도 잠시, 상대가 별 것(?) 아니라는데 안심을 한 나는 은근히 사나이를 깔보면서 심문하듯 고백을 재촉했다. 왜 그렇게 마른 북어마냥 말라 비틀어졌느냐? 구라꾼이라면 돈도 잘 벌 텐데, 그래서 잘 먹고 잘 살 텐데 뭘 못 먹어서 그 지경이 됐느냐? 우선 농담조로 대화의 수문을 열었더니,

"도박꾼은 죄다 이럴 겁니다. 허구헌날 쭈그리고 앉아서 화투만 쪼죠. 판이 벌어졌다 하면 때를 거르는 건 보통이죠, 밤잠 안 자죠, 살이 붙을 여가가 어디 있겠습니까?"

듣고 보니 이해가 가는 말이다. 말마따나 도박꾼은 하체가 대부분 빈약하단다. 화투는 발로 치는 것이 아니니 그게 무슨

상관이랴만 도박꾼 중에 관절염 환자가 많다는 것을 상기해 보면 하체의 빈약성이나 관절염이나 그게 다 화투때문에 생긴 후유증이다. 대신 손목 근육은 발달하겠지만……

"'부산꼬마'라고 아십니까?"

'부산꼬마'라고 하면 한때 도박계를 주름잡던 유명한 도박사의 별명이다. 사나이가 정말 '구라꾼'이라면, 그 세계를 대변할 위치에 있는 구라꾼이라면 '부산꼬마'를 몰라서는 말이 안된다. 즉, 사나이는 '구라'를 치고 있는 것이 된다. 그것을 탐지하려고 J사장은 이름난 도박사의 이름을 대면서 그의 지명도를 염탐해 나갔다. 더러는 전혀 근거없는 사람의 이름을 대며 '함정 신문'도 했다.

"'부산꼬마'를 모른다면 말이 안 돼죠, 우리 '식구'는 아니었지만 명성은 자자했습니다."

사나이는 부산꼬마를 선창으로 이름난 도박사의 비화를 읊어 나갔고 덫으로 던진 도박사에 대해선 정확히 고개를 저었다. 만약 덫으로 던진 가까 도박사의 이름에 대해서 아는 체했더라면 우리는 사나이를 '가짜'로 판정할 셈이었다.

사나이는 우리의 덫에 걸려들지 않았다. 걸려들 이유가 없을 만큼 그 방면에 박학다식했던 것이다. 그래서 '합격'의 심중을 굳히고 있는데 따로 자리를 잡고 이쪽을 염탐하고 있던 김헌달 씨로부터 '오리지널'이라는 싸인이 왔다.

김헌달씨는 무선 녹음기로 이쪽의 대화를 도청하고 있었던 것이고, 나는 성냥갑 속에 숨겨둔 콩알만한 무선마이크로 이쪽의 대화내용을 그에게 송출, 판결의 자료로 삼게 했던 것이다.

김헌달씨가 '오리지널'이라는 표시로 V자의 손가락을 펴보이자 J사장은 내심으로 '합격'의 판정을 내리고 본격적인 심문(?)에 들어갔다.

"폭로하려는 이유는?"

"뒷골목의 세계는 말이죠. 그래도 의리 하나는 끝내줍니다. 그래서 그 의리가 돋보이는 영화를 보면 관중은 박수를 치기도 합니다. 사회에 저지르는 범법행위는 밉지만 의리로 뭉쳐진 그 신뢰도에 감격을 하는 거죠. 그런데 구라꾼의 세계는 그렇지가 않아요. 한마디로 의리가 없죠. 종국에는 구라꾼이 구라꾼을 잡아먹는 아주 비열한 세계란 말입니다. 나중에 설명하겠지만 그것에 회의를 느낀 것이 결정적 동깁니다. 그래서 손을 씻기로 결심했고 그 결심을 다지기 위해 폭로를 하는 겁니다."

그리고 그동안 피해를 본 사회인에 대한 사죄를 겸하여 그들의 '먹이'가 되는 사회인의 피해를 방지하려 함이라는 사유를 달았다.

"실례지만 혹시 어떤 대가를 원하기 때문은 아닙니까?"

"대가를 원한다면 얼마를 주시겠소? 백만원은 아닐 테고, 그럼 10만원? 20만원? 아니지요. 돈 때문이라면 지금이라도 당장 한 판 두들기면 몇십만원은 우습게 법니다. 그런데 돈 몇십만원 벌자고…… ? 사례는 필요없습니다. 책으로만 펴내서 사회인이 더이상 피해를 보지 않게 된다면 그것을 보람으로 삼겠습니다."

"좋습니다. 그런데 아직 이름을 밝히지 않으셔서 호칭하기가 거북하군요. 이름을 밝히지 못하는 입장은 압니다만 그래도 뭐라고 호칭을 해야 될 텐데……."

"이름을 밝히지 못해 죄송합니다. 짐작하시겠지만 보복이란 게 있지 않습니까? 그냥 '김철'이라는 익명을 쓰기로 하죠."

그의 즉성 작명으로 그때부터 그를 편의상 '김철(36)'로 통하기로 하고 근처 여관으로 숙소를 정한 다음 나는 그의 고백을 녹음하기 시작했다.

"라인계(LINE)를 아십니까?"

사흘간 계속된 그의 고백 중 첫마디는 라인계를 아느냐는 질문으로부터 시작되었다. 내가 알 턱이 없자 그는 '라인계'에 대한 폭로부터 구술해 나가기 시작했다.

그것을 필자가 다시 정리한 것이 바로 다음 소개되는 '라인계를 아십니까'라는 그의 고백수기다. 읽으시고 언제 어느 때 자신에게 교묘히 접근해 올지 모르는 '구라꾼'을 방어하는 데 참고하기 바란다.

한 가지 밝혀둘 것은, 앞서 밝혔듯이 김철 씨의 신변을 보호하기 위해 그의 신원이 노출될 수 있는 꼬투리가 될 본문 중의 인명, 지명 등 여타의 모든 것을 가명으로 하였음을 밝힌다. 그리고 본문의 내용이 한 사람의 고백에 의존한 것인 만큼 라인계의 실체가 정확히 그려졌다고 볼 수 없음도 밝힌다. 다소 과정이나 혹은 사실과 다른 점도 있을 수 있다는 점이다.

라인계를 아십니까

화투는 선(線)이다

"라인계를 아십니까?"

내가 그렇게 물었을 때 그것을 아는 사람은 아무도 없었다. 대체 '라인계'가 무엇을 말하는 건지 윤곽조차 잡지를 못했다. 심지어 어떤 사람은 '일수계', '낙찰계' 등 여자들이 하는 일종의 '신종계'냐고 묻는 이도 있었다.

그러나 '라인계'란 일수계도 낙찰계도 아니다. '라인계'란 한마디로 '사기도박사의 집단'을 통털어 지칭하는 말이다. 왜 무슨 어원(語源)으로 라인계를 사기도박사의 집단으로 지칭하는가? 그런 의문이 생길 것이다. 그 의문을 풀어드리기 위해 여러분에게 지금 곧 화투의 뒷면을 보기를 권한다. 화투의 뒷면을 보았으면 화투의 뒷면이 가로 세로 선(線)으로 이루어져 있음을 알게 되었을 것이다.

바로 그것이다. 화투는 선(Line)으로 되어 있다. 그것이 어원이라면 어원이요, 유래라면 유래다. 즉, 선(線)으로 되어 있는 화투를 가지고 업(業)으로 삼는 조직체라는 말이다. 더 확실한 설명을 첨부하자면 화투 뒷면의 '선'을 속임수의 기법으로 이용하고 있는 직업의 특수성이 유래된 것이다.

라인계를 '사기도박사의 집단'으로 명명한 유래는 또 있다.

사기도박사(이후 '구라꾼'으로 통칭함)들이 '호구'를 물색하거나 호구를 잡아 '물'을 먹이자면 '설계도'가 필요하다. 설계도는 선으로 되어 있다. 물론 구라꾼들의 설계도(모사일)가 모눈종이에 그려지는 설계도는 아니지만 일단 '설계도'는 '선'이라는 의미에서 '라인계'로 명명한 하나의 유래가 되고 있다.

그런가 하면 구라꾼의 조직과 조직간의 관계, 구라꾼과 구라꾼과의 관계, 구라꾼과 고객(호구), 이 모두가 선(줄)으로 연결되어 있다는 의미에서 '라인계'로 명명한 하나의 유래가 되고 있다.

아마 독자들은 처음 들어보는 말일 것이다. 자칭 화투에 있어서 '꾼'이라고 자부하는 사람도 생소한 이름일 것이다. 이만큼 이 '라인계'의 명칭은 숨겨져 왔다. 오직 그들 세계에서만 통용되는 은어로 외부 사람에게는 일체 누설되지 않았기 때문이다.

지금부터 나는 라인계의 감추어진 비밀의 장막을 한 올씩 벗겨 나가겠다. 단, 그들과 한솥 밥을 먹고 살아온 사람으로서의 한 가닥 의리를 지킨다는 의미에서 밝히지 않는 부분도 있음을 미리 양해를 구한다.

이에 앞서 미리 밝혀둘 것은 신문 사회면에서 흔히 볼 수 있는 '억대도박단'과 '라인계'는 별개라는 점이다. '도박단'하면 조직과 속임수가 있는 것이 당연하지만, 그 점에 있어서 동일하지만 도박은 화투로만 하는 것이 아니라 마작, 빙고, 공굴리기 등 수없이 많다. 즉, '도박단'이라면 이 모든 도박기구를 활용하는 조직을 말하는 것이고 '라인계'는 오직 '사기화투'를 전문으로 하는 조직이다. 따라서 나는 지금 '일반 도박단'을 말하려는 것이 아니라 '라인계'를 말하려 하는 것이다. 이 점 착오 없기를 일러둔다.

라인계의 조직과 정체

현재 서울에는 7천여명으로 추산되는 '구라꾼'이 있고 그들은 각자의 조직 속에서 오늘도 '호구'를 찾기 위해 눈을 반짝이고 있다. 그들의 조직과 정체를 밝힌다.

라인계의 조직은 일반 도박조직과 비슷하다. '꼬장', '하우스장'으로 불리는 도박판을 개설하는 '개장주'가 있고 그 밑에 연락을 담당하는 '전화당번', 노름판의 뒷돈을 대주는 '꽁지'와 '데라', 현장에서 화투기술자로 뛰는 '일꾼', 망을 보는 '보초', 바람을 잡는 '바지', 상대의 속임수를 감시하는 '병정', 꼬장의 밑에서 도박꾼들에게 주류와 음식을 판매하는 '식모', 돈의 출납을 관장하는 '경리'가 있다.

우선 이들이 각각 담당하는 일의 성격과 면모를 살펴본다.

〈꼬장〉— 도박장을 개장하고 '전화당번'을 통해 노름꾼을 끌어모은다. 꼬장은 대개 한 판에 5~10%의 자릿세를 뜯어내는가 하면 도박판의 뒷돈을 대주고 높은 이자를 받아내는 '물주'도 겸하는 것이 대부분이다.

이들의 신분은 왕년에 사기도박으로 이름을 날려서, 즉 이제는 얼굴이 노출되어서 '일꾼'으로 나서기가 난처한 사람인 것이 보통이다. 물론 재력을 겸비해야 함은 당연하다.

재력의 규모는 사람마다 천차만별이겠지만 큰 규모의 조직을 가진 꼬장은 당일로 수천만원의 현금동원 능력을 가지고 있지만, '창고'만 제공하고 자릿세만을 뜯어 연명하는 소규모 꼬장도 있다.

아무튼 노름방에서 가장 짭짤한 수입을 올리는 것이 이 꼬장인데 벌이가 수월한 만큼 책임질 일도 많다. 경찰의 단속을 미연에 방지하는 일은 두말할 것도 없고 발각되었을 때 뒷감당의 일도 해내야 한다. 그런가 하면 '일꾼'의 속임수가 '뽀록'났을 때 이의 변상책임도 져야 한다.

〈일꾼〉— '기사', '선수'라고도 불리는 이들은 현장에서 직접 '구라'를 치는 일을 담당하는데 각각 소지하고 있는 화투기술에 따라 '책기사', '다이아 기사', '2.3기사', '조일 기사'로 분류, 판의 흐름에 따라 기용된다.

〈병정〉— 일꾼을 능가하는 화투기술자로서 현장에서 판의 흐름을 판독하여 전세가 유리하도록 작전을 변경하기도 하고 '식구'들 중 '육'을 치는 '일꾼'을 감시한다. 또는 다른 조직의 현장에서 '마귀'에게 구라치다 뽀록났을 때, 즉 속임수라는 이의 제기가 있을 때 꼬장의 초청으로 유권해석을 담당하기도 한다.

〈식모〉— 꼬장의 밑에서 노름꾼에게 주류나 음료 등 음식을 판매한다. 남자이든 여자이든 식모라 부르는데 큰 판이 벌어질 때 박카스 한 병에 5천원, 담배 한 갑에 1만원 등 노름판 근성을 발휘, 노름꾼들로부터 돈을 뜯어낸다. 대개의 경우 도박판이 끝나면 돈을 딴 사람은 거의 없고 판돈의 대부분이 꼬장의 주머니로 들어가는 것도 이 때문이다.

〈전화당번〉— 노름꾼을 끌어모으는 일을 담당한다. 따라서 업계의 동정에 밝아야 하고 새로운 노름꾼의 확보를 위해 정보망을 갖추어야 한다. 도박판은 기존의 멤버가 있다지만 라인계에선 항상 새로운 호구를 끌어들여야 하기 때문에 불철주야 바쁜 직책이다.

〈바지〉— 노름방의 현장에서 방청객을 위장, 식구에게 '캉'

을 퉁겨준다든가 혹은 함께 선수로 뛰면서 식구가 따도록 바람을 잡아주는 일을 한다.

〈보초〉 ─ 큰 노름판의 경우에만 해당되는데 글자 그대로 경찰단속을 감시하거나 현장에 다른 조직이 침투하는가 등 현장의 안정을 위해 보초를 서는 일을 맡는다.

이상 직책의 면모를 살펴봤는데 이러한 직책을 다 거느린 조직은 대규모이고 일꾼 몇몇이 자기들의 설계에 의해 일을 분담하는 경우가 대부분이다. 또 이러한 직책은 고정되어 있는 것이 아니다. 일꾼, 보초, 병정, 바지 등은 같은 '기사'급에 속해 있으면서 필요에 따라 일을 분담하는 식이다.

이렇게 조직이 된 집합체를 일명 '회사'라고 부른다. 따라서 이들이 출근(?)하는 것을 '회사에 간다'고 한다. 참 별난 회사도 있다는 것을 독자는 알았을 것이다.

사실 규모가 큰 조직은 '회사'라는 말이 어울릴 만큼 사무집기를 겸비한 사무실을 가지고 있다. 물론 유령회사이지만 대체로 정보를 교환하는 연락 사무의 용도를 띠고 있다.

그런가 하면 별도의 유흥업소를 경영하면서 업소를 회사로 사용하는 '꼬장'도 있다. 나의 경우는 서울의 M동에 다방을 경영하며 손님들의 대화속에서 정보를 염탐하기도 하고 주로 '식구'들의 연락장소로 활용했다.

그러나 수억대를 굴리면서 방대한 조직을 가지고 있는 조직은 극소수이고 대부분 4.5명씩 일정한 거처 없이 일감이 있을 때만 그때 그때 급조로 이루어지는 것이 보통이다.

구라꾼의 두 얼굴

대체 구라꾼은 어떤 사람들이 하는 것일까? 어떻게 생긴 사람들일까? 이것도 독자에겐 궁금한 사항의 하나일 것이다. 범죄조직인 만큼 무시무시한 사람들의 집단일 것이라는 상상을 할 수도 있다. 그런데 그렇지가 않다. 그 점이 같은 범죄 조직이면서도 서로 다른 차이점의 하나이다. 그렇다고 선량한 사람들이라는 말은 아니다. 속임수로 남의 돈을 후리는 사람이 본래의 신분이 어떻든간에 선량한 사람의 대접을 받을 수는 없는 것이다.

우리가 통털어 '암흑가' 혹은 '뒷골목'이라고 부를 수 있는 조직과 라인계의 조직과는 그 얼굴부터가 다르다. 때문인지 라인계의 조직은 암흑가의 조직과는 그 질이 다르다.

라인계나 암흑가나 다같은 범죄집단일 바에야 범죄집단의 질은 따져 무엇하랴만 아무튼 질이 다른 것만은 사실이다. 어둠의 길을 걷고 있다는 데는 동질의 번뇌와 눈물이 있겠지만 '구라꾼'으로 불리는 그 구성 조직원의 면모나 조직은 '뒷골목'으로 말할 수 있는 그들 세계와는 판이하게 다른 것이다. 앞서 말한 대로 그 얼굴부터가 다르다.

뒷골목 사람이라고 하면 '어깨'로 상징되는 무술 유단자들이

거나 흉기를 휘두르는 난폭한 자들을 연상하게 되지만 구라꾼들은 그렇지가 않다. '경비병'이나 '해결사'의 임무를 띠고 있는 조직원 중에 그런 사람이 없는 건 아니지만 대체로 현장에서 뛰는 '일꾼'들의 면모는 폭력과는 거리가 멀다.

앞에서 잠시 언급했듯이 밤낮 쭈그리고 손목 운동만 하는 사람이 되어서 그런지는 몰라도 하체가 빈약하고 따라서 건강 상태가 양호하지 못한 것이 하나의 특징이라면 특징이 될 수도 있다.

그러나 그런 신체적 조건 때문에 폭력과 거리가 멀다는 것은 아니다. 그들이 구라꾼으로 등용되는 과정이랄까, 혹은 동기부터가 폭력과는 당초 거리가 먼 사람들이기 때문이다.

무슨 말인가 하면, 꼭 그런 건 아니겠지만 뒷골목세계의 경우 '어깨'가 되자면 어느 날 갑자기 되는 것이 아니라 어린시절부터 차곡차곡 뒷골목의 세계를 답습하던 자가 그 길로 들어서기 마련이지만, 구라꾼은 어느 날 갑자기 탄생되기도 한다는 말이다.

또 다시 설명하자면 구라꾼이 되기 위해 사전에 어떤 절차가 있었다기보단 필요에 의해서 구라꾼으로 입문하는 경우가 많고 그런 사람들의 경우 농사를 짓던 농군도 있고 펜대를 굴리던 회사원도 있고 보면 그들은 애당초 폭력과는 거리가 먼 사람들인 것이다.

예를 들자면 도박으로 돈을 많이 따본 사람이 더 많은 돈을 쉽게 따기 위해서, 혹은 돈을 많이 잃은 사람이 돈을 찾기 위한 방편으로 혹은 적당한 직업이 없이 소일하다가 등등의 연유로 입문한 사람들이 많다는 말이다. 즉 본래의 직업은 선량했지만 어쩌다 빠진 노름에서 큰 돈을 잃고 그 잃은 돈을 찾는 방편으로 라인계에 발을 담근 자들일 경우, 생김생김이 폭력적일 수는 없다는 것이다.

물론 이런 사람이 구라꾼의 주종이란 말은 아니다. 역시 품행이 방정하지 못했던 사람들이 이 방면에 입문하고 있다고 봐야 한다. 요는 다같은 범죄 일에 종사하는 사람이면서도 거세게 뵈지 않는 것은 뒷골방에서 화투짝이나 만지는 푼수와 좋지 않은 일일망정 대로에서 당당하게 활개치는 푼수와는 다르다는 점일 게다.

이런 연유로 쳐서 구라꾼들의 용모를 상상하기를 덩치가 크고 얼굴이 험상궂은 사람으로 그려내선 안된다. 그들은 뿔이 두 개 달린 도깨비도 아니고 덩치 큰 괴물도 아니다. 그저 보통 사람일 뿐, 어느 면에선 캬바레 제비족을 연상하리만큼 세련되고 '빠삭'한 인상을 주기도 한다. 어쩌면 남을 홀린다는 의미에선 제비족처럼 용모가 반듯해야 하는지도 모른다.

그렇다고 이들이 얌전한 사람만은 아니다. '두 얼굴' 운운했던 것은 이것을 말하려고 한 때문이다. 그들 스tm로의 체모는 폭력과는 거리가 있다지만 하는 일의 성격상, 항상 폭력에 대비하여야 하고 또 폭력을 준비해야 한다. 따라서 폭력을 사들이는(청부) 경우도 있고 직접 폭력을 자행하기도 한다.

직업상 그들은 필요에 따라 '두 얼굴의 사나이'가 되어 처음에는 좋은 매너를 유지하며 인격적으로 상대를 홀리지만 경우에 따라서는 인명을 해치는 폭력에 나서기도 한다.

구라꾼의 용모에 대해서 긴 말을 늘어놓는 것은 라인계가 범죄조직이고 보니 거기에 종사하는 사람들의 용모를 '괴물'로만 연상하다간 그들의 접근에 방심할 위험이 있기에 하는 말이다. 비슷한 예로 우리의 반공교육이 그랬다.

간첩의 얼굴은 무조건 다 험상궂고 검은 안경을 쓴 것으로 그려져 있어서 어릴 때 험상궂은 사람만 보면 간첩으로 오인을 해야 했다. 바꾸어 말하면 제비같이 잘 생긴 사람은 그가 설마 간첩이더라도 험상궂은 그림만 보아 온 사람에겐 그가 설마 간첩일 리는 없는 것이다. 김일성을 혹이 두 개 달린 괴물처럼 홍보했던 것도 반공교육의 넌센스다.

김일성은 괴물이 아닌 사람이라는 것을, 사람은 사람인데 하는 짓이 그 모양이라는 것을 알려야지 혹 두 개 달린 악당쯤으로만 보여주고 있었으니, 만약 김일성이 혹을 떼고 나타나면 누가 그를 민족에게 총부리를 겨누는 괴뢰 괴수인지 알았겠는가? 그런 의미에서 언제 어떻게 어떠한 모습으로 당신의 곁에 접근할지 모르는 구라꾼의 면모가 뒷골목과는 다르다는 것을 알리는 것이다.

비정의 라인계

라인계에서는 조직원을 '식구'라고 부른다. 한솥 밥을 먹고

사는 사람이라는 말일 게다.

한솥 밥을 먹고 사는 사람들끼리 우애가 깊어야 함은 당연하다. 그러나 라인계의 현실은 '식구'라는 말의 사용이 부끄러울 만치 '식구'로서의 우애가 없다. 뒷골목의 식구들은 한 식구가 '달려'가면 면회를 가는 것은 물론 '달려간' 가족들의 생계비를 식구들이 조달해 주는 것이 관례인데 여기서는 그런 의리를 찾아본다는 것은 극히 드문 일이다. 어디까지나 너는 너이고 나는 나일 뿐이다. 식구라기보다 동업자적인 인적 구성이기 때문이다. 동업자는 뜻이 맞지 않으면 언제든지 돌아설 수가 있는 것이 아닌가?

한 가지 비정의 대표적인 사례로 들자면 구라꾼이 구라꾼을 등쳐먹은 일이다. 개도 종족인 개고기는 안 먹는 법인데 한솥 밥을 먹고 산다는 사람끼리 배신을 하는 사례는 종종 있는 것이다. 이를테면 '노름판에 애비 자식 따로 없다'는 말이 있듯 돈 앞에서 이들은 의리란 것이 통하지 않는다. 일가친척을 끌어들여 돈을 따먹는가 하면 큰 돈을 번 동료를 시기하여 밀고하기도 하고 정보를 팔아 식구들을 곤경에 빠뜨린다든지, 현장에서 거두어 들인 돈을 '분빠이'하기 전에 몽땅 가지고 튄다든지 하는 일 따위다.

뒷골목에선 이런 일은 없는 법이다. 그 없어야 하는 법이 라인계에서는 종종 있는 것이다. 어떤 경우는 현장에서 구라친 돈의 일부를 감추는 경우가 있다. 이것을 '육친다' '육 박는다'고 하는데 몸 속에 돈을 감춘다는 말이다.

그러나 이런 경우는 대개 발각되고 만다. 게임의 흐름을 감시하고 있는 경비병에 의해 누가 얼마를 잃고 땄는가가 거의 정확히 체크되어 있기 때문이다. 흔히 아마추어들이 고스톱을 하고 돈을 잃으면 잃은 사람은 잃은 돈의 액수를 불려 말하고 딴 사람은 줄여 말하는데 구라꾼에게는 그게 통하지 않는다. 누가 얼마 따고 잃고가 정확히 체크되기 때문이다. 그래서 현장에서 헤어져 집결하는 때를 이용, 딴 돈의 일부를 숨기는 경우도 여지없이 발각되고 만다. 이럴 경우 그들대로의 형벌이 있다.

육박는 것이 현장에서 목격되면 옷을 벗기고 확인한 다음 심한 고문으로 혼을 내는데 심한 경우 깊은 산 속으로 데리고 가 나무에 붙잡아 매두거나, 얼굴만 남기고 땅 속에 묻어둔 채 생사를 운명에 걸고 돌아오는 그것이다.

여자 바지가 육을 쳤다가 '뽀록'이 날 경우, 아랫도리를 망가뜨려 놓거나 얼굴이 반반할 경우 인신매매조직에 팔아 넘기기도 한다. 여자 바지라면 닳고 닳은 여자인데 어떻게 그 일이 가능하느냐 하겠지만 인신매매조직을 이해하는 사람이라면 그것을 이해할 것이다.

또 심증은 확실하나 증거불충분일 경우 모르는 척하고 있다가 복수의 기회로 삼기도 한다. 그 방법의 하나가 '빨개질'이다.

빨래질은 몇 가지가 있는데 그 중 한 가지는 그가 물주가 되어 벌어진 판에 일꾼으로 들어갔을 때 그의 뒷돈을 모두 상대에게 잃어주거나 따로 판을 벌이는 정보가 입수되면 경찰에 밀고. 현장을 덮치게 하는 행위이다. 복수 치고는 치사한 방법이다.

이들이 이처럼 동료간의 의리가 견고하지 못한 원인은 이들의 조직이 견고하지 못하다는 데서 찾을 수 있다. 우선 조직이 견고하려면 조직의 장이 식구를 다스리는 권한이 막강해야 하고 그러자면 식구를 책임질 수 있는 능력이 겸비되어야 하는데 이쪽의 생리가 그렇지 못한 것이다.

부연하자면 '꼬장'이라고 불리는 '대빵'의 권위라는 것이 암흑가 보스의 권위처럼 일사불란하게 조직을 움직이는 권한을 쥐고 있지도 못하다. 전부가 그렇다는 건 아니지만 대체로 '물주'로서 '장'이 서면 그때마다 팀을 관리하는 정도지 조직원을 휘하에 넣고 부리는 입장은 못되는 것이다.

그 원인의 하나가 꼬장을 포함한 일행 모두 조직이라기보다 동업자적 성격을 띠고 있기 때문이다. 그래서 그들은 누구의 휘하에 있다기보단 어느 한 사람을 주축으로 한 동업자적 조직인 것이다. 필요에 의해서 모이기도 하고 필요에 의해서 다른 조직원과 팀을 꾸미기도 한다.

비교가 될는지 모르겠지만 달리 표현하자면 종로2가의 낙원상가엘 가보면 저녁 4시를 전후하여 악사들이 수백명씩 들끓는다. 직장을 구하러 온 사람도 있고 악사를 구하러 온 사람도 있고 동료 악사를 만나러 온 사람도 있다. 이들은 여기서 안면 있는 사람을 만나 악단을 조직하여 일터로 나간다. 기존의 3악장(3인조 악단)에 결원이 생기면 여기 와서 '헬퍼'를 구해 하루 일을 충당한다.

라인계의 조직도 대규모인 경우를 제외하면 이런 식이다. 뜻 맞는 몇몇이 함께 일하다가 큰 '구찌'를 만나 '일꾼'이 필요하면 연줄을 통해 바지를 끌어들인다. 이때 바지에게 정해진 일당이 있는 것이 아니다. 바지도 동업자의 입장이 되어 그날의 수익은 공동 분배다.

쉽게 말해서 대부분 프리랜서요 모이면 동업자다. 그러니 조직이 견고하게 다져질 리가 없다. 따라서 의리라는 것이 뒷골목의 세계와는 어림없다. 의리에 살고 의리에 죽는다는 뒷골목의 세계가 부러울 만큼 라인계는 비정한 세계다. 의리가 아니더라도 구라꾼의 말로는 어차피 비정하게 끝나기 마련이지만.

* '도박사와의 만남'에서 밝힌 바 있듯 이 글은 김철 씨의 구술을 받아 필자가 정리한 것이다. 따라서 이 글의 진위는 김철 씨의 구술의 진실성 여부에 따라 사실에 근접할 수도 있고 또 왜곡될 수도 있다. 그와의 대화는 이미 1년전이라 기억이 불확실하고 오직 녹음테이프와 메모에 의지했는데 기록의 정확성을 위하여 그를 다시 만나고 싶었지만 연결이 되지 못했다. 하여 이 글이 라인계의 실체와 다소 다른 점이 발견되더라도 양해 있기를 바란다. 여기에서 소개되지 못한 이야기는 이 책의 여러 장에서 부분적으로 전개될 것이다. 다음 소개하는 '피서지의 사기 도박단' '도박사의 바캉스' 역시 김철 씨의 구술을 수기 형식으로 정리한 것이다.

피서지의 사기도박단

도박사의 여름

물줄기같이 퍼붓는 햇볕, 오만하리만치 푸른 하늘, 푸른 하늘을 수놓은 금빛 구름, 부드러운 바람, 타는 듯한 붉은 꽃, 수분을 충분히 빨아올린 싱싱한 나무들이 푸르름을 흔드는 거리, 거리마다 푸르름에서 깨어나 지잉징 울고 있는 매미 —.

여름이란 계절을 이렇게 표현하면 여름은 아름다운 계절이요, 힘이 솟는 계절이다. 그러나 여름이란 계절은 표현하기에 따라서 비정(非情)의 계절이요, 힘이 빠지는 계절이기도 하다.

39도 5분.

화염방사기를 내뿜으며 마치 침략자처럼 점령해 오는 삼복더위. 점령당한 도시는 마침내 수혈보급이 중단된 식물인간처럼 흐느적거린다.

도가니 속처럼 푹푹 찌는 열기, 태양을 받아 눈이 아플 정도로 하얗게 상기된 빌딩들. 수분을 빨아올리지 못한 채 갈증의 혀를 내밀고 헉헉거리는 도시의 나무들. 할딱거리며 자꾸만 밖으로 기어나오는 개의 혓바닥. 길섶에 후줄근하게 늘어져 있는 도시의 군상들 ―.

이렇듯 여름은 맞이하는 쪽의 시각과 후각에 따라 힘이 솟는 계절이 될 수도 있고 힘이 빠지는 계절이 될 수도 있다. 그렇다면 도박사의 여름은 어떤 계절일까? 역시 도박사 각 개인의 시각과 후각에 따라 느낌의 차이가 있겠지만 대체로 도박사의 여름은 쓸쓸한 계절, 힘이 빠지는 계절이다. 왜인가? 라는 질문에 대한 답변으로 다음의 글을 내놓는다.

태양은 공평하다. 어느 한쪽도 기울임 없이, 부자의 머리 위에도 가난한 자의 머리 위에도 수직으로 공평하게 내리 쏟는다. 냉방시설이 잘 되어 있는 부자의 별장에도, 바람 한 점 없는 가난한 자의 토굴 속 움막에도, 땀흘리는 공사장에도, 풀무질하는 대장간에도, 분 바른 매춘부의 얼굴에도, 낮잠을 자는 아이의 얼굴에도 더위는 공평하게 골고루 퍼진다. 누구 누구를 차별하지 않는다.

그러나 더위를 받는 분수가 각각 다르고 겪는 고통이 각각 다르다. 돈 있는 친구들은 더위를 피하는 것이 아니라 더위를 즐긴다. 여름을 먹고 놀아도 될 만큼 한가한 사람들은 산이나 바다로 기어들어가 역시 더위를 즐긴다.

그러나 가진 것도 없고 여름을 먹고 놀아도 될 만큼 여유가 없는 사람은 더위를 피할 길이 없다. 그래서 뙤약볕에서 혼자 더위를 맛봐야 한다. 공평 무사한 하늘은 높은 데나 낮은 데나 넓은 데나 좁은 데나 어디나 할 것 없이 똑같은 더위를 똑같이 퍼붓지만, 세상은 고르지 못해 더위를 받아야 하는 분수가 이처럼 다를 수밖에 없다.

그것을 원망하자는 이야기가 아니다. 사족이 길어졌다만 도박꾼에게 있어서 여름은 쓸쓸한 계절임을 말하려고 하는 것이다.

부연하자면, 가진 자들이 모두 피서지로 떠나버린 텅빈 도시, 도시를 지키는 사람은 모두 바쁜 사람들이다. 바쁘게 뛰지 않으면 살아갈 수 없는 가난한 사람들이다.

조금 과장된 표현이긴 하겠지만 우리에게 항상 '호구'가 되어 우리의 식생활을 용이하게 해주었던 '물' 좋은(돈 많은) '제비(호구의 다른 말)'들이 피서를 떠나고 없는 도시, 그 도시를 지키는 사람들이 우리에겐 적어도 가난한 자가 될 수밖에 없는 것이다. 즉, 우리의 고객은 아니란 말이다. 따라서 '호구' 없는 텅빈 도시를 엉덩짝 쑤셔박고 버텨본들 여름 내내 공치기 십상이다. 그렇다고 누가 월급을 주는 것도 아니고 여름 특별 보너스를 주는 것도 아니다. 한마디로 도박사의 여름은 별 볼일 없는 계절인 것이다. 그렇다고 앉아서 여름을 보낼 팔자는 못 되는 것이 도박사의 형편이다. 뭔가 대책을 세우지 않으면 안된다. 그 대책 중의 하나가 바로 다음의 글이다.

피서지의 상인을 잡아라

어떤 사업이든간에 계절의 영향을 받는다. 그래서 제품에 따라 성수기가 있고 비수기가 있다.

도박에도 성수기와 비수기가 있다. 성수기라면 뭐니뭐니해도 동지섣달 긴긴밤 뒷골방의 추억이 깃든 겨울이 최고다. 나머지 계절은 비수기다. 그중 여름이라는 계절은 도박사에게 있어서 절대 불리한 계절이다.

우리는 이 불리한 여건을 개선(?)하기 위해 몇 가지 대책을 세운다. 우선 '회사'를 옮기는 것이다. 말하자면 고객을 찾아 피서지로 임시 원정을 가는 것이다. 원정팀은 대체로 2인 1조, 혹은 3인 1조로 짜여진다. 어떤 때는 남녀 혼성팀을 짜기도 한다.

이렇게 짜여진 팀은 산이나 바다로 출격, 사업을 개시한다. 피서객을 위장, 피서도 즐기면서 피서객들의 고스톱판에 끼어 들거나 그들을 이쪽의 고스톱판에 불러들여 푼돈을 긁어 모으는 수법이다. 이름을 명명하자면 '바캉스 고스톱'이 될 것이다.

그러나 피서객들을 대상으로 한 사업상 수익은 대수롭지 않은 것이 통상 관례다. 대상이 대체로 대학생 등 젊은층이고 보면 그들의 휴가비란 것이 빤하기 때문이다. 단지 비수기의 여가선용이랄까, 바캉스 비용 조달에 머무는 정도에 그친다. 따라서 여름철의 불황을 만회하자면 모험을 할 수밖에 없다. 사업규모를 확장하는 것이다. 우선 그 설계도를 공개하면,

1) 해수욕장에 소규모 임대점포 2개소를 설치한다.

2) 임대점포의 운영은 남녀 혼성 2인 1조가 맡아 운영한다.

3) 점포 운영자는 이웃 점포들과 유대를 돈독히 하면서 호구를 물색한다.

4) 나머지 식구들은 2인 1조로 민박을 하면서 텐트족을 상대로 '바캉스 고스톱'을 하되 본 게임이 시작되면 바람잡이, 일꾼, 경비 등의 역할을 한다.

5) 총 사업 투자액은 4백만원, 목표액은 2천만원, 사원(일꾼) 10명.

1999년 7월.

나는 '회사'의 방침에 따라 10명의 대식구를 인솔하고 대천 해수욕장으로 출격했다. 회사는 이미 지난 6월에 1평짜리 타올가게 둘을 각각 1백만원에 임대를 해놓았다. 타올가게를 업태로 정한 것은 야간에 판을 벌이기 위해선 일찍 파장하는 업태가 용이하기 때문이다.

나는 '인순이'와 팀을 이루어 타올 가게 코너를 맡았다. 인순이(27세)는 창녀 출신으로 창고주(개장주) 밑에서 '식모(도박사들에게 음식을 파는 일)'를 보던 처녀로 가수 인순이를 닮았다고 해서 그렇게 불려진다.

B코너는 '딸기코(29세)'와 그의 내연의 처 '이쁜이(24세)'가 맡았다.

우리는 각각 서로 다른 점포주로서 행동을 하며 낮에는 열심히 장사에 몰두했다. 만약의 경우를 생각해서도 일단 벌여논 사업에서 수익을 거두고 볼 일이기 때문이다. 우리의 목표는 피서지의 상인들이다. 상인들과의 도박은 어차피 밤에 이루어진다. 그래서 우리는 7월 한 달은 타올장사에 전념했다. 야간에 판을 안 벌인 건 아니지만 훗날의 거대한 목표를 위해 조금씩 잃어주기도 하며 친선을 도모하는데 더 정신을 썼다.

디데이가 서서히 다가왔다. 때는 8월 하순.

이때쯤이면 해수욕장은 한산해지기 시작한다. 오는 사람은 없고 떠나는 사람 뿐이다. 각 점포도 점차 한산해지기 시작한다. 매상은 줄고 시간은 남는다. 저녁이면 쓸쓸한 기운마저 감돈다. 이때부터 점포주들은 끼리끼리 모여서 술을 마시기도 하고 가볍게 한판 고스톱을 치기도 한다. 바로 우리들이 고대하고 고대하던 정경이 벌어지는 것이다.

여름의 끝

그날, 여름의 끝, 8월 31 밤.

철수를 앞둔 상인들은 철 지난 여름밤의 무료함을 달래기 위해 장어구이집 '한탄강'에 꾸역꾸역 모여들기 시작했다. 술잔이 몇 건배 돌기 시작하자 누군가의 선창에 의해 고스톱판이 벌어지기 시작했다.

나는 전자오락실 주인 오씨와 장어구이집 주인 박씨, 그리고 토산품점 주인 홍씨와 한 팀이 되었다. 두 패로 가른 판에서 그들 팀에 합류를 원했던 것은 유원지의 상인들 중 사업장의 규모가 단단한 자들이었기 때문이다. 즉, 물이 좋다는 판단 때문이다.

사실 그들은 돈이 풍족했다. 사업의 규모로 봐서도 여름 한철 장사만으로도 1천만원대는 벌어들인 작자들이다. 그러니 돈 씀씀이도 헤프고 통도 그만큼 큰 편이다.

"점 천원, 룰은 종전대로!"

누군가가 게임의 규정을 읊었다.

"이의 없소? 자, 그럼 밤일 낮장 선을 봅시다!"

장어구이집 주인 박씨가 선을 잡고 패를 돌렸다. 손 놀리는 솜씨가 제법이다. 놀아본 솜씨다. 오씨와 홍씨 역시 화투판이 낯선 사람은 아니다. 제딴에는 일가견이 있다고 자부할 만큼 게임을 보는 안목이나 손놀림이 빨랐다. 우리가 좋아하는 호구는 바로 그런 사람들이다. 너무 기술이 형편 무인지경인 사람의 돈은 따먹기가 수월할지 몰라도 뒤가 항상 말썽이다. 또 웬만큼 돈을 잃으면 도중에 포기하기 때문에 큰 돈을 빼내기도 어렵다.

반면에 웬만큼 화투에 자신이 붙은 사람은 끝까지 승부에 집착한다. 따고 있을 때는 더 따기 위해서, 잃고 있을 때는 만회와 역전을 위해서 고군 분투한다. 운만 따라 주면 자기에게도 승산이 있다고 믿기 때문이다. 큰 돈은 바로 이런 사람에게서 기어나오게 되어 있다.

그런 작자들로부터 큰 돈을 끌어내오게 하기 위해서 우리는 일방적인 리드는 하지 않는다. 밀고 당기고 하면서 팽팽한 접전을 유지한다. 그러다가 결정적인 순간에 한 번씩 큰 점수로 판세를 뒤엎는다. 이럴 때 기술이 좋아서 이겼다는 인상을 주어서는 안된다. 어디까지나 운이 좋아서, 어쩌다 보니 그렇게 되었노라는 인식을 주어야 한다. 그래야만 의심을 사지 않을 뿐더러 판이 깨지는 것을 막을 수 있다. 그러자면 간혹 엉뚱한 실수도 저지르며 아마추어 티를 내기도 해야 한다.

두어 시간의 접전이 계속되는 동안 나는 본전을 유지하고 있다.

밤 11시가 되자 전자오락실 주인 오씨가 일어설 기미를 보인다. 5만원 정도 잃은 건 대수롭지 않은 일, 피곤하다는 것이다. 전문적인 노름방이 아닌 곳에서는 한 사람이 일어서면 덩달아 판이 깨지기 십상이다. 판이 깨져서는 안된다. 이 작자들은 앞으로 고작 열흘이면 이곳을 떠날 사람들이다. 다시 말해 이들과 판을 벌일 시간은 앞으로 열흘 정도 뿐이다. 이 시간 내에 우리의 목적을 달성해야 한다. 때문에 점포까지 얻어가며 장기적인 작전을 펴왔는데, 이제부터 본게임이 시작되려는데 오씨가 일어서면 판이 깨질 공산이 크다. 또 지금쯤 판을 무르익혀 놓지 않으면 앞으로의 전망도 예측할 수 없다. 날씨마저 나쁘면 이 작자들은 서둘러 점포를 철수할 가능성도 있다. 오씨를 붙잡아 두는 방법은 오직 한 가지, 그에게 큰 점수를 씌워 본전 생각에 안달이 나도록 하는 길 뿐이다.

이때부터 나는 게임을 리드해 나가기 시작했다. 두어 시간 게임이 진행되는 동안 나는 화투에 손톱으로 긁어서 표시를 해 두었기 때문에 기리패는 물론 부채처럼 쫙 펴들고 있는 상대방의 패를 알아내는 것도 어려운 일이 아니었다. 라인계에서는 이것을 '즉시목'이라고 한다. '책일' 등 속임수의 설계가 준비되지 않았을 때, 혹은 그런 준비가 없어도 승산이 있다고 판단되는 게임에서 임시방편으로 쓰이는 방법이다. 거기에다 꾼이라면 누구나 식은 죽먹기처럼 알 수 있는 '밑장보기'로 기리패의 밑장을 알고 있으니 게임을 리드해 나가기는 어려운 일이 아니다.

너댓 판의 판이 돌아가는 동안 오씨는 다시 20만원을 잃었다. 나한테 쓰리고에 피박을 당한 것이다. 도합 25만원 상당을 잃은 오씨가 태도를 돌변한 건 당연지사. 5만원쯤이야 대수롭지 않게 여길지 몰라도 25만원을 잃고서야 어찌 물러설 수 있겠는가.

"판돈 올립시다. 이거 원 몸만 축내지 승부가 나남."

몸이 피곤해서 그만 가봐야겠다던 오씨가 이번엔 스스로 판돈을 올리자는 제의까지 해오며 바짝 자리를 좁혀 앉는다. 흔한 말로 열을 받은 것이다.

그리하여 점당 3천원에 광값 5천원으로 룰이 인상 조정되어 본격적으로 게임이 시작되었다. 나는 기세를 늦추지 않고 계속 리드해 나갔다. 새벽 2시 무렵까지 80만원 상당을 따고 있지만 아무도 나의 즉시목을 눈치채지 못했다. 전문도박사들이라면 매 시간당 화투를 새것으로 바꿔치지만 아마추어들은 매 시간은 고사하고 같은 화투목으로 한 달이고 두 달이고 화투가 갈래갈래 헤지기 전까지는 바꿀 줄을 모른다. 그러니 화투의 손톱 표시쯤이야 알 길이 없다.

한번 불이 붙은 게임은 다음날 아침에야 끝이 났다. 내가 60만원을, 토사품점 홍씨가 1백만원대를 따고 박씨와 오씨가 그만큼 반분해서 잃었다.

여름장사로 번 돈의 10% 정도가 하룻밤에 홀라당 날아가버린 셈이니 아무리 돈 많고 통이 크다지만 마음이 개운할 리가 없다. 떫은 감을 씹고 있는 그들에게 나는 각각 20만원씩의 '뽀지(개평)'을 내놓았다.

그들은 나의 선심이 의외라는 듯 놀라면서도 진심으로 고마워했다. 그리고 나의 매너를 보기 드문 신사로 인정해 주었다. 반면에 백만원대를 따가지고 훌쩍 달아난 토산품점 홍씨를 추악한 악당으로 비난하기 시작했다. 60만원을 딴 내가 딴 돈의 3분지 2를 개평으로 내놨으니 도박역사에 유례가 없는 선심인데 반해 홍씨는 더 많은 돈을 따고도 입을 닦았으니 내가 빛난만큼 그는 더 비난을 면치 못했다.

내가 관례를 무시한 선심을 쓴 건 다 그것을 노린 설계였다. 홍씨가 큰 돈을 딸 수 있도록 지원한 것도 역시 앞날을 전망한 나의 설계였다. 즉, 홍씨를 잃은 자들의 복수의 표적이 되게 하기 위해서다.

나의 설계는 적중했다. 그들은 자기들의 돈을 딴 나에 대해서는 전혀 적개심이 없고 오히려 호감을 보이면서, 홍씨에겐 복수의 칼을 갈았다.

그날 밤, 게임은 다시 시작되었다. 잃은 자들의 본전 생각에 가만히 있을 리가 없는 것이다. 그날은 '딸기코'도 끼어들었다. 나는 극구 사양했다. 심심풀이의 정도를 넘는 게임이니 잃어도 안 좋지만 장사해서 번 돈 따게 되는 것도 마음 아픈 일임을 거절의 사유로 대었다. 그들은 나를 완전히 얌전한 양반으로 추대하면서 게임에 임하기를 권유했다.

나는 마지못한 체하면서 자리를 잡았다. 딸기코와 마주보고 앉았다. 작전을 펴기 위해서다. 우리의 작전은 '캉'이라는 암호를 쓰는 것이다. 다른 속임수도 많지만 아직은 큰 돈이 오가는 때가 아니므로 '탄(한 판 천점 이상의 큰 점수를 내기 위한 설계)'을 쏠 때가 아닌 것이다.

우리는 같은 모래사장에서 동고동락한 상인으로서의 유대만 있을 뿐 별로 안면이 없는 사이임을 내세우기 위해 서로 깍듯한 예우를 갖추었다. 거기에 한 술 더 떠서 난해한 룰에 대한 시비가 붙으면 항상 서로 이견을 내세워 적대관계에 있음을 은근히 과시, 훗날 작전에 대한 대비도 해두었다.

우리는 초반부터 게임을 리드해 나갔다. 이미 본전 생각을 떨칠 수 없는 호구가 발생한 이상, 잃어주는 작전은 이제 필요가 없는 것이다. 따면 딸수록 달라붙게 되어 있는 판세가 아닌가?

우리는 '캉'이라는 암호로 게임을 좌지우지했다. 한 사람이 결장하면 결장한 사람이 옆사람의 패를 보고 '캉'을 퉁겨주어서 선을 유지하는 데 별 어려움이 없었다. 두 사람이 게임에 들어갔을 땐 나는 딸기코가 이기도록 게임을 전개했다. 어제는 승자였으니 오늘은 패자가 돼 보이는 작전이다. 그러나 내가 잃을 땐 딸기코가 승자였으니 그 돈이 그 돈, 서운할 게 없다.

세벽녘에 게임이 끝나자 결과는 딸기코가 1백만원대를 그리고 어제 잃었던 두 사람이 각각 20만원대를 땄다. 그들에게 본전 만회의 희망을 주기 위한 우리들의 지원작전이 있었기에 가능한 일이었다. 따라서 잃은 자는 어제와 반대로 토산품점 홍씨와 내가 반분해서 패자가 되었다.

다음날부터는 초저녁부터 판이 벌어졌다. 룰도 점당 5천원으로 인상되고 아무거나 흔들 수 있도록 룰을 하나 추가했다. 따라서 똥 비는 '따따블'이 되어 대형점수의 초석이 마련되었다.

우리는 고삐를 조이기 시작했다. 판돈이 각자의 무릎 앞에 1백만원대로 진열되었다. 시간이 흐를수록 그 돈들이 우리 쪽으로 옮겨 오기 시작했다.

기본 3점짜리는 수없이 내주면서 대형사건은 항상 내쪽에서 일으켰다. 매 게임의 승률은 저조하지만 결과적으로 돈은 내가 따고 있는 것이다. 이번엔 딸기코가 내 쪽에게 유리하도록 게임을 전개했다.

딸기코는 결장을 하게 되면 휴식을 취한답시고 벌렁 누워서 옆사람의 패를 보고 발가락으로 아니면 담배를 몇번 터는 '캉'으로 정보를 제공해 주었다. 아무도 그것을 눈치챌 리가 만무다. 더구나 딸기코와는 룰에 대한 시비로 나와 말다툼까지 한 적대관계가 아니던가.

다음날 정오까지 연장된 판에서 나와 딸기코는 도합 2백만원대를 움켜쥐었다. 이번에도 세 사람의 패자에게 각각 10만원의 개평을 주어 좋은 매너를 유지했다. 개평만이 아니라 게임 중 상대방의 실수가 있거나 좋지 못한 매너를 발견했을 때 쉽게 열을 내는 다른 선수들에 비해 나는 항상 너그러움으로 일관, 위장된 매너쉽을 철저히 발휘했다. 그런 나를 그들은 미워할 수가 없었다. 그들은 항상 서로들 으르렁거렸을 뿐, 내가 아무리 큰 돈을 따도 내겐 시비나 감정의 티끌도 보이지 않았다. 점잖은 사람(?)에게 감히 그럴 순 없는 것이다.

판은 다음날도 또 다음날도 계속 이어졌다. 딸기코와 나는 승자와 패자를 번갈아 나누면서 그들을 요리해 나갔다.

판돈이 커지고 따라서 잃은 돈의 액수가 불어나자 그들은 안달하기 시작했다. 세 사람이 잃은 돈은 5백만원대. 본전을 찾자니 고스톱으로 승부를 가름하기는 시간이 걸린다.

오락실 오씨가 도리짓고땡을 제의해 왔다. 당연한 순서다. 어느 노름판이고 간에 고스톱으로 돈을 잃고 만회할 시간이 촉박해지면 대체로 '스무장짜리'에 운명의 승부수를 던지는 게 보통이다.

스무 장짜리라면 이제 우리는 승부수를 띄워야 한다. 오래 어물쩡거리다간 잃은 자 중에서 경찰에 신고를 한다던가 하는 엉뚱한 사태가 벌어질 수도 있기 때문이다.

일꾼들을 창고(노름방) 부근에 텐트를 치도록 하고 경비를 세웠다. 타올 가게는 이미 철수를 한 거나 다름없지만 위장용으로 인순이가 형식상 보고 있도록 했다.

저녁을 먹고 두어 시간 후부터 게임이 시작되었다. 지금까지 고리 없이 진행하던 것을 내가 창고를 제공해 준 장어구이집 박씨에게 자릿세 명목으로 10만원의 고리를 떼자는 제의를 해서 통과시켰다. 박씨가 나를 어여삐 보아줄 것이 틀림없다.

게임 초반에 우리는 '조일'이라는 속임수를 사용했다. 일명 '육장치기'로도 불리는 이 속임수는 2인 1조 혹은 바람잡이까지 3인 1조가 되어 속이는 기술이다.

오야가 아무렇게나 섞은 화투를 기리하라며 앞 사람에게 내민다. 여기까진 속임수가 없다. 그러나 패를 돌릴 때부터 속임수가 나온다. 즉, 한 장 한 장 패를 돌리면 다섯 번을 돌려야 하는데 두 번까지는 정상적으로 돌리고 세 번째 패를 돌릴 때 일꾼은 받은 패를 집어와서 한 장을 오른손바닥에 숨긴다. 네 번째 패를 돌릴 때 오야는 동작을 빨리하면서 일꾼에게 가야 할 패를 돌리는 척 시능만 하고 일꾼은 받은 것처럼 손 안에 있던 패를 바닥에 떨구었다가 다시 집어든다. 다시 말하면 일꾼은 넉 장을 쥐고 자기 편인 오야는 여섯 장을 쥐어서 오야가 높은 수를 쥘 수 있는 확률을 갖게 하는 속임수인 것이다. 가령 오야가 1.1.5.5.7.8 여섯 장을 쥐었다고 치자. 일꾼은 2.3.4.10 넉 장. 오야는 1.1.8 짓고 5땡이다. 버려야 할 숫자는 7. 오야는 일꾼에게 7을 버린다는 '캉'을 퉁겨 준다. 일꾼은 7을 포함, 자기의 수가 3.7.10. 짓고 2.4 여섯끗임을 안다.

패를 까보일 때 오야는 버리는 7을 일꾼의 넉장 패에 떨어뜨려 패의 가감이 있었던 것을 상대가 눈치채지 못하게 한다. 이때 두 사람은 패를 동시에 까보여야 한다. 이렇게 우리가 육장치기를 하는데야 그들이 당할 재주가 있을 리 만무다. 그러나 판이 점점 커지면 육장치기로도 맘을 놓지 못한다. 육장치기는 어디까지나 확률이지 완벽한 승률을 제공하는 것이 아니기 때문이다. 초반전 놋돈이 10만원대이던 것이 판이 무르익으면 50만원대로 껑충 뛴다. 한번 노가 나면 1백5 0만원대다. 그러나 그것으로 양이 차지 않는다. 넘기지 않고 한번 더 오야를 해서 나면 3백만원대가 된다. 이런 모험을 할 경우 '책일'을 한다. 즉, 미리 조작된 화투로 바꿔치기 해서 결정적인 순간에 장땡이 나오도록 하는 것이다.

이런 속임수를 쓰고 있는 우리에게 그들이 당할 수는 없다. 그들이 우리에게 바친 돈은 그날밤만 해도 1천 5백만원대. 오락실 오씨가 혼자서 1천만원대를 잃었다.

타올가게 임대에 쓴 비용은 타올 장사로 본전은 거두어들였고 그동안의 경비는 텐트족을 상대로 거두어 들인 푼돈으로 충당이 됐다. 대략 어림해도 2천만원대의 목표를 달성했다. 이제 적당한 기회를 봐서 튀는 일만 남았다. 여름 내내 장사해서 번 돈을 며칠 동안의 예기치 않은 노름으로 날려버린 그들이 가만히 있을 리 없다.

아니나 다를까. 그들은 딸기코에게 시비를 걸었다. 아무래도 속은 것 같다는 것이다. 딸기코는 증거를 대라고 대들었다. 증거를 댈 수 없자 그들은 경찰을 부르겠다고 으름장을 놨다. 이때 내가 나서서 점잖게 역전 으름장을 놨다.

"경찰을 부르면 이중으로 손해를 보게 됩니다. 저 사람은 딴 돈으로 벌금을 물면 그만이지만 선생님들은 돈 잃고 또 벌금이나 구류를 살게 되고 덕될 게 없지 않소. 돈은 또 벌면 되는 것, 돈 때문에 몸버리고 망신까지 당해서야 되겠습니까?"

그들은 몸을 부르르 떨면서도 나의 말에 일리가 있음을 동감한 듯 체념의 빛을 보이기 시작했다. 그들은 이러지도 저러지도 못한 채 연신 담배만 뿜어대고 있었다.

도박사의 바캉스

바캉스 설계도

나는 매년 여름이면 바캉스를 떠난다. 도박사도 인간(?)이니까 피서를 즐기는 것이다. 도박사가 인간이면 그의 가족도 인간이다. 그러니 여름이면 여편네나 새끼들이 바캉스를 가자고 조르는 것은 여느 집과 다를 바 없다.

그러나 앞서 말했듯이 여름철은 도박사에게 별볼일 없는 계절이다. 벌이가 시원찮은 계절이란 말이다. 그런 형편에 바캉스라니 이건 남편 뼈골 빼 먹자는 수작이 아니고 뭔가?

그러나 여편네나 자식을 원망해서는 안된다. 여름철 공치는 건 다 제놈이 직업 잘못 선택한 탓이지 식구들의 탓은 아니다. 도박사도 가장은 가장이니까 가장의 도리를 해야 한다.

2000년 8월, 망상해수욕장.

우리는 이곳에다 6박 7일의 여장을 풀었다. 여름철 공치는 직업을 가진 놈 치고 꽤 긴 여정이다. 네 식구가 피서지에서 엿새를 묵자면 웬만한 직장의 한 달 월급이 박살난다. 게다가 숙소를 호텔로 정했으니 엿새 동안 소요될 경비는 짐작이 가고도 남는다.

어디 그뿐인가? 벌이가 일정치 않은 사람일수록 씀씀이가 불규칙적이고 헤프기 마련이듯 우리 같은 도박사들의 씀씀이가 바로 그렇다. 그걸 본받아서 여편네나 새끼들의 씀씀이가 그렇고 명색이 피서지의 들뜬 기분이고 보니 돈 씀씀이가 오죽할 것인가?

대략 예산을 세워봐도 70만원은 족히 소요될 여정이다. 준비해온 돈은 40만원. 문제가 있다고 염려하는 독자들이 있겠는데 그런 염려는 하지 않아도 좋다. '문제는 없다'는 말이다. 언제나 남의 돈을 내 돈처럼, 내 돈을 남의 돈처럼 써온 직업병이 있듯이 바캉스에 가서도 그건 마찬가지다. 제 돈 써가며 바캉스를 즐긴다니 말이나 되는가?

우리의 바캉스는 좀 별난 바캉스다. 제 돈으로 즐기는 바캉스가 아니고 철저히 남의 돈으로 즐기는 좀 고약한 심보를 가진 바캉스다. 그 내력은 이렇다.

백사장의 고스톱족

피서지에 가면 고스톱을 치는 광경을 목격하기란 어렵지 않다. 온천장에 목욕하러 갔다가 목욕은 하지 않고 무박 3일 고스톱만 치고 온다는 주부들이 있듯이 피서지에서도 그건 마찬가지. 피서지마다 고스톱족들은 있기 마련이다. 바로 그들이 우리 가족의 바캉스 비용과 여름 생계비를 조달해 주는 스폰서가 되는 것이다. 물론 가만히 있어서 되는 일은 아니다. 그들을 우리 스폰서로 삼기 위해 사전 설계도가 필요하다. '라인계'에서는 그걸 '모사'라고 한다. 여기서는 이해하기 쉽게 '설계도'로 명칭하겠다.

바캉스 고스톱의 설계도는 간단하다. 아니, 설계가 필요없다고 해도 그만이다. 그것은 미리 지정된 호구를 겨냥한 것이 아니라 피서지의 불특정 다수를 겨냥한 것이기에 그때 그때마다 즉석 설계도가 필요한 때문이기도 하지만, 피서객들의 데마이 (기술)란 것이 대체로 그저 그런 정도라치면 속임수 없이도 가능한 일이기 때문이다.

또 피서객들의 주머니란 어느 정도 한정되어 있기 때문에 그들에게 큰 돈을 거두어 들인다는 것도 힘든 일. 고작해야 건당 10만원 정도이고 보면 그런 잔일에 설계를 한다는 자체가 가소로운 일이기도 하다. 단 한가지 2인 1조 혹은 3인 1조의 팀을 구성해야 하는 건 당연하다.

팀이 구성되면 현장으로 떠난다. 더러는 가족들의 바캉스를 겸하는 경우도 있지만 벌이를 목적으로 할 때는 '일꾼'들만 간다.

일꾼들은 현장에서 피서를 즐기며 틈틈이 호구를 물색해 둔다. 호구가 결정되면 그들의 앞에서 고스톱을 친다. 두 사람이 맞고를 치고 있으면 빈 자리를 누군가가 채우기 마련이다. 그 때부터 사업을 개시한다.

아내는 공범자

당시 나는 별도의 팀을 구성하지 않은 채 가족들만 이끌고 갔다. 가족들의 피서가 당초 목적이었기 때문이다. 그러나 앞서 말한 대로 맹물 쓰듯 제 돈 써가며 피서를 즐길 한가한 형편은 아니다. 스폰서를 구해야 한다. 이럴 때 아내는 나의 훌륭한 내조자가 된다. 처음부터 그랬던 건 아니지만 남편의 직업을 눈치챈 뒤부터, 더 정확히는 생계비의 조달이 오직 그 방법뿐이라는 것을 알고부터 아내는 특별한 약조가 없었음에도 이심전심으로 나를 도왔다. 총알(돈)이 떨어지면 뒷돈을 대주는 것은 물론 물 좋은 호구를 찍어다 주는 등 노름꾼의 아내로서 충실한 정보원 구실을 해오고 있다.

다 된 집구석이라는 비난을 면할 수는 없겠지만 아무튼 나는 그런 아내가 있음으로 해서 별도의 팀을 구성할 필요가 없었던 것이기도 하다. 즉, 나는 아내와 2인 1조의 팀을 구성한 것이나 마찬가지인 것이다.

우리의 첫번째 호구는 같은 호텔에 묵고 있는 40대의 중년 신사 두 사람이었다. 그들은 동서간으로 각각 가족을 동반하여 피서를 온 것인데 돗자리 펴고 부부동반으로 고스톱을 즐기고 있었다.

　　우리는 그들의 바로 옆에 자리를 잡고 작전을 개시했다. 한동안 수영을 즐기는 체하다가 아내와 둘이 맞고를 치며 동정을 살폈다.

　　"둘이서 무슨 재미로 치슈? 젊은 양반!"

　　아니나 다를까, 두 쌍의 부부가 남녀 혼성으로 고스톱을 치면서 이쪽을 힐끗 쳐다보며 한 남자가 우리 쪽을 향해 부부간의 맞고가 우습다는 듯, 혹은 안돼 보인다는 듯 말을 걸어 왔다.

　　"마누라한테 한 수 배우는 중입니다!"

　　"부인이 그렇게 잘 합니까?"

　　사내는 패를 뒤집으면서도 연신 이쪽에 관심을 보인다.

　　"예, 제가 집에 없는 동안 고스톱만 친 모양입니다. 제가 지금 잃고 있다구요."

　　"아니에요. 이 양반이 너무 못 치니까 그런 거죠 뭐."

　　아내는 은근슬쩍 내가 고스톱에 문외한인 것처럼 연막을 친다. 그러자 다른 사내가 다시 말을 건네 온다.

　　"젊은 양반, 이쪽으로 건너오슈. 마나님들하곤 답답해서 못 치겠소. 남자끼리 한판 두들깁시다. 그렇지 않아도 멤버가 모자라던 참인데.

찬스라고 느낀 아내가 다시 연막을 친다.

"이이는 고스톱 못 쳐요. 맨날 잃기만 한다니까요."

"무슨 소리야? 내가 왜 고스톱을 못 쳐? 이래뵈두 20점짜리 기록이 있다구!

나는 오기를 부리듯 그들의 판에 끼어들었다. 여자들은 물러나고 바야흐로 본격적인 남자들의 고스톱판이 벌어진 것이다. 판이 돌자 아내가 캔 맥주 6쪽짜리와 안주를 사들고 오면서 사내들에게 아부를 한다.

"이 양반에게 한 수 가르쳐 주십사 하는 뇌물입니다. 집에 친구들이 오면 한판 벌이는데 늘 잃는단 말예요. 아무리 친선이지만 속상해 죽겠어요."

"아이구 별 말씀을. 우리도 마찬가집니다. 그냥 뒤집는 운수 소관에 맡기는 거죠 뭐."

사나이들은 기분이 좋다. 멤버가 없는 판에 고스톱의 애숭이가 판에 끼어들었겠다, 술과 안주까지 사들고 와서 서비스하겠다, 몇번 판이 돌아가보니 역시 기술이 무술인 듯 싶은데 돈푼깨나 있어 뵈고 매너까지 일품이니 금상첨화라. 꼭 남의 돈을 발라먹겠다는 수작은 아니지만 적어도 돈을 잃지 않고 즐길 수 있다는 안도감에 젖은 듯 했다.

나는 그들의 기대를 무너뜨리기도 그렇고 또 작전상도 그렇고 해서 초반 30분간은 적당히 돈을 잃어줬다. 녀석들은 꽤 미안해 하는 눈치였다.

판이 계속 돌면서 밀고 당기다가 10점짜리 피박을 당했다.

고의적인 패배였다. 아내를 불러 현금조달을 요청하니 현금이 없다면서 30만원짜리 자기앞 수표를 백 속에서 아무렇지도 않은 듯 꺼내준다. 이쪽의 자금능력을 과시하면서 저쪽의 자금사정을 염탐하는 작전이다.

돈 만원 때문에 이렇게 수표를 받을 수 있느냐며 사나이는 사양을 했다. 순박하다면 순박한 사람이다.

"그 양반은 굶어 죽어도 외상은 안 하는 사람입니다. 받아두세요."

상대가 돈 만원 때문에 수표를 거슬러주기를 난처해 하자 아내가 그들의 난처한 입장을 해소시켜 주었다. 그러나 아내의 말에는 뼈가 있다. 우리도 '가리'를 안 할테니 당신들도 가리를 할 생각은 하지 말라는 규율을 사전에 박아두는 설계인 것이다.

"오고 가는 현찰 속에 우정이 다져진다는데 외상이라니 말이 안 돼죠."

내가 한술 더 보태어 수표를 거두어주길 부탁하자 사나이는 마지 못해 하면서 10만원권 수표 두장과 현금으로 바꾸어 준다. 피서지에서의 현금 동원 능력치곤 짭짤한 수준이다.

상대가 적어도 30만원의 자금이 있다는 걸 안 나는 대략 설계를 꾸민다.

〈목표액 20만원〉

노름방도 아닌 피서지의 친선을 명목으로 한 게임에서 많은 돈을 딴다는 것, 또 상대방의 돈을 다 딴다는 것은 금물이다.

상대가 눈치를 챌 염려도 있거니와 많은 돈을 잃으면 감정이 생기기 마련, 그 감정이 엉뚱한 화근이 될 수도 있다. 목표액을 20만원 선으로 책정한 것은 바로 그 때문이다.

〈소요시간 4시간〉

목표액을 달성하는 데 소요되는 시간을 4시간 정도로 잡은데는 이유가 있다. 그 이유는 어느 도박장에서나 마찬가지. 노름을 하다가 돈을 잃으면 누구나 할 것 없이 서운한 감정이 들기 마련이다. 그러나 어떻게 잃었느냐에 따라 서운한 정도의 차이가 난다. 하룻밤을 꼬박 새워가며 자기의 기능을 십분 발휘, 밀고 당기면서 혈전을 벌이다가 역부족으로 패한 것과 게임 시작하자마자 단시간에 미사일을 맞은 것처럼 휘청 고꾸라진 것과는 섭섭한 정도의 차이가 있다는 말이다.

다시 말해서 유감없이 충분히 자기의 기능을 발휘하고도 잃었을 때는 서운한 감정이 반감되지만, 축구 시합에서 게임 시작 2,3분만에 골을 먹었을 경우 도둑맞은 심정이 되는 것처럼 노름도 단시간에 큰 돈을 잃게 되면 도둑맞았다는 서운한 감정이 들기 마련이다. 그래서 도박사는 게임의 성격과 판돈의 규모, 이런 것을 비례해서 적당히 시간을 소요시키며 거기에 비례하여 돈을 거두어들이는 것이다.

즉, 판돈의 규모에 따라 시간당 얼마를 딸 것인가를 설계해 두는데 노름방에서 점 천원짜리라면 시간당 10만원 선이 무난하다. 그런 이치로 따져서 점 5백짜리 판에 시간당 5만원을 책정한 것이다.

D-Time

나는 속임수는 일체 쓰지 않았다. 상대도 어지간히 고스톱을 구사할 줄 아는 사람인 데다가 적당히 시간을 소요시켜야 할 양이면 서두를 것이 없기 때문이다.

그러다가 잃을 수도 있지 않느냐는 반론이 있을 것이다. 맞는 말이다.

아무리 기술이 뛰어나도 운수소관이 판세를 좌우하는 양상이 되면 운수소관에 따라 되려 잃을 수도 있다. 그러나 그런 염려는 하지 않아도 좋다. 도박사가 밑지는 장사는 하지 않는다. 당분간의 작전상 밀고 당기면서 현상유지를 하고 있지만 'D-Time(작전개시 시간)'이 걸리면 단번에 게임을 리드해 나갈 수가 있다.

그것을 장담하는 것은 게임에서 사용중인 화투는 이미 '책(표시된 화투)'으로 둔갑해 있기 때문이다. '책'을 자연스럽게 공식게임용으로 선정할 수 있었던 것은 그들의 화투로 게임을 하던 중 내가 실수를 가장, 음료수를 엎질러 못쓰게 만들어버렸기 때문이다. 그러니 자연히 우리 쪽 화투로 교체가 이루어진 것이다.

사업은 설계도대로 착착 진행되었다. 게임시간이 두 시간 지날 무렵 나는 5만원 정도를 잃고 있었다. 아니, 잃어주고 있었다. 그들은 완전히 실력차가 난다고 믿고 있는 것 같았다.

그건 그래야 한다. 그들이 최후에 돈을 잃어도 기술탓이 아니라 운수탓이라는 패배의 원인을 제공해 주어야 한다. 그러자면 3점짜리 같은 저액 점수는 되도록 많이 허락해서 그들의 승류을 높여 주어야 한다. 단, 이쪽은 어쩌다가 우연히 뒤집어지는 패 덕분에 큰 점수로 난 것처럼 인식되어야 한다.

나는 D-Time을 걸었다. 투시경으로 내다보듯 빤히 구멍뚫린 화투를 가지고 하는 게임이니 자연 판세는 내쪽으로 기울어져 갔다. 시간이 흐를수록 돈은 나의 무릎 앞에 쌓이기 시작했다. 예정 소요시간 4시간이 지나자 23만원 정도가 거두어졌고 해가 기울어 게임은 자연 중단되고 말았다.

"아이구, 이거 돈 따자고 한 건 아닌데…….

나는 돈을 따게 된 것이 순전히 운이라고 능을 치며 10만원을 개평으로 내놓았다. 그들은 자존심이 깎이는지 사양을 했지만 돈 앞에는 양반이 따로 없는 법, 잃은 것을 만회한 기분으로 받아 넣었다. 그러면서 그들은 나의 마무리 매너에 호감을 샀는지 잃은 서운함보다 매너좋은 사람 만나 재미있게 놀았다며 호탕하게 웃음까지 터뜨리며 서울에서의 재회를 기약, 명함까지 주고 갔다.

내가 헤어지면 그뿐인 사람에게 후한 인심을 쓰는 건 이유가 있다. 게임 중 오고 가는 이야기에서 나는 그들이 서울 중심가에서 양복점과 식당을 경영하는 부자라는 것과 노름으로 하룻밤 1백만원을 잃은 경험이 있다는 것을 알았다. 즉, 하룻밤 1백만원을 잃은 경험자라면 또다시 큰 판에 끼어들 소지가 있는 사람으로서 도박사인 나에게는 크게 키워먹을 수 있는 재탕감이기 때문이다.

실제로 이들은 훗날 나의 설계에 의해 우리 조직에게 3천만 원이라는 큰 돈을 잃게 된다.

황혼의 엘레지

도박사의 바캉스, 더 정확히는 사기도박사의 바캉스는 생각하기에 따라선 참으로 편리한 바캉스일지도 모른다. 남의 돈을 내 돈처럼 써가며 즐길 수 있다니 어찌 편리한 바캉스가 아니랴.

그러나 이런 식으로 피서비용을 조달한 여행이 즐거울 리는 없다. 자식들은 멋모르고 물장구치며 좋아들 한다마는 아이들이 물장구를 치는 동안 호구를 찾아다니며 화투장을 두들기고 있어야 하는 애비의 마음은 개운할 수가 없는 것이다. 그것이 노름방이라면 모른다. 어차피 직업이니까. 그러나 온 가족이 함께 즐겨야 하는 피서지에서조차 화투장을 두들겨야 할 팔자라면, 그것이 재미나 심심풀이가 아닌 벌이를 위한 것이라면 결코 좋은 팔자는 못 되는 것이다.

일주일 동안 남의 돈으로 실컷 먹고 즐기다가 돌아오는 급행열차.

"아빠, 내년엔 어디로 바캉스 갈 거야?"

일곱 살 먹은 장남녀석이 벌써부터 내년도 바캉스 계획을 묻는다. 호텔방에서 남부럽지 않게 지낸 날들이 퍽이나 인상적이었던 모양이다.

"임마, 바캉스가 아니고 사업이다 사업!"

그러나 그 소리는 입에서 맴돌 뿐 다행히 소리가 되어 나오진 않았다.

창밖에 황혼이 깔리고 있었다. 여름에서 가을로 넘어가는 황혼을 바라보며 웬지 알 수 없는 슬픔 같은 것이 울컥울컥 솟기 시작했다.

피서객들의 주머니를 후려 온 돈으로 바캉스를 즐겨야 하는 가족들, 그것을 알면서도 태연한 아내, 그렇게 되도록 길들여 온 나, 서산에 황혼빛이 내 가슴에 뜨거운 점 하나를 박았다.

'아! 이제 그만.'

당신은 속고 있다

    화투나 포커를 칠 때마다 매번 돈을 잃으면서도 포기하지 않고 재도전하는 것이 화투치는 사람들의 양상이다. 그것은 게임에서 패하긴 했으되 형편없는 실력차이로 패한 것이 아니라 간발의 차리로 패했다는 아쉬움이 남아 있기 때문이다. 다른 지면에서 여러 차례 말한 바 있지만 '날 뻔'하고 '할 뻔'하고 '될 뻔'했기 때문이다.

    물론 그런 경우가 많다. 매번 형편없는 실력차로 패한다면 아마 그 길로 화투판을 은퇴했을 것이다. 그러나 그러질 못하는 것은 패하긴 했어도 〈나도 점수가 '날 수' 있었다〉, 〈고도리를 '할 뻔'했었다〉는 아쉬움이 있기 때문이다. 즉, 운이 나쁜 탓이지 실력 탓이 아니라는 자위 때문이다.

    그럴 수도 있다. 화투는 운의 작용도 있는 게임이라서 기술은 있는데 운이 나빠서 질 수도 있다. 그러나 당신이 패한 원인 중에는 상대의 속임수에 그 원인이 있을 수도 있음을 생각해 볼 필요가 있다. 그리고 당신을 속인 상대는 전문 사기도박사가 아닌 아마추어일 수도 있다. 필자가 여러 곳의 고스톱 게임을 방청해 본 결과 아마추어 화투팬들 중에도 속임수를 쓰는 작자가 많음을 목격했기에 하는 말이다. 물론 그 속임수의 기법은 대단한 것이 아니다. 필자가 제정한 고스톱 규칙을 철저히 적용한다면 어지간한 속임수는 발붙이지 못한다.

그러나 '구라꾼'으로 명명되는 라인계의 사기도박단이 당신의 게임에 침투한다면 규칙이고 뭐고 다 소용없게 한다. 위장이긴 하지만 그들의 화투 매너는 일품 중의 일품이라서 규칙을 어길 리도 없거니와 점잖은 품위를 유지하는 그들에게 매혹을 당할 것인즉, 그 틈을 이용하여 '구라를 치면' 당신은 여지없이 그들의 먹이가 될 수밖에 없는 것이다. 문제는 그들의 속임수가 규칙을 어기는 데 있는 것이 아니라 일반인이 상상할 수 없는 고단수의 속임수를 쓰고 있기 때문이다.

하여 필자는 수집한 자료를 토대로 사기도박사들의 갖가지 속임술을 공개하려 한다. 이 중에는 별로 쓰이지 않는 낡은 기법도 있다. 그러나 속임수의 기법은 그 뿌리가 같기 때문에 약간씩 변형된 것일 뿐 큰 차이가 없다는 취지에서 수집된 자료를 그대로 수록한다.

그리고 여기에 수록되지 못한, 즉 필자가 모르는 기법도 있을 것이다. 그래서 이 글을 읽는 독자 중에 '구라꾼'이 있다면 비웃고 있을지도 모를 일이다.

　그러나 당신은 염려할 것이 없다. 당신이 즐기는 고스톱판에 당신을 속이는 사람이 있을 수 있다는 방어자세를 항상 취하고 있다면 아무리 신종 무기로 속임수를 감행해 와도 소용없는 일이다. 바꾸어 말해 속임수란 알고 보면 아무것도 아닌데 경계를 하지 않았기 때문에 당하는 것이다.

　또한 앞서의 말처럼 속임수의 뿌리는 같기 때문에 설령 여기에 신종 속임술이 누락되어 있다 하더라도 이 글에서 속임수의 원리를 터득하면 방어는 가능한 것이다.

　각설하고, 본론으로 들어가자.

　도박사들의 속임수는 크게 두 가지로 나뉘어진다. '기술화투'와 '책일'이 그것이다. 그밖에 '렌즈', '눈깔' 등이 있지만 요즘은 거의 사용되지 않는다고 한다.

　기술화투란 화투에 아무런 표시를 하지 않는 '실화목'으로 게임을 하면서 별도의 속임술로 하는 것을 말하고 '책일'이란 화투에 표시가 되어 있는 '병목'을 가지고 속이는 기술을 말하는데 '라인계'에서는 이 중 기술화투를 잘하는 선수를 진짜 일꾼으로 쳐준다. 왜냐하면 '책일'을 하다가 '뽀록'이나면 '병목'이라는 증거품이 있어 변명의 여지가 없거니와 법정으로 갈 경우는 사기도박죄가 성립되지만, 기술화투는 물적 증거가 없기 때문에 법률상으로도 '단순도박'에 해당하기 때문이다.

　그러면 지금부터 여러분을 본론으로 안내하겠다.

사기도박사의 설계도(모사일)

기술화투는 글자 그대로 기술로 하는 화투이다. 물론 '사기 기술'임은 두 말할 것도 없다. 그 사기 기술을 라인계에서는 '모사'라고 한다. 모사는 사기도박을 하기 위한 일종의 설계를 하는 일을 말한다. 그리고 그 설계는 다음과 같이 유형별로 구분된다.

공중일

공중에서 일을 하는 것을 업으로 삼고 있는 사람이 있다. 전신주 위에서 일하는 전기 기사, 빌딩 유리창을 닦는 청소원도 그 중 한 사람이며, 뭐니 뭐니해도 공중일의 대표적인 사람은 서커스의 곡예사이다.

여기서 말하는 '공중일'은 그런 일을 말하는 것이 아니다. 서커스에서 공중 곡예를 하는 것을 보며 보는 사람이 아슬아슬하여 현기증이 나듯, 대상을 현혹시켜 엉겁결에 돈을 갈취하는 수법(설계)이라 하여 붙여진 이름이다.

사기도박사 김철 씨가 직접 경험한 실례를 그의 증언을 토대로 간단히 재구성한다.

1997년 여름.

서울 강남구 신사동 ×정육점 K(37세)씨.

몇년 전만 해도 바가지랑이 걷고 논두렁에 들어가 모를 심던 농군이었던 K씨는 70년대 초부터 이 땅에 불어닥친 부동산 투기 바람에 똥문은 말죽거리의 밭뙈기를 팔아 일약 억대 부자로 변신, 지금은 영동의 요지에서 정육점을 경영하는 사장이 되었다.

그러나 그는 부동산투기 바람에 부자가 된 것과 때를 같이하여 때마침 열풍처럼 불어온 고스톱 바람에 휘말려 큰 돈을 잃었다. 말하자면 70년대에 휘몰아친 두 종류의 바람은 그를 앉아서 부자가 되게 해주었는가 하면 앉은 채로 거금을 잃게 한 셈이다.

대략 5억대라는 그의 재력에 비추어 고스톱판에서 잃은 1천만원은 보잘것이 없을 수도 있겠지만, 줒은 돈의 고마움은 곧 사라져도 잃은 돈의 아쉬움은 사라지지 않는 인간의 본심이 그에게도 작용, 자나깨나 잃은 돈의 만회를 기약하며 밤잠을 설쳤다.

눈을 감으면 떠오르는 48장의 동양화, 닦을 만큼 닦았고 쌓을 만큼 쌓아 논 실전경험, 그러나 잡힐 듯 잡히지 않는 그 얼굴 '고도리'. 머리속에서는 흔들고 쓰리고에 양피박도 씌워보고, 한 판에 100점짜리의 설계도가 그림처럼 펼쳐지건만, 아! 난 역시 기술부족이란 말인가? 화투 배워주는 학교만 있다면 월사금이 얼마든지 내 당장 달려가리라!

K씨는 나의 모사 대상 인물이었다. 그에 대한 이러한 정보가 들어오자 나는 곧 설계에 착수했다. 그리고 그 설계도는 착착 진행되어 갔다.

나는 설계도에 의해 1차로 그의 정육점 단골손님이 되었다. 2개월이 지날 때쯤 안면이 친숙해지자 2차로 모사를 걸었다.

"왜들 그러는지 모르겠습니다."

"뭘 말입니까?"

"뭐긴 뭐겠어요? 고스톱 말이지요. 정말 해도 해도 너무 한다는 생각이 들어요."

나는 고기 댓근을 주문해 놓고 은근히 그에게 말을 걸었다. 그 시간을 벌기 위해 고기를 잘게 썰어주기를 요청까지 한 것이다.

"왜요?"

"아 글쎄, 차를 몰고 골목길을 들어섰는데 노동자들 대여섯 명이 한 무더기로 골목길을 점령하고 길을 비켜주지 않지 뭡니까. 알고 보니 땅바닥에 신문지를 펼쳐놓고 고스톱을 치고 있더란 말입니다. 짜식들, '화투박사'가 지나가는 줄도 모르고 점 백짜리에 넋을 팔고 있으니……."

나는 '화투박사'에 힘을 주어 말했다. 아니나 다를까,

"화투박사라뇨? 화투를 잘 치십니까?"

"창피한 얘기지만 지금은 손을 씼었으니까 말씀드리죠. '탓자'였습니다."

내가 탓자라는 말에 이번엔 그가 시간을 끌며 화투에 관한 이야기를 듣고 싶어했다. 그러나 그는 화투로 돈을 잃었다는 것을 밝히지 않았다. 물론 그 말이 나와선 안된다. 상대의 처지를 안 뒤에 '모선'을 걸면 의심받기 십상이기 때문이다.

"아, 그랬군요. 그러면 화투에 귀신이겠네여?"

"뭘 귀신까지야…… 알고 보면 속임수인걸요."

기술이 아니라 속임수라는 실토에 그는 나를 '은퇴한 탓자'로 인정해 주는 것 같았다. 그와 동시에 자신을 속일 사람도 아니라는 믿음을 갖는 듯 했다. 그는 내게 속임수를 보여달라고 요청했다. 재미삼아 보겠다는 것이다. 나는 몇번 거절을 거듭한 뒤 마지못한 척하고 '데마이'를 보여 주었다.

"실은…… 말입니다……."

나의 데마이 기술에 감탄한 그는 그제서야 화투판에서 거금을 잃은 것을 실토하며 어떻게 만회할 묘수가 없느냐며 자문을 구했다.

"포기하십시오. 그것이 더 잃지 않는 묘수입니다."

라인계를 영원히 떠나 부처님 손바닥에서 낮잠자는 보살인

양 내가 점잖게 충고를 하자 그는 더욱 믿음을 갖고 이번엔 애원조로 간청을 해왔다. 함께 일을 해보자는 것이다.

"형편이 그러시다니, 그 대신 본전 찾으면 그만 하기요?"

그는 사부님을 만난 기쁨에 그날 밤 잠못 이루었을 게다. 아니, 잠 안자며 사부님을 적지에 침투시킬 설계를 하였을 게다.

그 설계도가 완성되었는지 이틀 후, 나는 그가 마련한 아마추어 노름방에 초대되어 갔다. 나의 신분은 불광동에서 정육점을 하는 K씨의 친구로 되어 있었다. 그가 짠 설계다. 그는 이미 구라꾼의 초보가 되고 있는 것이다.

점 천원짜리 판에서 나는 순식간에 판돈을 거뒤들였다. 돈을 따는 게 목적이 아니라 뭔가를 보여 주기 위해서 일찌감치 '고스톱 탄'을 쏴버린 것이다. 그가 이런 '바닥일'을 주선한 것은 '실기 테스트'가 분명하기 때문이다.

두번째 바닥일에서는 K씨가 따도록 내가 바지가 되어 바람을 잡았는데 역시 성공, 그는 나를 구세주같이 믿고, 나만 곁에 있어 주면 '화투판의 황금어장은 모두가 이 손 안에 있소이다' 하고 쾌재를 부르고 있는 게 틀림없었다. 물론 그렇게 되어야 나의 모사가 적중되는 것이지만,

"오늘 큰 판이 벌어지는데 구경 한번 하시겠습니까?"

3차 설계에 의하여 나는 K씨를 미리 짜놓은 무대로 데리고 갔다. 무대에는 우리 식구들이 점 만원짜리 고스톱을 치고 있고 바닥의 판돈도 수백만 원이 넘게 쌓여 있었다. 내가 판돈을 싹쓸이한 것은 당연한 일. 내가 그날밤 3백여만원을 챙기는 것

을 보고 그는 동업을 하자고 졸랐다. 딱 한번뿐임을 강조하면서 '총알'은 K씨가 준비하는 대신 그에게 유리한 3:7제 배분 조건으로 그의 제의를 수락했다.

드디어 디-데이.

나의 설계에 의해 설치된 가짜 '창고'에선 우리 식구들이 거액의 판돈을 놓고 연극을 하고 있었다. 그는 침을 삼키고 있었다. '탓자와 둘이 함께라면 두려울 게 없노라!'

그러나 두 사람이 함께 현장에 들어가면 의심을 받는 게 당연한 이치. 우리는 각자 들어가기로 하고 창고 부근의 다방에서 그로부터 5백만원의 현금을 인계받았다. 어차피 돈을 딸 기술자가 무슨 총알이 그렇게 많이 필요한가라는 의문이 있겠지만 작전상 잃어주었다가 따야 한다는 논리에 그가 수긍을 한 때문이다. 더구나 하룻밤 판돈이 수천만원대라는 판이고 보면 결코 과분한 총알은 아니었다.

"내가 먼저 들어갈 테니 5분 뒤에 들어오슈."

그는 다방의 창문으로 건너편 창고로 들어가는 나를 분명 보았을 것이다. 그리고 잠시 후 창고문을 열고 들어왔을 것이다. 그리고 또 잠시 후, 그는 입에 거품을 물고 까무라쳤을 것이다.

내가 창고의 뒷문으로 유유히 사라진 후의 일이다.

* 이것이 바로 '공중일'이다. 화투판에서 잃은 돈을 만회하겠다는 환상에 빠진 사람, 혹은 화투로 돈을 벌겠다고 망상에 빠

진 사람들, 이런 사람들을 공중에 띄워놓고 뒷돈을 가지고 튀는 수법이다. 일종의 네다바이. 그러나 누구에게 하소연하랴!

산승일

생소한 용어다. 국어사전을 들쳐볼 생각은 말아 달라. 전문 사기도박 '구라꾼'들이 쓰는 용어가 국어사전에 나올리 만무하다. 그저 필자의 글을 열심히 읽기만 하면 해득하게 될 것인즉 한눈 팔지 말고 정독을 하라. 책을 읽는 것도 피서법의 하나이다.

'산승일'이란 무엇인가?

역시 김철 씨의 증언을 듣기로 한다. 단, '공중일' 이하 예문을 생략하기로 한다. 제한된 지면도 그렇거니와 공중일에서 보았듯이 '모사일'이란 각각 다른 '설계도'에 의해 각각 다른 '집짓기'를 하는 것일 뿐 무대에서 벌어지는 연출기법은 오직 한 가지 '속임수'로 통일되어 있기 때문이다. 즉, 출연 배우가 다를 뿐 스토리의 구성은 오십보 백보라는 말이다.

따라서 독자는 설계도를 보고 각각 연출을 해보기 바란다.

더운 여름날, 이보다 더 그럴 듯한 피서법이 어디 있는가. 이왕이면 납량특집 추리극으로 연출해 보기 바란다.

산승일이란 '외상노름'을 말한다. 일꾼이 외상으로 하는 것이 아니라 호구로 찍힌 대상 인물에게 외상노름을 시키는 수법이다. 아직 이해가 가지 않을 것이다. 다시 설명한다.

우리 주변엔 남의 돈을 끌어대면서까지 화투노름에 미친 사람들이 있다. 가진 현금은 다 잃고 남의 돈을 끌어대기가 바쁘지만 세상 인심은 노름꾼에게 뒷돈 대줄 만큼 후하지는 않는다. 그러니 돈을 빌리기도 수월찮다. 지난번은 잃었지만 이번만은 꼭 딸 수 있다는 자신감으로 여기 저기 돈을 끌어댔지만 매번 참패를 당하고 말았으니 그런 사람의 신용도가 오죽하겠는가.

이런 사람을 우리는 호구로 찍는다. 요즘 한창 문제가 되고 있는 히로뽕 중독자처럼 노름꾼에게 노름돈이 떨어지면 환장할 일, 임자만 나선다면 마누라를 매물로 내놓을 판이다.

이런 사람에게 우리는 접근을 한다. 상대의 사정을 안타까워해주면서 돈을 빌려 준다. 이 얼마나 고마운 일이냐, '세상 인심 죽었다더니 아직 쌩쌩하게 살아 있구나'하면서 감격해마지 않을 것이다. 그러나 세상에 공짜가 어딨어? 우리는 그에게 확고부동한 담보물을 요구한다. 그것을 그가 마다할 리가 없다. 화투에 '눈깔'이 뒤집혀 있는 판인데 뭐가 두려우랴.

'까짓 것, 따서 갚으면 되지 뭐'

그는 자신만만하게 군자금을 차고 창고로 달려 간다. 따서 갚으면 될 일이라지만 천만에 말씀이다. 그는 잃을 것이 뻔하다. 아니, 잃게 되어 있다. 창고에는 모두 우리 식구들 뿐이니까.

그리하여 그는 내게 빚을 졌다. 그러나 내가 그에게 빌려준 돈은 이미 내 손에 들어와 있다. 돈을 빌려준 것이 아니라 잠시 맡겨논 것. 그 맡겨 논 대가로 담보물이 생겼으니 사업은 괜찮은 사업이다.

"딱 한번 더?"

다시 구제금융을 요청해 온다. 잠시 맡겨놓는 일인데 한 번 아니라 열 번이면 어떠랴. 담보물만 있다면 말이다.

산승일이란 이런 것이다. 노름돈이 없는 사람에게 노름돈을 빌려주고 그 돈을 속임수 화투로 다시 빼앗은 뒤 담보물을 챙기는 수법이다. 이미 노름에 탕진하여 신음하고 있는 사람의 전답과 가옥까지를 등쳐 먹는 악랄한 수법인 것이다.

구라꾼들의 산승일은 '물 좋은 호구'가 없을 때 궁여지책의 하나인데 산승일을 할때 구라꾼들 사이엔 다음과 같은 금전에 대한 규약이 있다고 한다.

1. 빌려준 돈을 따서 돈을 빌려준 일꾼에게 다시 돌려줄 때, 앞전(화투를 치는 사람)은 돌려주는 돈의 30%를 결재받는다 (앞전이 한 식구가 아닌 원정팀일 경우인데, 원정팀은 일종의 수당제인 셈이다).

2. 바람잡이가 설계를 하고 일꾼을 불러들였을 경우 돈은 일꾼을 불러들인 쪽에서 대고 5:5로 분배. 일꾼이 돈을 대면 설계자인 바람잡이가 4, 일꾼 6으로 분배한다. 그러나 그것은 고스톱의 경우이고 짓고땡을 할 때는 일꾼의 분배몫이 4로 줄어든다. 그것은 고스톱보다 짓고땡의 일이 더 쉽고 빨리 게임이 종결되기 때문이다. 즉, 근무시간이 줄어든 때문이다. 그리고

돈을 댄 사람은 절대 앞전을 Ep지 않는다. 돈을 빌려주고 빌려준 사람이 다시 땄을 경우 채권을 주장하기가 난처한 것은 일반인들의 양상과 매일반이지 않는가

쌍초일(마당일)

구라꾼은 항상 새로 호구를 찾아나서야 한다. 한 번 물먹인 호구를 재탕, 삼탕까지 우려먹는 경우도 있긴 있지만 대부분은 1회에 '용달'을 시킬 수밖에 없는 것이 직업적 특수성인 바, 먹이가 바닥나면 새로운 먹이를 찾아나서야 한다.

먹이는 보통 정보에 의해서 조달되지만 들어오는 정보도 없고 진행중인 사업도 없는 따분한 날엔 '바닥일'이라도 나서야 한다. 큰 돈은 못 만나겠지만 일당은 거둬들일 수가 있기 때문이다.

바닥일 중 가장 만만한 것이 초상집이다. 1분에 한 사람씩 나자빠진다는 세상이니 초상집을 찾아내는 것은 그리 어려운 일은 아니다. 그리고 그 초상집마다 화투판이 벌어진다는 것도 기정 사실이다. 거기에 문상객으로 끼어들어가 불특정 다수의 문상객 돈을 구라쳐 먹는 설계, 이것이 바로 '쌍초일'이다.

우선 '쌍초'로 명명한 어원을 풀어봐야 할 텐데, 김철 씨에게 미처 그것을 물어보지 못했다. 그래서 필자 나름대로 짐작해 보건대 초상집의 젯상에 '촛대가 둘' 있다는 데 어원이 있을 듯하다. 그리고 '마당일'이라는 명칭을 하나 더 부여한 것은 초상

집의 경우 '마당'에 멍석 깔고 판을 벌이기 때문이 아닐는지. 어쨌든 그게 문제가 아니다. 이 작자들이 초상집의 문상객들 돈을 어떻게 후리는지? 심지어는 상주의 돈도 후린다는데 김철 씨와의 문답에 그 비법이 숨어 있다.

"급할 땐 초상집이 최고죠. 그러나 초상집도 막상 찾을라면 쉽지가 않아요. 그래서 만만한 곳은 병원 영안실이죠. 아무 때나 가도 영안실은 항상 만원입니다. 우리는 거기서도 선별을 합니다. 어느 고인이 생존에 덕을 많이 쌓으셨나 감별을 하는 거죠. 그 감별은 간단해요. 놓여 있는 조화의 수량과 문상객들의 수에 비례하는 거죠. 어차피 바닥일이지만 이왕이면 '물'이 좋은 게 좋은 거 아닙니까?

'고인'이 결정되면 만원짜리 한 장 기부하고 문상의 절차를 밟습니다. 뉘시냐고 상주가 물어오면 어쩔 셈이냐고 염려하시겠는데 그런 걱정은 없습니다. 요즘은 장례 행사도 부조금 거두는 사업으로 변질돼서 상주들은 문상객의 신분보다 봉투에 더 관심을 가져요. 그래서 신분을 캐는데 별 관심이 없다 이거죠. 만약 물어봐도 그건 간단해요. '평소에 신세를 많이 진 사람입니다'하면 그만입니다. 평소에 신세를 많이 진 문상객이라 하니 부조금도 두둑히 가져왔을 터인데 이것 저것 캐묻는 것도 실례라면 실례죠."

— 그래도 만약을 위해 고인과의 관계를 설정해둬야 하지 않겠습니까? 그러자면 고인의 생존 업적도 파악해 두어야 할 터인데……

고스톱 손자병법

"염려 말라고 했잖아요? 그게 뭐가 필요합니까? 요즘은 상주나 문상객들이나 그런데 별 관심을 갖지 않아요. 상주는 그냥 지나가는 나그네라도 많이만 와주면 좋은 거고 문상객은 제 체면 세웠으면 그만이지 다른 문상객들 신분 따위엔 관심을 두지 않습니다. 더구나 영안실 같은 경우는 고인이 많아서 누가 누구의 문상객인지 구별도 잘 안될 지경인데 그런 건 몰라도 됩니다."

— 그래도 만약을 위해서…….

"거참, 쓸데없는 질문만 하시네. 그거 알자면 간단해요. 조화에 보면 누가 명복을 빌었다는 표시로 이름과 직함, 혹은 단체이름이 적혀 있잖아요. 그걸 보면 대충 짐작이 되죠. 대학교의 이름이 박힌 조화가 많으면 고인의 신분은 교수일 테고 이 선생 같은 문인들의 이름이 많이 박혀 있으면 고인의 신분은 작가죠 뭐. 그게 아니더라도 문상객들의 조잘대는 소릴 들어보면 고인에 대해선 알 것 다 알게 돼요. 조금 전만 해도 '명복' 어쩌구 하던 인간들 입에서 생존에 바람을 많이 피웠다느니, 빽을 써서 출세를 했다느니, 부하들에게 지독히 짠물이었다느니, 별의별 고인에 대한 악담이 쏟아져 나오거든요. 그걸 줏어 듣고 나면 만약 상주가 '고인의 업적에 대해서 설명해 보시오!'하고 질문을 해도 끄덕없다구요."

— 듣고보니 그렇군요. 이거 얘기가 엉뚱한 데로 흐른 것 같습니다. '쌍초일' 얘기를 듣자는 거였는데 영안실 얘기가 주제가 돼버렸으니…….

"누가 아니랍니까. 괜한 질문을 해가지구선……. 아무튼 문상 절차가 끝나면 한번 판세를 쭉 훑습니다. 그 중에서 현금 회전이 빠르고 판돈도 넉넉한 곳을 물색해 두죠. 그러나 곧장 판에 들어가는 건 아닙니다. 방청객으로 관망만 합니다. 아니면 화투에 통 관심없는 사람처럼 나자빠져 잠을 자기도 합니다."

— 황금 같은 시간에 잠을 자다니요? 빨리 따야죠.

"글쎄 듣기만 하세요, 헷갈리니까. 한숨 푹 자도 사업에 아무런 지장이 없는 이유가 있어요. 만약 내가 생판 모르는 사람들 판에 철석 파고들어가 돈을 긁어 보세요. 의심받기 십상 아녜요? 그러니까 방청만 하다가 자리에 결원이 생겨 저쪽의 요청이 있을 때 자연스럽게 팀에 합류해야 하는 겁니다. 어느 화투판이든 바닥일은 대체로 초반에 고스톱으로 돌다가 새벽녘에 누군가 열을 받으면 스무장(짓고땡)으로 돌립니다. 아시다시피 (내가 알긴 뭘 알아!) 해보았겠지만(뭘 내가 해봐?) 고스톱으로 어디 큰 돈 먹습니까?(왜 못 먹어! 먹을라면 먹지) 바로 이때가 황금어장이란 말입니다. 이 시간까지 버티고 있는 작자들은 당초 화투판을 계산에 넣고 온 작자들이니 '물'도 삼삼하죠. 잠 못 자고 두들겼으니 정신도 오락가락하죠. 이때 끼어들어가 '환목'으로 주무르면 뻔할 뻔자 아닙니까? 뭣하러 밤새 두들겨요."

— 그런 데선 얼마나 거둡니까?

"크게 욕심내진 않죠. 20만원 정도. 그러나 보통 2인 1조로 들어가니까 일당 10만원밖에 안 됩니다. 어떤 땐 물을 잘못

고스톱 손자병법
■

짚어 몇만원도 못 건질 때가 있어요. 그럴 땐 상주에게 가서 돈 좀 빌리자고 해요. 좀 찝찝하겠지만 거절 못하는 게 상주의 처지지요. 한 다섯 장(5만원) 정도 빌려서 그대로 튀는 경우도 있고, 밤새 명복을 빌다보니(화투짝으로 명복 비는 놈 첨 봤다) 다 잃었는데 다음에 와서 갚겠노라고 정중히 인사를 하고 오기도 하죠."

— 다른 얘긴 또 없습니까?

"영안실 말고 가정집일 경우, '참꾼'들이 큰 판을 벌이는 때가 있죠. 이런 빠꼼이들은 수시로 화투를 바꿔가며 치죠. 오래 만지면 화투가 표가 난다 이거예요. 그런 때를 대비해서 설계를 해두기도 하죠. 물론 판이 클 경우에 한하고 일반 노름에서도 써먹는 수법인데, 우리 같은 책기사에게 '실화목'을 쥐어주면 복장 다 보는 것 아닙니까? 다른 방법이 없는 건 아니지만 책기사는 역시 책을 펼쳐야 수월하죠. 그런데 수시로 화투를 바꾸면 어떻게 합니까? 이럴 때를 대비해서 환목으로 쓰일 '책'을 인근 구멍 가게에다 배분해 둡니다. 심부름하는 사람이 화투를 사러갈 수밖에 없는 가장 가까운 위치에 있는 구멍가게에 싼 값으로 위탁 판매를 맡겨놓는 거죠. 마진 좋겠다, 위탁판매 겠다, 화투를 사러 오면 주인은 당연히 '책'을 내놓을 수밖에요. 그러니 아무리……."

— 아무리 화투를 새것으로 바꿔와도 그게 그거라 이 말이군요?

"이젠 좀 알아들으시는군."

이쯤 사족을 달았으면 독자도 알아들으셨겠지. 그래서 쌍초 이야기는 여기서 끝.

넘기는 일

구라꾼의 모사는 (1) 직접 게임에서 속임수로 돈을 따는 방법, (2) 돈을 따고 싶어하는 호구의 편이 되어 주기로 하고 호구가 돈을 가져 오면 돈을 가지고 튀는 수법, (3) (2)의 수법으로 돈을 가져 오면 작은 판은 따주고 큰 판에선 실수를 가장, 자기 편에게 잃어주는 수법, (4) 현금을 바둑알이나 딱지로 교환(경찰 단속을 빙자)해서 게임을 하게 하고 보관된 현금을 제 3자가 가지고 튀게 하는 수법, (5) 판을 벌여 놓고 바지를 가짜 경찰관으로 위장, 현장을 덮치게 하는 수법 등 수없이 많다.

넘기는 일은 이중 (3)에 속하는 모사법으로 종전엔 '도시'라는 은어로 사용되었다. 구체적인 설명 없이도 이해가 되는 대목이라 여기서 끝낸다.

사기도박사의 책일

　'책일'이란 표시가 된 화투(병목)로 속임수를 쓰는 화투기술을 말한다. 그리고 병목은 '책'이라는 말로 사용되는데 이것은 '화투를 펼치는 것'과 '책을 펼치는 것', 즉 '펼친다'는 동질성에서 붙여진 이름이다. 또한 병목은 펼치지 않고는 표시된 부분을 감지할 수 없다는 이유도 '책'이라는 명칭이 부여된 이유 중 하나이다.

　밝힌 대로 '책일'이란 병목의 화투 기술이다. 그러나 기술부분은 이 책의 여러 곳에 분산 수용되어 있는 바, 여기서는 병목의 종류와 특징만을 말하겠다. 그것을 아는 것만으로도 속임수를 아는 것이나 진배없는 일이기도 하다.

　소개하는 '병목의 종류'는 강호신 작《요거올시다》에서 발췌한 것으로 1986년 발행한 필자의 저서 《까》에 이미 소개된 것이기도 하다. 그런데 여기에 다시 수록하는 것은 이 책의 성격상 한 곳에 묶어야 독자에게 불편이 없다고 보기 때문이다. 이 점을 밝히면서 구라꾼들이 속임수로 사용하는 병목의 종류를 소개하겠다.

□ 등목

회까리목 — 원래는 손톱에 바르는 매니큐어로 화투장의 등판에 표시를 했던 것인데 너무 진하게 나타나기 때문에 농방에서 사용하는 투명의 '라카'와 '신나'를 적당히 배합하여 사용했고, 최근에는 화투장을 뜨뜻하게 불에 쬐인 다음 스텐 쇠붙이로 표시장소를 살살 문지르면 엷게 반사된다. 이 목은 사용시 빛을 안고 봐야 눈에 보인다.

시요목 — '약목'이라고도 하는데 회까리목과는 정반대로 빛을 등져야 보이는 목으로 표시 부분엔 약간 광이 죽어 시커멓게 보이는 목이다. 회까리목 후에 나온 목인데 만드는 법은 검은 구두약이나 부스럼에 바르는 잉크의 '부스날'이란 약과 아세톤이란 약을 적당히 배합하여 표시부분에 칠한 다음 물기가 증발하면 탈지면에 아세톤을 적셔서 살살 닦아내면 된다. 어떤 호구 씨에겐 부스날과 아세톤을 다른 병에 담아 몇만원씩에 팔기도 한다.

바늘목 — 현재에도 사용되는데, 화투장의 등판에 있는 무늬를 줄로 세어 바늘로 긁어서 광을 죽이며 만들어진다.

공장목 — 현재에도 많이 행세를 하는데 일명 '광주목'이라고도 하며 화투공장에서 직접 등판의 무늬를 이용하여 만들어지고 있는데 공장목에는 '이삼목', '삼삼목', '다이아몬드' 따위로 나뉘어진다. 그러나 출처가 분명치 않아 사려고 해도 쉽게 살 수 없는 형편. 화투 한 목에 5천원에서 5만원까지 팔리고 있다.

위의 등목들의 속임수법은 똑같다. 흔하게 지껄이는 '엎어땡이'인데 모두 화투를 돌리게 바람을 잡고 오야에게 모두 돌려 놓으면 끗발이 제일 많은 데로 가서 오야돈을 끊어먹는 것이다. 엎어땡이에 넘어가지 않는 호구에겐 '기리꼬미'라는 기술로 기리해 가며 등판을 보고 오야의 돈을 끊는 기술인데 이 기술이 많이 쓰여지자 세 번만 기리를 해도 다시 받아치는 사람이 생겨나 지금 '책기사' 중에는 두 번만 떼어도 놋돈을 끊어먹는 엄청난 기술자도 있다.

그리고 이 등목의 오야 사용법은 애기패에게 못 짓게 하기도 하고, 오야 패를 높은 끗발로 빼어 갖기도 하는데 속장이 빠지는 순간이 너무 빨라서 눈으로는 볼 수가 없다. 이때는 기술을 일컬어 '자질' 또는 '밑식'이라고 하는데 오른손의 검지 손가락을 이용하는 기술이다. 만약 보려면 비디오로 찍어서 슬로우로 돌려보면 나타나겠지만 — 그것 역시 힘든 일이면 제일 쉬운 방법은 귀로 소리를 들어서 아는 방법이다. '삭 — 삭'하고 소리가 나면 이것은 속장이 빠진다고 의심해야 한다.

화투 기술자들은 돌리는 자세만 보고도 자질이냐 아니냐를 판단한다.

□ 쌍장목

뗄목 — 이것은 장(10)자 두 장을 조금 크게 만들어 떼면서 오야패에게 쌍장을 주는 목인데 현재는 행세를 못한다.

뺄목 — 이것은 뗄목의 반대로 장자 두 장을 조금 적게 만들어 목 전체를 손에 쥐고 휙하고 옆으로 뿌리면 장자 두 장이 빠지게 되어 오야패에게 쌍장을 주는 목이다.

깔깔이목 — 이 목 역시 장자 두 장을 바늘 따위로 찍어서 화투목 전체에 손을 대고 옆으로 밀면 깔깔이 한 것만 밀리게 되는데 장자 두 장을 오야에게 주기도 하고 짓는 자들을 깔깔이 해서 애기패에게 빼갖기도 한다.

출목 — '깎이목'이라고도 하며 면도칼 따위로 필요한 자들만 깎아서 기리할 때 떼어 갖는 것으로 40장 노름(도따, 구빵이, 쪼이)에 많이 사용된다.

□ 자질목

진찰목 — 일명 '감각목'이라고도 하는데 화투바닥의 모서리 부분을 칼로 약간씩 날려 왼손의 감각으로서 빼어주고 빼어갖는 목이다. 애기패에 주는 자는 〈1, 3, 5, 7, 9〉 또는 〈7, 8, 9, 10〉이며 오야에게 필요한 자는 〈2, 3, 4, 5〉이다.

즉시목 — 글자 그대로 금방 만드는 목인데 화투장의 모서리 부분 따위를 손톱으로 눌러 표시하여 빼어주고 빼어갖는 목이다.

□ 장치목

이 목은 화투 낱장의 두께를 이루고 있는 옆부분에 바늘로 표시를 해서 벽을 뚫고 화투하는 방이 아닌 옆방에서 몇십 배 정도로 확대시킬 수 있는 렌즈를 이용하여 계산한 다음 화투판의 우리 '바지'에게 신호를 보내면 바지는 신호가 온 대로 떼어서 오야의 놋돈을 끊어먹게 하는 장치로, 계산하는 시간이 무척이나 빨라 바지만 잘 바람을 잡으면 따는 것은 시간문제이다. 이 장치 노름은 옆방 외에 이층에서 보내는 것과 방바닥에서 보고 보내는 장치도 있다.

이밖에도 기계를 이용하는 텔레비전 장치가 있는데 이것은 신호보내는 낯모르는 사람이 노름하는 같은 방에 들어가야 하는 것이 단점이며, 일종의 '반사'라고 스텐 메끼칠한 라이터 종류를 밑바닥에 놓고 한 것이 널리 알려져 현재엔 반지식으로 된 확대거울을 손가락에 달고 사용하고 있다.

　주로 병목의 종류는 대충 이러한데 위에 소개된 이것들은 속칭 도리짓고땡에만 사용하는 것으로 적었다. 경상도 지방에선 화닥대기라고도 한다.

사기도박사의 속임술

고스톱에서의 속임술

(1) 환목(화투 전체를 바꿔치는) 속임술

게임중인 일반화투를 병목(미리 표시해둔 화투)이나 설계(표
시는 안 됐지만 큰 점수가 나도록 조작한 화투)된 화투로 바꿔
치는 기술로, 오야일 때 가능하다.

우선 바꿔치기할 병목을 고무줄로 살짝 묶어서 왼손으로 꺼
내기 편리한 주머니에 넣어둔다. 이때 손수건도 함께 넣어둔
다. 고무줄로 묶어두는 것은 장 수가 빠지거나 설계화투일 경
우 섞이는 것을 방지하기 위해서다.

이런 준비가 끝난 뒤 오야는 화투를 섞은 다음 방석 위에 놓는

다. 상대가 기리를 하는 동안 왼손으로 화투가 감춰진 손수건을 꺼내면서 얼굴을 닦고는 오른손이 닿기 편리한 곳에 내려놓는다.

그런 다음 기리를 끝낸 방석 위의 화투를 가져와서 분배하는 척하다가 재치기를 하거나 심한 기침을 해대며 화투가 든 왼손과 손수건을 든 오른손, 이렇게 두 손으로 입을 틀어막으며 기침을 막는 시늉을 한다. 이때 바꿔치는데 상대방의 시선을 다른 쪽으로 돌려놓는 모사가 필요하다.

두 사람이 짜고 할 때는 더욱 간편하다. 이때는 화투가 감추어진 손수건을 왼쪽 엉덩이 뒤편에 놓아둔다. 거기에는 잔돈푼을 사전에 놓아 둔다. 오야가 화투를 치기 위해 화투를 왼손에 들고 있고 그때 바람잡이가 '가리'를 했던 외상값을 갚는데 거스름돈이 필요하게끔 고액권을 내놓는다. 오야는 고액권을 화투를 쥔 왼손으로 받아서 자기돈이 쌓여 있는 왼쪽 엉덩이 쪽으로 옮겨 거스름을 꺼내는 시늉을 하면서 그때 바꿔친다.

설계화투일 경우는 큰 점수를 내야 할 찬스라고 생각될 때, 즉 판돈이 크고 현금 회전이 순조로워 '가리'의 위험도 없고 한 판으로 승부를 가릴만하다고 판단될 때 써먹는 속임수인데 한 번 써먹고는 화장실에 가서 다시 설계를 해오기도 하고 바지가 있으면 바지가 설계된 화투를 공급해 주기도 한다.

(2) 오야의 뜻대로 기리가 되도록 하는 속임술

좋은 패가 자기에게 오도록 하기 위해 바닥패를 긁어모을 때, 눈으로 찍어둔 패를 미리 한 곳에 몰아넣어 두고 그것이 자기에게 돌아오게 하자면 기리에 묘수가 있다. 즉, 상대가 기리를 어느 만큼 해주느냐에 달린 것이다. 그래서 기리가 되어야 할 부분을 알고 있는 오야는 상대가 기리를 할때 그 부분을 엄지와 다른 손가락으로 약간 받쳐 올려주듯 밀어올려 준다. 기리와 짜고 할 때는 손쉽지만 그렇지 않을 때도 오야가 이렇게 밑을 꽉 쥐고 있으면 윗부분만 기리를 하는 게 일반인들의 상례다. 굳이 딸려오지 않는 부분을 기리하기 위해 밑으로 침범하는 수고를 하지 않는 것이다.

(3) 바닥패 두장을 동시에 가져 오는 속임술

상대가 큰 점수가 날 판세에 이르러 먼저 3점으로라도 나지 않으면 위기에 몰릴 상황이다. 마침 광을 한 장 먹어다 놨는데 바닥에 광 두장이 깔렸고 짝 맞는 패를 가지고 있다. 그러나 한 번에 패를 두 장 내놓고 먹을 수는 없는 노릇이다. 다음 돌아와서 먹자면 이미 상대가 점수를 나거니와 나머지 광 한 장이 남의 손에 들어가 상대는 마음놓고 고를 부를 수도 있다. 게다가 초출일 경우 설사의 위험성도 있다. 이 모든 것을 해결하기 위해 속임수를 쓴다. 한 번에 패를 두 장 내놓고 광 두장을 먹어 3점으로 나는 수법이다.

바닥에 깔린 먹어올 두 장과 짝맞는 패 두 장중 한 장을 오른손 바닥에 숨기고 치기 전에 흐트러진 기리패를 정리한다는 명목으로 오른손으로 기리패를 간추리는 척하면서 기리패 위에 손바닥에 차고 있던 한 장을 올려 놓는다. 그 다음 나머지 한 장을 내놓고 친다. 이렇게 되면 바닥에 있는 광 두 장중 한 장은 내놓는 패로, 또 한 장은 기리패 위에 올려놓은 패로 먹게 되어 3점이 난다.

이때 남은 기리패는 한 장이 더 많고 손에 쥔 패는 한 장이 모자라게 되어 게임을 계속 진행하면 파토가 된다. 그것을 막기 위해 이럴 때 스톱을 하고 얼른 화투를 섞는데, 더 점수가 날 수 있을 경우는 버려야 할 패를 같은 방법으로 기리패 위에 올려 원상복귀를 해놓고 게임을 계속한다.

(4) 세 번 설사를 하는 속임술

두 번 설사야 흔한 일이고 큰 점수를 잃게 될 위기에 빠지는 원인이 된다. 이렇게 되면 누구나 차라리 세 번 설사를 하기를 바란다. 그러나 설사란 것이 두 번까지는 원하지도 않는 설사를 해주면서 막상 간절히 원하는 세 번째 설사는 꽉 막혀 버리는 것이 보통이다.

만약 두 번 설사를 한 상태에서 쌍으로 들고 있는 패가 초출로 나왔다고 치자. 이것을 먹고 싸면 세 번 설사로 역전을 하게 되는데 자기가 두 장 들고 바닥에 한 장, 나머지는 누군가가 들고 있거나 기리패 속에 있다 하더라도 설사의 확률은 희박하다.

이럴 때 설사를 확실하게 하는 방법은 (3)의 경우처럼 한 장을 차고 들어가 기리패 위에 올려놓고 나머지 한 장으로 바닥패를 치면 뒤집는 패는 영락없이 설사. 이때도 손에 든 패가 한 장이 부족하게 되므로 얼른 패를 섞는데 이런 경우를 방지하자면 세 번 설사를 했을 경우 손에 든 패를 항상 검사하는 방법이 필요한 것이다.

(5) 14장을 가지고 하는 속임술

고스톱은 일곱 장을 가지고 하는 게임이다. 그런데 열네 장을 가지고 친다면 말도 안 되거니와 패의 분배가 들어맞질 않는다. 따라서 열네 장을 가지고 할 수는 없다. 고로 (4)의 제목은 거짓이다.

그렇다. 필자도 속임술로 독자를 유혹한 것이다. 그런데 열네 장을 가지고 하는 고스톱이 어느 천지에 있단 말인가?

실은 그게 아니라 일곱 장을 가지고 하되 열네 장을 가지고 하는 효과를 누린다는 말이다. 이 방법은 아주 간편하다. 도박사들보다 오히려 어지간히 눈을 떴다는 아마추어 꾼들이 많이 써먹는다. 그것은 기리패를 뒤집을 때 두 장을 들어올려 필요한 한 장을 바닥에 내리고 필요없는 패는 손 안에 들었다가 나중에 다시 원상복귀하는 식이다. 이런 속임수를 입곱 장의 패를 내놓을 때마다 한다면 열네 장의 패를 가지고 한 것과 마찬가지가 아닐까.

이 속임수를 쓰기 위해선 평소 기리패를 뒤집는 모션을 상대방에게 습관처럼 보여주어야 한다. 일반적으로 기리패를 뒤집을 때 가슴 높이 안쪽에서 바닥에 때리는 게 보통이지만 머리 위까지 들어올려서 호기있게 외치며 내려놓는 사람도 있다.

그런데 평소에 가슴 아래에서 뒤집던 사람이 갑자기 머리 위까지 패를 들어올리면 의심을 받는다. 따라서 속임수를 쓰지 않을 때도 미리 이러한 모션을 보여주어 습관인 양 믿게 한다. 사기 도박사들은 여러 가지 속임수를 쓸 때 그 속임수에 필요한 모션을 미리 공개해 둔다고 한다. 이상스런 모션을 의심받지 않기 위해서다.

(6) 오야가 한 장을 더 가지고 하는 속임술

민화투는 손에 쥔 화투를 전부 소요한 뒤에 승부를 결정하지만 고스톱은 게임도중이라도 점수만 나면 언제라도 게임을 끝낼 수가 있다. 이런 제도를 악용, 오야가 패를 돌릴 때 자기는 한 장을 더 갖는다. 한 장이 더 있다는 것은 고스톱에서 전략무기가 하나 더 있는 만큼 유리하다.

확률상 유리한 고지에서 게임을 하다가 점수가 나면 스톱을 해도 되고 한 장 더 든 것을 감추기 위해 패를 섞으면 그만이거니와 더 큰 점수를 낼 수 있으면 파토를 방지하기 위해 필요없는 한 장을 기리패에 전항의 수법대로 올려놓으면 그만이다.

또 한 장이 더 있는데도 불구하고 오히려 상대가 큰 점수로 났을 때, 그 한 장으로 파토를 조작하는 데 쓰기도 한다. 바닥에 떨구어서 바닥패의 짝이 안 맞는다거나 엉뚱한 곳에 버려서 기리패가 안 맞는다거나 방법은 여러 가지. 전문 도박사들은 이런 치사한 방법은 안 쓰고 오히려 아마추어들이 많이 쓰는 수법이다.

한편 한 장을 더 가져 오긴 왔는데 게임이 끝나 갈 무렵까지 이 한 장을 처분을 하지 못해 손에 들고 있다가 발각되거나 바닥에 떨어뜨려 분쟁이 되기도 하는데 이럴 경우 아마추어들은 원인을 밝히지 못하고 파토로 끝내는 것이 보통이다. 알고 보면 속임수의 실책에서 빚어진 일인데 말이다. 필자의 고스톱 규칙을 적용하는 게임에선 이런 일이 벌어질 수가 없다. 참고하기 바란다.

(7) 게임이 불리할 경우 파토를 유발하는 속임수

도저히 승산이 없음은 물론 상대방이 소위 말하는 '대형사고'를 일으킬 조짐이 보일 때 치사한 아마추어 꾼들은(꾼의 자격도 없지만) 패를 한 장 땅바닥에 흘리거나 기리패를 두 장 까놓거나 자기가 먹어온 패 중 한 장을 손에 들고는 한 장이 더 많다거나 우기면서 파토를 요구하는 속임술을 쓴다.

이런 경우 역시 필자의 고스톱 규칙은 여지없이 벌칙을 가하고 있다.

(8) 삿갓치기 속임술

4명의 판에서 한패인 두 명이 마주보고 앉는다. 이럴 때 누가 오야가 되든지 한 사람은 죽는다. 이때 죽는 사람은 자기 패를 자기편이 먹을 수 있도록 엮어서 기리패에 넣는다. 그런 다음 옆의 패를 보면서 '캉'을 튕겨준다. 설사를 면하게 해줄 수도 있고 판쓸이의 기회도 온다. 또 떠먹게 하는 방법에도 요령이 있다.

보통 죽을 때는 기리한 몫을 떼다가 자기 패에 올려놓는 방법이 있고 바닥에 놓고서 속으로 묻어버리는 방법이 있다. 전자는 기리몫을 일부 집어와 자기 죽은 패 위에 올려놓는 척하면서 자기패가 위로 올라오게 하는 방법이고 후자는 바닥에 놨던 기리몫을 자기편이 떠먹을 수 있도록 그 숫자만큼 떼어 놓는 방법이다. 이 때도 순서가 있는 법, 같은 편이 1,2,3등일 경우가 다르다.

예를 들면,

1. 띠우고 띠우고 붙이고 띠우고 붙인다.
2. 붙이고 띠우고 붙이고 띠우고 띠우고.
3. 띠우고 붙이고 띠우고 붙인다.

예를 들어 한 사람이 9.7.4.3.9.7.2 이런 패를 들었다 치자. 그러면 2등인 경우 9.9.4.7.7.2 이렇게 정리된다. 이렇게 떠먹기로 넣으면 9와 7은 같은 편이 거듭 떠먹는다. 여기서 '거듭'이란 바닥에 9,7이 깔려 있을 경우는 앞에 사람이 먹는다. 이때 앞에 사람이 9나 7을 들었으면 '설사'를 할테니 더욱 유리하다.

(9) 기리할 때 밑장을 보는 속임술

고스톱에서 기리패의 밑장을 미리 안다면 게임의 진행상 유리한 고지를 점령하게 된다. 밑장에 따라서 약단을 포기하거나 기대를 걸거나 혹은 소당이 걸려 왔을 때 등 밑장 한 장은 여러 가지 판단에 도움을 준다.

따라서 매너가 없는 선수나 사기도박사들은 실화 화투판에서 밑장을 보는데 기리패를 뗄때 보통은 엄지와 가운데 손가락으로 떼는 게 보통이지만 네 손가락을 모두어서 한다. 즉, 엄지는 기리패의 안쪽을 향하고 나머지 네 손가락은 위쪽을 누르면 화투가 기리하는 사람의 시선쪽으로 기울게 된다.

이때 손가락 네 개를 모두 모두어서 하는 것은 상대의 시선을 가리기 위한 것인데 실제 앞에 있는 사람들은 전혀 보이지 않거니와 기리할 때는 대부분 주의깊게 관심을 두지 않기 때문에 성공률이 높다.

물론 밑장을 보기 위해 너무 높이 쳐든다거나 너무 많이 젖히면 안 되므로 약간 들어올리는 건데 숙달된 사람은 바닥을 기준해서 1센티 높이에서도 밑장을 본다.

실제 필자가 김철 씨의 증언을 듣는 과정에서 사기 도박사들의 기술을 확인하기 위해 '밑장보기' 실기를 실험해 봤는데 필자에게 또 옆에서 관람하는 사람에게 전혀 의심을 받지 않는 동작으로 100%로 밑장을 알아맞추었다. 손가락으로 기리패를 떼지 않고 손가락 전체를 모두어서 기리패를 떼는 경우 이러한 속임수가 있음을 알아두기 바란다.

오락용 게임에서도 오락이라고 밑장을 공개적으로 보는 경우가 있는데 게임의 재미를 반감하는 행위다. 고스톱은 자기패와 바닥패를 제외하고 아무런 정보의 누출이 없는 상태에서 두뇌 플레이를 할때 그 묘미가 있음을 차제에 말해 둔다. 권장하는 게 아니라 하더라도 파인 플레이를 해야 한다는 말이다.

기리할 때의 속임술

(10) 기리를 하는 것 같으나 하나마나인 속임술

바닥에 놓인 기리패를 절반 떼어서 옆에 놓는다. 이것을 A라고 하고 남은 것을 B로 명칭하여 다음 순으로 한다.

1. A를 들어 B 위에 약간 턱이 지게 얹는다.
2. A를 포함 B의 무더기 중에서 절반을 떼어 옆에 놓는다. 이때 A와 절반인 B와의 턱진 부분은 섞이지 않게 한다.
3. 절반이 되어 남아 있는 B를 들어 A 위에 올려 놓는다.

4. 절반이 된 B 위에 A가 얹혀져 있고 그 위에 또 절반의 B가 얹혀 있으니 A가 중간에 있게 된다. 이 A에서 절반쯤 떼어 옆에 놓는다. 이때 A 위에 얹힌 절반의 B도 함께 뗀다.

5. 4에서 떼어놓고 남은 절반씩이 된 B와 A를 들어서 5에서 떼어놓은 무더기 위에 올려 놓는다.

이렇게 되면 처음 계산에 의해 몰아 논 패가 섞이지 않는다.

(11) 삼단기리의 속임술

오야가 화투를 쳐서 방석 위에 놓은면 3분지 1쯤 떼어서 놓는다. 이것을 편의상 A라고 하고 남은 화투를 절반쯤 떼어 A 옆에 놓는다. 이 목을 B, 그리고 남은 무더기를 C라고 하자. 바닥에 놓인 순서는 C, A, B순으로 A는 중간에 있다.

다음 중간의 A를 들어서 B 위에 얹고, A, B의 패를 다시 C 위에 얹으면 삼단거리는 끝이 나는데 기리를 한 것 같지만 원상태 그대로이다.

아주 기초적인 속임수로 오야와 짜고 할 때 많이 쓰인다.

(12) 상대가 기리를 한 번 했을 때 이용하는 속임술

상대가 기리를 한 번만 해준다면 대충 기리를 한부분이 표시가 난다. 이것을 눈여겨 보며 엄지손가락으로 밀어서 더 차이가 나게 해 놓고는 왼손에 얹어 주면 왼손 손가락은 턱이 진

부분을 훑어 밖으로 내어밀고 엄지손가락은 위의 것을 끌어들이면서 오른손바닥이나 손등으로 그 주먹을 가려 주면서 밑에 무더기에다 대어 누른다. 그리고 왼쪽 네 손가락들은 그 화투를 들어올려 위에 얹힌 화투 위에 올려 놓는다. 즉, 상대방이 한 번 꺾어서 밑으로 넣은 것을 오른손으로 가리고는 손과 손을 적당히 놀려 바꾸어 놓는 것이다.

　결국 상대방이 한 번 기리를 한 것은 하나마나 기리가 되는데 이런 수는 오야가 화투를 거둘 때 사려집었을 경우(가지고 싶은 패를 모아서 넣었을 경우) 오야에게 돌아오도록 하는 데 이용한다.

　　(13) 기리패를 오야 손에 둔 채 기리를 했을 때 오야가 악
　　　　 용하는 속임술

　오야가 기리를 하라고 손에 든 채 내밀면 그대로 받아 절반쯤 끊어 바닥에 내려놓는 게 일반적이다. 그러나 오야가 속임수를 쓰는 사람일 경우는 오야가 하나마나 기리가 되도록 속일 수가 있다.

　오야의 손에는 화투에서 기리가 절반을 떼어 바닥에 놓으면 오야는 오른손으로 바닥패를 집어다 왼손 화투 밑에 넣고는 오른손으로 바닥패를 집어다 왼손 화투 밑에 넣고는 오른손으로 가린 후 (11)의 동작으로 밑에 넣은 화투를 다시 위로 밀어 올린다. 결국 하나마나 제자리 기리가 되는데 역시 오야가 사

려집었을 때 오야가 써먹는 속임술이다.

비슷한 수법으로 상대방이 오야의 손에서 한 번 끊은 화투를 바닥에 놓으려고 할때 오야는 기리하고 난 나머지 화투를 엄지와 둘째 손가락으로 잡아쥐고 나머지 손가락을 밑으로 늘어뜨려 바닥에 놓으려는 화투를 달라고 표시를 한다.

상대방이 뜻을 받아 그 벌린 세 손가락에 뗀 기리패를 올려주면 오야는 오른손을 가리고 적당한 찬스를 만들면서 (11)과 같은 식으로 도로 위에 올려놓고 사려집은 패가 자기에게 오도록 한다.

(14) 화투장을 손바닥에 치는 속임술

자기가 갖고 싶은 패를 손바닥에 올려놓고 화투의 모서리를 손바닥 살갗을 오무려서 물리는 식인데 처음엔 두 곳을 물리다가 숙달이 되면 네 곳을 물린다. 종전의 앨범에 사진을 꽂을 수 있도록 4귀가 물리게 된 형상이랄 수 있다.

처음엔 손바닥이 아프지만 오래 되면 손바닥 중 물리는 곳에 굳은 살이 박혀 그 후로는 아프지도 않지만 화투장에 손을 댔다 하면 달라붙을 정도가 된다고 한다.

이상 소개한 14가지의 속임술은 사기도박사 김철 씨의 구술을 토대로 정리한 것인데 고단수의 속임술은 제외시키고 기초적인 것만 기록했다. 그것은 행여 독자가 악용할 우려가 있을 수 있다는 염려 때문이었다.

말하자면 신문 방송 등의 매스컴이 청소년의 환각제 본드 사용을 보도함으로써 '알리는 기능과 사명'을 다했지만 본드의 새로운 용도를 청소년에게 알려 주는, 그리하여 새로운 환각본드 사용 청소년이 발생하는 보도의 역기능이 있듯이, 선량한 고스톱 팬들이 사기도박사에게 당하는 피해를 방지하자고 기록되는 이 글이 오히려 속임술의 교과서가 될 수도 있는 것이다.

기초적인 속임술, 그나마도 상세히 서술하지 않은 것은 바로 보도의 역기능을 우려한 때문인 것이다.

따라서 독자는 대수롭지 않게 여기고 즐기는 화투판에 이런 식의 속임수가 있거니, 더 큰 속임수도 있겠구나 하는 방어적인 지식을 터득하는 데 이 글을 읽는 목적을 두기 바란다.

더욱 간곡히 당부하는 것은 여기에 다 소개를 하지 못했지만 증언에 의하면 우리가 오락이라고 생각하는 고스톱판에, 직장 동료라고 생각하는 친선 멤버들이 즐기는 판에도 교묘히 사기도박사들이 침투한다는 얘기고 보면 오락의 범주가 넘었다고 생각되면 게임을 '스톱'하기 바라는 마음이다. 행여 하더라도 다음의 경우에 해당되는 사람이 멤버 중에 있으면 경계하기 바란다.

사기도박사의 고스톱 '탄'

한판 2,000점 야화

고스톱을 해본 사람은 알겠지만 3점 나기도 힘들다. 물론 잘하면 30점까지는 가능하다. 그러나 건전한 상식으로 그 이상을 생각하는 것마저도 어렵다. 그런데 한판에 2,000점의 점수를 낼 수 있다니 믿을 수 없는 것이 당연했다.

우리는 그가 정말 라인계의 흑막을 털어놓을 수 있는 그 세계의 거물급(?)인가를, 즉 그의 구술이 진실성이 있는가를 실험하기 위해 일차 테마이(기술) 심사(?)에 들어갔다. 방법으로는 세 사람이 고스톱을 쳐보는 것이다.

그는 게임 전에 한 가지 약속을 걸었다. 다섯 판의 게임 중 한 판을 2천점 이상으로 이기겠다고.

우리에게는 믿기 어려운 상상이었다. 3점 나는 것도 바둥거리기 일쑤요, 어쩌다 일이 잘 풀려서 20점 정도만 나도 대형사고 어쩌구 해가며 난리법석인데 2천점 이상을 나겠다니 믿을 수 없는 말이었다. 더욱이 J사장이 누구냐? 그래도 아마추어에서는 내노라 하는 명선수가 아니더냐? 제아무리 화투박사일망정 어림없는 일로 여기면서 게임을 진행했다.

1라운드와 2라운드는 J사장이 4점과 5점으로 승리했고, 3라운드는 필자가 기본점수로 승리했다. 그리고 4라운드에 그가 역시 기본으로 승리, 선을 잡았다. 이때만 해도 우리는 그의 장담이 무위로 끝날 것이라고 생각했다. 그렇게만 되면 출판이고 뭐고 별볼일없는 걸로 단정할 참이었다. 그리고 그가 돌린 5라운드의 패를 받아쥐고는 그의 패배가 기정사실로 받아들여졌다. 왜냐하면 선인 그의 패는 광빠진 똥 세 장에 멍텅으로만 비, 풍, 초, 국진인데 반해 필자의 패는 청단 진쪽 세 장에다 나머지는 피바다(2.3.7.8)였고 말인 조사장의 패는 고도리 진쪽 세 장에다가 피바다(1.5.6.7)였으니 손에 쥔 패의 위용을 볼 때 승자는 우리 두 사람 중에 한 사람이 될 게 뻔한 이치.

그랬는데 그게 아니었다. 게임의 결과는 정반대였다. 뿐만 아니라 그가 난 점수는 2천1백76점. 그가 당초에 장담했던 점수가 현실로 나타난 것이다.

독자 역시 놀랄 것이다. 믿을 수 없는 일이라고 말할 것이다. 실은 이 난에 쓰고자 했던 얘기는 바로 그것이었다. 고스톱의 최고 점수는 얼마나 될 것이냐는 독자의 문의에 답하고자 김철 씨와의 내력을 밝히게 될 것이다. 필자에게 문의한 그 '팬'의 자기 기록은 17점이라고 했다. 그리고 25점 짜리를 구경한 일이 있다고 했다. 아마도 대부분의 아마추어 기록은 그 선이라고 봐야 할 것이다. 그런 판에 2천점 운운은 말이 안 되고도 남을 것이다. 그러나 말이 된다. 지금부터 필자가 말이 되게 할 것이다.

바닥패는 홍단 진쪽 두 장(1.3), 피(2.4.6), 비띠, 선은 비 열끗이 있지만 먹지 않고 일단 똥을 한 장 버리고 솔광을 뒤집어 홍단 띠를 먹어 갔다. 필자 역시 마땅히 먹을 패라곤 목단 피, 해서 6을 치고 4피를 뒤집어 1타 4매, 말인 J사장 역시도 짝맞는 자가 2자 뿐이니 당연히 2매조를 칠 수밖에. J사장은 2열끗으로 피를 먹고 풍피를 뒤집어 놨다(현재 바닥패는 3.10.11.12).

다음은 선의 2타구, 선은 바닥패에 풍이 있지만 1타구에 버린 똥피를 치고 똥광을 뒤집어 작전빽, 재형저축으로 한 밑천 저금해 놨다. 다음은 필자의 2구. 흔든 선이 효자빽을 해놨으니 앞 뒤 볼 것 없이 풍띠로 풍피를 쳐서 청단 비상을 걸어 놓는 게 상채. 그러나 상책이 무책이 될 줄이야, 필자는 선에 이어 연속 설사, 이미 이때 선은 설사 두 몫의 패를 쥐고 있는 상태다. 현재의 바닥패는 똥, 풍 설사 두 뭉치와 띠(3.12) 두 장.

다음은 말인 L사장의 2타구, 바닥에 짝맞는 패가 없으니 목단 피를 버리고 국전 피를 뒤집어 놓았다. 다음은 선의 3구, 국진패가 있지만 걸려보내고 똥 설사를 치고 3광을 받아 광세 장으로 3점 점수가 나는 동시에 피를 한 장씩 헌납받아 피가 6매 확보되고 홍단까지 비상! 호기있게 원고!

다음은 필자의 3구, 풍을 설사했다지만 바닥에 9가 있으니 치고 받아 청단으로 역전시키는 도리밖에 없다. 또한 먹을 패라고는 그뿐. 그런데 이 무슨 초상집에 부채질인가. 9마저도 보기 좋게 설사를 퍼질르고 말았다.

다음은 말인 J사장의 3구. J사장 역시도 짝 맞는 패가 없으니 초피를 버리고 비 쌍피를 떠갔다(현재의 바닥패는 9.10 설사와 5.6피).

다음은 선위 4구. 풍을 내놓고 바닥의 풍 설사를 먹고 목단 열끗을 뒤집었다. 그리고 양쪽에서 피 한 장씩을 받아오니 원고 성공하면서 이때까지의 점수는 6점, 계속 투고, 다음은 필자의 4구. 대형참사의 위기가 감돌자 필자는 8피를 J사장에게 센터링, 고도리를 어시스트 해주고 초를 쌍피로 떠왔다. 바닥에 깔린 패는 9 설사뭉치와 8피, J사장은 당연히 8을 치고 고도리 비상을 거는 동시에 판쓸이의 찬스, 성공하면 역전이 가능하다. 그래서 8을 쳤는데 엎친데 덮인 격으로 설사!

다음은 선의 5구. 바닥에는 9,9의 설사뭉치뿐, 선은 9를 치고 8을 받아 두 설사뭉치를 먹는 것과 동시에 판쓸이까지 하면서 투 고우를 성공, 대망의 쓰리고에 돌입했다. 이때까지의 점수는 16점(광 4점, 피 10점, 고 2점, 양 선수의 피부족으로

4장만 헌납받았다). 이때 멍텅구리 따블을 의식하여 선인 그는 9열을 피 쪽이 아닌 멍텅구리 쪽으로 놓았다.

　다음은 필자의 5구. 이미 전세는 황천행, 남은 길이 있다면 피박을 면하는 길뿐. 그러자면 현재 피가 없으니 피를 안 먹어도는 게 상책. 손에 쥐고 있는 2,3,7 중 어느 것을 버릴까 망설이다가 버린 패가 2피. 분명 말인 J사장이 홍단을 쥐고 쩔쩔매나 싶어서였다. 그리고 3피를 뒤집어 헛손질에 성공.

　다음은 말인 J사장의 5구. 손에 든 패는 1.4.7, 바닥에는 2.3. 짝없는 패도 없거니와 피박을 면하려면 헛손질이 상책. 그래서 이미 깨진 고도리 4자를 버렸는데 2가 맞아오는 바람에 피박상태. 다음은 선의 6구. 손에 든 패는 초와 비 열끗. 바닥에는 3.4, 비는 5광패니 당연히 초를 버릴 수밖에. 그래서 초를 버리고 4띠를 뒤집어 4멍텅을 걷어가면서 쓰리고를 성공. 그러나 선은 여기서 멈추지 않았다. 필자가 면피인 데다가 5광의 찬스까지 있으니 당연히 못 먹어도 고요, 못 먹어도 나가레(현재 점수 19점, 광 4점, 멍텅 1점, 띠 1점, 피 10점, 고 3점)!

　다음은 필자의 6구. 손에 남은 패는 3.7이고 바닥에는 3.5 두 장. 피를 먹으면 피박이 되니 7피를 버리고 초나 비를 뜨는 게 상책. 그러나 뒤집어서 7띠가 맞으니 피박. 다음은 말인 J사장의 6구. 7을 버리고 비를 뒤집어 헛손질을 성공했지만 이미 피가 한 장 있으니 어차피 피박. 다음은 마지막으로 선의 7구. 비를 치고 7멍텅을 받으니 휘고우 성공. 일단 먹어 온 점수만 34점(5광 15점, 띠 1점, 멍텅 3점, 피 11점, 고 4점).

"그래봤자 34점밖에 더 됩니까? 그런데 2천점 운운을 하다니 말이 되오?"

누군가가 항의를 해오겠지만 말이 된다고 했으니 걱정할 것 없다. 점수를 한번 계산해 보자. 점수가 34점 났는데 양쪽이 피박이니 68점, 똥으로 흔들었으니 따따블(아무거나 세 장은 따블. 비, 똥 세 장 흔들면 따따블, 도판판에서는 그렇다) 68×4=272점, 쓰리고나 따블544점, 휙고(흔히 아마추어가 아닌 프로세계에서는 10년에 한번 날까말까 한 휙고를 따따블로 인정한다)니 또 따블 1,088점, 멍텅으로 났으니 따블 2,716점.그는 당초에 약속한 2천점에 176점 추가하여 자신의 기술을 유감없이 발휘,합격(?)판정을 받게 되었다. 점 천원짜리 판이었다고 치면 양쪽 합이 4백 35만 2천원.

말이 되는가? 그럴 듯한가? 계산이 똑바르지 않다고 우기지는 못할 것이다. 그러나 알고 보면 그 게임은 사기였다. 즉, 선이 미리 엮어논 책(사기화투)으로 바꾸어 패를 돌려 우리의 패가 설사가 되고 자신은 떠서 먹도록 돼 있었던 것이다. 어떤 패를 칠지 모르는데 그게 마음대로 되겠느냐 하겠지만 상대에게 약단이 진쪽으로 돌아가게 한 것이나 차례대로 약단 패가 썬터링되게 한 것도 그 패를 먹지 않으면 안 되게끔 심리적인 전술까지도 포함시킨 설계인 것이다.

그것을 우리는 눈치채지 못했다. 그의 사기술을 감시하고 있었던 판에도 그가 털어놨기에 비로소 알게 된 것이었으니 사기도박사들의 손놀임은 그야말로 귀신이 곡한다고나 할 수밖에.

이상의 애기를 지나가는 애기로 들을 것이 아니다. 사기도박이 아니더라도 좀전과 같이 패가 엮어지지 말라는 법이 없지 않는가.

사기도박사들은 지금과 같은 작전을 개시할 땐 '탄'을 쏜다고 한다. 일명 '고스톱 탄'이라고 하는 수법은 판돈이 바닥에 많아서 가리의 위험이 없을 때, 기술로서가 아니라 우연을 가장하여, 기본점수를 여러 차례 잃어주다가 한 방에 상대를 KO시킨다는 것이다.

2천 2백여점에 놀란 사람을 더 놀라게 해서는 안 되지만 3천2백점의 기록도 있다. '청단 고바가지 작전'이라는 사기도박의 설계에 의한 것인바 그것을 필자가 꽁트로 이미 발표한 적이 있다. 점수를 내는 장면만 소개하겠다.

기리가 끝난 패를 엮어놓은 책(사기화투)으로 바뀌치기해서 패를 돌리니 내 패는 피 빠진 비 세 장에 새륙(4,6) 쌍쌍파티, 한마디로 별볼일없는 패고 놈은 청단 진쪽에 홍단 두 장, 이른바 공포의 칠각장. 당연히 놈은 고를 불렀고 3이닝 만에 청단 3점을 했것다.

사건은 여기서부터, 손에 쥔 패를 보나 바닥패를 보나 영락없는 쓰리 고 찬스, 놈이 가만 있을 리 없다.못 먹어도 고! 그러나 이때부터 전세는 역전. 앞의 타자가 고도리를 버려주자

치고 받고 고도리. 나는 역고! 놈은 홍단 두 장이 연거푸 설사. 나는 뒤집어서 설사를 받아먹고, 초구에 작전 설사를 해놓은 비까지 합이 설사 셋을 먹으니 휘고에 피박에 등등 놈은 옴팡 바가지를 썼는데 일단 계산을 한번 해볼실까.

고도리에 홍단에 설사 세 몫을 합치니 25점, 상대가 피박이니 50점, 쓰리 고니 100점, 휘고니 또 따블 200점, 멍텅으로 났으니 또 따블 400점. 비를 흔들었으니 따따블 1,600점. 고바가지니 따블 3,200점.그야말로 따따따따따블…(청단 고바가지는 두 사람이 한 패가 되어 고바가지를 씌워서 돈을 털어가는 수법임).

"천장만 바라보지 말고 어서 계산 좀 합시다."

놈은 하얗게 질리다 못해 까무라치기 1초 전, 멍하니 천장만 바라보고 있었다.

"돈 없시여? 좋시다. 고스톱계를 은퇴하시오. 은퇴한다는 조건으로 돈 안 받겠시다. 돈 따자고 한 게 아니오. 운만 믿고 덤벼드는 당신 같은 사람 정신 차리라고 한 수 보여준 거요!"

여러 말 안 하겠다. 재미로 한다느니, 잃어봤자 몇 푼이라느니 하는 사람들, 깊이 생각하기 바란다. 100전 99승 한다 해도 '고스톱 탄'을 맞으면 어떻게 하겠는가?

제 6부

고스톱 사모님들

여성들의 고스톱 스트라이크

바람둥이 남편은 데리고 살아도 도박하는 남편은 데리고 살 수 없다는 것이 우리 여성들이 끊임없이 추구해 온 도박 추방론, 그리하여 부지깽이를 들고 도박 추방운동을 벌였던 시절도 있었거니, 지금은 세상이 달라졌대서 여성들이 부지깽이 대신 화투짝을 들었다.

아빠는 야근을 핑계삼아 직장에서, 엄마는 볼 일을 구실로 미장원에서 본전을 만회해 보겠다고 밤늦도록 고분분투하는 그 시간에 자녀들은 짜장면으로 저녁을 때운다는, 시대의 변화로만 이해하기에는 석연찮은 그 세태의 한 단면을 지적한다.

세상이 달라졌다. 달라져도 크게 달라졌다. '도박없는 마을'을 깃발로 내세우고 부녀자들이 부지깽이까지 들고 화투 추방

운동을 벌였던 시절도 지금은 옛말. 지금은 안방에 앉아서 인 터넷으로 고스톱과 바둑, 포커를 한다.

이제 우리의 주부들은 남편의 친구 셋만 모이면 요청이 없어도 으레 화투목을 대령할 줄 알거니와 처녀들은 시집갈 때 아예 혼 수감으로 고스톱 전용 방석까지 준비해 가는 세태에 이르렀다.

이러한 세태의 변화를 남성에 대한 여성의 관용이라고 생각 하면 큰 오산이다. 거기에는 '우리도 함께 즐기겠다'는 여권신 장을 바탕으로 한 '고스톱 동참권'을 주장하는 음모의 곡절이 숨어 있음을 감지해야 한다.

그것을 증명이라도 하듯 여성들은 드디어 부지깽이 대신 화 투짝을 들었다. 쑥탕 휴게실에서 발가벗고 앉아 고스톱을 즐기 는 사모님들, 자취방에서 '오가는 현찰 속에' 어쩌구 하며 즐 기는 여대생들, 미용실·사우나탕·중국집 할것 없이 여자 4,5 명만 모였다 하면 으레 고스톱판이 벌어지는 광경을 목격하기 란 그리 어렵지 않다.

이렇듯 고스톱은 이제 여성사회까지 깊숙히 침투되어 '여자 고스톱 문화권'을 구축하면서 주부는 물론 여대성에 이르기까 지 확산 보급되고 있는 추세이고 보면 고스톱은 바야흐로 남성 독점시대에서 남녀 혼성시대로 전환기를 맞이했다고 해야 할 것 같다.

나는 이러한 세태를 비난할 생각은 없다. 지금까지 남성 고 유 권한물로 누려왔던 '고스톱'에 여성들이 스트라이크를 일으 켰다고나 할까, 제까짓 남자들은 외박까지 불사해 가며 즐기는 일을 여자라고 못하란 법은 없질 않은가. 더구나 세상이 달라진 때문이라는 데야 나 따위 말솜씨로는 도저히 시비에 승산이 없기 때문이다.

그보다 더 중대한 이유가 있다면, 고스톱은 이제 남녀를 불문하고 뗄래야 뗄 수 없는 우리 생활양식의 하나로 자리를 잡았다는 긍정론에서이다. 바꿔 말하면 동창회나 계모임에서 끝마무리는 고스톱이 필수 행사요, 온천장에 놀러간 동창생 사모님들이 당초의 목적인 온천은 제쳐두고 사나흘을 화투짝만 두들기다 돌아온다는 세태이고 보면 시비를 걸기에는 이미 그 시간를 놓친 감이 있다는 말이다.

지난 1991년 도박사범으로 검거된 사람 중 여성이 24%나 참여(?)하고 있다는 자료를 미루어 짐작해 보면 10년이 지난 오늘, 여성의 고스톱 동참세력이 어느 정도인지 가늠하기는 어렵지 않은 일일 것이다.

여성의 사회적 환경

이처럼 여성들이 고스톱에 동참한 원인에는 다음의 두 가지 사회적 환경과 연루되어 있다.

편리해진 가사노동과 심심한 사모님들

"가사노동은 가정부나 파출부가 맡아 하죠. 살림 집기는 모두 쓰기 편한 전자제품이죠. 아이들도 웬만큼 자라서 엄마의 손길을 필요로 하지 않죠. 남편은 바쁘거나, 놀아도 따로 놀죠. 생활은 넉넉하고 시간은 남아들죠. 따분하니까 한숨만 나오죠. 그러니……."

그러니 고스톱말고 할 일이 뭐 있겠느냐는 한 주부의 이야기에서 우리는 주부의 일손이 편리해진 사회적 환경이 주부를 고스톱판으로 몰고간 하나의 원인이 되고 있음을 알 수 있다. 늑, 근대화 과정에서 핵가족이 되었고 생활이 전산화 되었으며 매스 프로덕션 상품이 유입된 때문이다. 그것이 잘못됐다는 것이 아니라 그로 인해 가사일이 편리해졌고 따라서 주부가 한가해 졌으며 그 한가한 심심풀이의 놀이가 바로 고스톱인 것이다.

여성(주부) 오락의 부재

심심해지면 남자건 여자건 놀아 볼 궁리를 하기 마련이다. 그런데 그 심심풀이로 즐길 마땅한 놀거리가 우리 사회엔 없다는 것이 여성들이 고스톱을 애호하는 원인 중의 하나이다. 그건 남자의 경우도 마찬가지.

'골프'는 돈푼께나 만지는 자들이나 하는 놀이겠고, '승마'나 '요트' 역시아무나 하는 놀이가 아니다. '낚시?' '등산?' 그건 따로 시간을 내야 하고 장비가 있어야 가능하다. 그럼 '바둑?' 그건 두 사람만 즐길 수 있다.

어떤 사람은 윷놀이를 내세우지만, 윷놀이할 명석을 신문지 말듯 돌돌 말아가지고 다닐 재갈이 없고 그 공간이 시시때때로 마련되어질리 없는 이상 그건 무리다. 이처럼 남자들이 마땅한 놀이가 없어 쩔쩔맨다면 여자들은 오죽할까?

"카바레에 가서 뻉뻉이를 한바퀴?"

이게 누구 작살 낼려구!

"그럼 뜨개질은 어떨까?"

임마! 지금 뜨개질하는 여자가 어딨어?

결국 무엇인가? 그건 현재 우리 사회에 주부들 여럿이 함께 즐길 마땅한 오락이 화투 외에는 별로 없기 때문이다. 적어도 그럴 아직은 발견하지 못했다는 점이다. 이러한 문제는 사회 각층에서도 토론을 벌였지만 아직도 해답이 없다.

여러분도 지금 당장 궁리를 해보라. 여자 셋이 모였다. 한가하다, 심심하다, 뭔가 놀이를 했으면 좋겠는데 어떤 놀이가 좋을까? 아무리 머리를 쥐어짜도 고스톱 말고는 떠오르지 않을 것이다.

고스톱과 여성 심리학

불로소득의 심리

가사노동이 편리해져서 시간이 남아돌고 그리하여 주부들이 심심해졌는데 그 심심풀이 기구가 화투뿐이더라는 사회적 환경을 고스톱을 치는 원인 제공의 변명으로 삼을 순 있지만, 따지자면 고스톱을 즐기는 근본 원인에는 불로소득을 좋아하는 여성 그 자신의 원초적 심리가 크게 작용하고 있음을 변명할 길이 없다. 즉, 동창회나 계모임을 구실로 삼고, 심심풀이 점심내기를 오락의 명분으로 달고 있지만 결국은 남의 돈을 따먹자는 사행심리에서 출발한다는 지적이다.

아니라고 변명을 하지 말자. 공짜를 좋아하는 것이 여자가 아니던가? 뿐만 아니라 부동산이니 증권이니 싹쓸이니 하는 각종 투기종목에서 '영자'와 '순자'가 두각을 나타내지 않았던가? 알고 보면 남자보다 여자 쪽에 사행심리는 더 충만되어 있다는 말이다.

이러한 여성의 원초적인 사행심리에다 더더욱 불을 붙인 건 우리 사회에 만연된 한탕주의 심리이다. 즉, 땀흘리는 보람보단 불로소득만이 잘살 수 있는 우리의 경제환경에 젖어 있는 주부들은 이미 '한탕'이 팔자를 고치는 묘약임을 목격해 온 터라 누구네 엄마는 부동산으로, 누구네 엄마는 증권으로, 또 누구네 엄마는 무엇으로 떼돈을 벌었다는 얘기를 듣고 나면 남편의 월급봉투가 한없이 처량해 보이는 것이다. 그리하여 마침내 '에라, 나도!' 하고 투기의 첫걸음을 시작하는데, 밑천이 적으니 당장 복부인으로 나서기는 그렇고 일단 푼돈이나 긁어보자는 방편으로 고스톱판에 끼어드는 게 아닐까?

주부의 존재가치 하락에 대한 보복적 심리

여성상위시대에 무슨 헛소리냐는 반론이 있을 줄 안다. 그러나 곰곰 생각해 보면 주부의 존재 가치는 분명 하락되어 있음을 발견하게 될 것이다. 그것은 앞서 말한 대로 가사의 편리함에서 기인된다. 즉, 가사의 관리함으로 주부의 노동이 줄어들자 아내에 대한 고마움과 애틋함이 남편으로부터 그만큼 반감되었다는 말이다.

이에 대해 '아내에게 바치는 노래'를 물증으로 반론을 제기하는 여성도 있을 것이다. 그러나 그러한 물증이 필자의 주장을 뒤엎지는 못한다. 왜냐하면 '아내에게 바치는 노래'는 주부가 밤낮으로 찬물에 손을 넣어 가사일을 하는 노동의 아픔에서 비롯된 충동이지, 전기밥솥과 청소기로 가사일을 하는 아내로부터 비롯된 충동은 아니기 때문이다.

다시 말하자면 현대의 남편은 가사일이 편리해진 아내에 대해 별로 고마움을 느끼지 않는다. 비약을 하자면 '내가 뼈빠지게 벌어다 장만해 주어서 편리하게 가사일을 하는 건데 뭐가 젖은 손이 애처로워? 까짓것 너 없어도 나도 할 수 있다'는 식이 되어 결국 주부의 존재가치를 과소 평가하는 것이다.

이러한 주부의 존재가치 하락의 징조는 라면이 개발된 직후부터 나타났다. 라면이 나왔을 때 그 손쉬운 조리법은 여자 없이도 살 수 있다는 자부심을 남자에게 불어넣어 주었고 세탁기가 나왔을 때 그 자부심은 고조에 달했다. '일요일은 아빠가 빨래하는 날'이라면 주부들이 좋아하고 있지만 남편 쪽에선 '아내 없이도 빨래를 할 수 있다'는 '아내 무용론'이 싹트는 계기도 되는 것이다.

좀 과장된 비약이긴 하지만 아무튼 쓰기 편리한 가전제품의 보급은 주부의 존재를 평가절하 시켰다. 그리하여 남편으로부터 무관심의 대상이 되었고 그 무관심에 대한 보복적 심리가 고스톱 사모님으로 변신하는 배경이 되는 것이다.

남자(남편)의 존재를 무시하는 심리

짐승의 아버지 가운데 가장 형편없는 것이 사자의 아버지다. 그것은 먹이를 벌어다 주지 못하기 때문이다. 그런데 요즘은 먹이를 열심히 벌어다 주는 인간의 아버지에게도 권위가 증발되어 버렸다.

이 자리는 그 원인을 분석해야 할 의무가 없는 자리니 원인 규명은 생략한다 해도 어쨌든 죽도록 일만 하고도 권위를 상실당했으니 사자 아버지보다도 더 처참한 신세가 돼버린 것이 오늘의 아버지들이다. 남편을 헐값에 팔아버리겠다는 미국의 한 신문광고가 있었을 정도라면 더 이상의 설명이 필요 없을 것이다.

사실 요즈음의 주부들은 남편을 무시하는 경향이 있다. 직접 경제활동에 나서 보니 남편의 월급봉투가 하찮은 푼돈에 불과하다는 것을 알아차린 때문일 수도 있고, 여권신장의 남용일 수도 있고, 삼강오륜이 몰락한 세태의 편승일 수도 있겠지만 남편의 존재를 무시하는 경향이 많은 것만은 사실이다. 따라서 이제 남편이라는 존재는, 정액의 공급자라는 가치 이외에 아무것도 아니라는 극단적 '남편무용론'까지 대두된 세태이고 보면 남편이 두려워 고스톱을 못할 이유는 사라진 것이다. 한마디로 가장의 부재현상이 여자들의 도박바람을 막지 못하는 하나의 원인으로 제공되고 있는 것이다.

고스톱의 마력

여성이 고스톱을 하는 이유로 이런 저런 이유를 들었다만 남자건 여자건 고스톱을 즐기는 확실한 이유는 뭐니뭐니해도 고스톱이 지니는 재미에 있다. 돈을 따는 재미는 말할 것도 없고 남의 수를 꿰뚫어보는 재미, 상대편을 골탕먹이는 재미, 갖가지 회비가 만발하는 재미, 그런 재미가 없다면 고스톱이 지금과 같은 인기를 누리지는 못할 것이다.

더구나 요즘은 고스톱의 생리적으로 지니고 있는 선천적 재미에다 세태를 반영하는 변형 고스톱의 희한한 재미까지 가세되어 한번 그 재미에 맛을 들이면 제아무리 양가집 규수라도 빼도 박도 못하는 고스톱 팬이 될 수밖에 없다.

에필로그

요즘 국민학교 어린이들이 중국집에 짜장면을 주문하는 일이 많다고 한다. 아빠는 아빠대로 귀가 시간이 늦고, 엄마는 고스톱에 정신이 팔려 저녁을 지어주지 않기 때문이다.

고스톱 사모님들

이런 일을 특별한 경우로 돌리지 말라. 지금 이 시간에도 아빠는 고스톱이나 술로 퇴근을 늦추고 끗발 죽은 엄마는 본전을 만회해 보겠다고 산수공부에 여념이 없고, 그래서 자녀들은 중국집에 전화를 걸어야 하는 가정이 얼마든지 있을라면 있는 판이다.

아무튼 걱정이다. 심심한 주부들이 더 늘어날 전망이어서 걱정이다. 집에서 사무를 보고 빈집에 전화로 밥을 짓고 빨래도 할 수 있는 꿈의 홈 오토메이션시대가 개막되었기 때문이다.

이제 버튼만 눌러놓으면 자동으로 빵도 굽고 커피도 끓인다. 설거지도 기계가 한다. 이러한 편리함이 앞으로 우리의 주부들을 더욱 심심하게 내지는 한눈을 팔게 할 것이다.

그 한눈 팔기가 해외여행으로 향할지, 아니면 캬바레 뺑뺑이판으로 향할지는 두고 볼 일지만이 고스톱판으로 향할 가능성은 더욱 높아질 것이 사실이기 때문이다.

아빠는 야근 아닌 야근을 핑계삼아 직장에서, 엄마는 엄마대로 볼 일을 핑계삼아 미장원에서 본전을 만회하겠다고 고스톱 삼매경에 빠진 가정, 그 가정에서 술꾼, 노름꾼의 분위기에 익숙해지며 자라나는 아이들의 장래, 아무리 세상이 달라졌다지만 이 석연치 않은 세태가 방관되는 현실을 우리는 어찌해야 옳단 말인가.

고스톱 사모님들

동양화 공부

저녁 7시 30분.

시계를 들여다 본 소년은 더 이상 지체할 수 없다는 듯 수화기를 들고 어디론가 전화를 건다.

"거기 중국집이죠? 여기 7동 506호인데요, 짜장면 한 그릇만 배달해 줘요!"

소년은 가끔 오늘처럼 짜장면으로 저녁을 때운다. 아니, 때워야 한다. 배는 고파오는데 저녁밥을 지어 주어야 할 엄마는 어딜 가셨는지 깜깜 소식불통이기 때문이다.

"원 애도 성질도 급하지. 엄마가 볼일을 보다 좀 늦는가 본데 그새 못참고 안달이라니. 요즘 애들은 좀 시건방진 데가 있어!"

누군가는 그러겠지만 그건 모르는 소리다. 소년은 성질이 급한 애도 아니고 시건방진 애도 아니다. 그리고 엄마의 볼일이 뭔지는 모르지만 그것을 이해 못하는 애도 아니다. 단지 소년은 현명한 판단을 할 것 뿐이다.

엄마의 볼일은 대체로 10시가 넘어서야 해결되었다. 간혹 소년이 학교에서 돌아오는 시간에 때를 맞추어 귀가하는 경우도 있지만 오늘처럼 그 시간을 넘기면 '이왕에 늦은 것'하고

체념하는지 엄마는 대체로 밤 열시까지 볼일을 연장시키는 것이 관례였다.

그 관례를 터득하고 있는 소년이기에 7시 30분이 지나도록 돌아오지 않는 엄마를 더 기다릴 필요가 없었다. 공연히 배를 쫄쫄 굶길 필요가 없는 것이다. 배를 쫄쫄 굶겨선 안되는 이유가 또 있다.

언젠가는 소년의 엄마가 자정이 가까워서야 돌아왔다. 소년은 그때까지 저녁을 먹지 못한 채 엄마를 맞이해 짜증을 부렸다. 그랬더니 엄마는 '이 병신아!' 엄마가 늦는다 싶으면 짜장면이라도 시켜서 먹지 바보같이 굶긴 왜 굶어? 왜 그리 꽁 막혔느냐말야! 하면서 되려 면박을 주었던 것이다.

소년은 그때부터 꽁 막힌 바보녀석이라는 소리를 듣지 않기 위해 엄마의 볼이 늦는다 싶은 생각이 드는 날엔 지체없이 짜장면을 시켜 먹었다.

여러분은 지금 한 편의 동화를 보고 있는 것이 아니다. '고스톱 사모님'이 '볼일'을 보는 동안 짜장면으로 혼자 저녁을 때워야 하는 한 소년의 이야기를 듣고 있는 중이다.

아닌게 아니라 요즘 국민학교 어린이들이 짜장면을 주문하는 일이 많다고 한다. 더러는 동네의 포장마차에서 국수를 사먹기도 한단다. 엄마가 친구집에서 고스톱에 정신팔려 있어 저녁을 지어주지 않기 때문이다. 아빠는 아빠대로 귀가시간이 늦다. 아빠도 볼일이 많기 때문이다. 어쩌면 야근을 핑계삼아 동료들과 고스톱을 하고 있는지도 모를 일이지만 아무튼 엄마와 아빠의 귀가가 늦은 집의 자녀들은 짜장면으로 저녁을 때워야 한다.

각설하고, 본론으로 들어간다. 요즘 주부들은 고스톱을 모르는 사람이 거의 없을 정도다. 계나 동창이 모이는 자리에는 으레 고스톱이 벌어지기 마련인데 여기서 고스톱을 모르면 완전 바보 취급을 받는다는 것이 요즘 세태의 한 단면이다.

이런 특별한 자리가 아니고도 동네마다 주부들이 상습적으로 판을 벌이는 상설 고스톱장이 있다. 대체로 혼자 사는 여자의 집이거나 미장원 등 한판 벌이는데 별 장애가 없다고 여겨지는 곳을 전용 고스톱장으로 지정해 놓고 매일 이집 저집 옮겨다니며 판을 벌인다.

이들 고스톱 사모님들은 남편과 아이들이 나간 뒤에 모이고 대부분 저녁을 지을 때면 집으로 돌아가지만 돈을 잃은 주부들은 본전 생각에 밤늦게까지 연장전을 벌이기도 한다.

고스톱 사모님들

모르긴 해도 앞에 소개한 소년의 엄마는 지금 본전 때문에 고군분투하고 있지나 않을는지?

아빠는 야근 아닌 야근을 핑계삼아 동료들과 한판 벌이고 엄마는 엄마대로 고스톱 삼매경에 빠진 가정, 그 가정에서 술꾼 노름꾼의 분위기에 익숙해지며 자라나는 아이들의 장래를 상상해 보며, 나는 절대 그런 일 없노라는 주부들일수록 이 글을 읽기를 권한다. 인간은 도박하는 동물, 언제 어느 때 자신이 도박의 함정에 빠질지 모르기에 하는 말이다.

* 고도리 동창생

'팔공산에 비라…… 오늘 끗발 오르겠는걸.'

서방님 출근시키고 아이들 학교로 내쫓고 나서 곧장 화투점을 뽑아든 쪼여사. 원래 성은 각가지만 화투 쪼는 데는 귀신이라고 해서 붙여진 별명 쪼여사. 그녀는 자신의 일진을 스스로 풀어보며 희벌쭉 웃었다. 그리고 전화기 앞으로 달려가 여기저기 전화질을 해댔다.

"나야 나, 쪼. 니네 영감 쫓아냈니?"

"응, 방금."

"그럼 뭘 꾸물거리고 있어. 냉큼 건너오지 않구?"

"응, 알았어. 설거지 해놓구 갈게."

"병신 같은 여편네. 이 황금 같은 시간에 그깐 설거지가 다 뭐야. 파출부를 부르면 되잖아. 이 멍충아!"

오전 11시. 쪼여사의 전화를 받고 달려 온 여편네는 모두 넷. 모두가 서방 잘 둬서 살 만큼 산다는 주변 아파트의 여편 네들이요 여고 동창생들이다.

그들의 가사노동은 대체로 파출부나 가정부가 맡아 한다. 아 이들도 웬만큼 자라서 엄마의 손길을 그다지 필요로 하지 않는 다. 남편은 바쁘고 생활은 넉넉하고 시간은 남아돌아 지루하고 따분해서 하품하는 여자들이다.

"선수 입장!"

쪼여사의 구령에 맞추어 다섯 여자들은 방석을 중심으로 빙 둘러 앉는다.

"자, 지금부터 고스톱현장을 낭독하갔시여, 명심들 해! 제1 조 안면몰수, 제2조 현금박치기, 제3조 시간엄수(서방님 귀가 시간 전까지) 이상, 알갔시여, 모르갔시여?"

"알갔시여!"

"좋아, 오늘 산수공부는 점 천원부터 시작한다. 자, 그럼 선들 봐, 밤일 낮장이야."

쪼여사의 선창에 풍쪽지를 뽑아든 여편네가 선을 잡았다. 그 는 화투패를 끌어모아 비벼서 채곡이고는 경쾌하고 노련한 손 놀림으로 삿삿 쳐대서 기리 앞에 내밀었다.

"야, 썩은 손 덕 좀 보게 기리 잘해!"

네 번째로 앉은 여편네가 광 좀 팔게 해달라는 요청이다.

"염려 놔, 이래뵈두 칼기리다."

기리는 양손으로 화투목을 갈라 들고 가운데 토막을 옆으로 빼내는 일명 칼기리를 했다. 선을 잡은 여자가 기리받은 패를 여자들 앞에 갈라놓았다.

"에그머니나! 에라, 개패 가지고 고다. 초장부터 죽을 순 없잖아."

"개패라면서 턱밑(선 다음 순서)에서 고를 하면 어떡해? 좋다 나도 고다, 꼬래비들 광들 팔아봐."

"아이구 마나님들 고맙사와요, 똥 비 팔광에 광이 셋이외다."

"얼씨구, 너만 광이냐, 나는 육구장 청단이다."

"지미 씨팔 기리빨 ×나게 맵구나."

여러분은 지금 1986년도에 발표한 필자의 꽁트 '고도리 동창회'를 보고 있는 중이다. 주부들의 화투치는 장면을 연상시키기 위해 《까》에 실렸던 것을 다시 수록하는 것인데 '엄마의 볼일'이란 게 알고보니 '고도리 동창회'.

계속 보아주기 바란다.

여편네들은 씨벌대며 패를 쫀다. 그렇게 시작된 고스톱은 시간가는 줄 모르고 돌고 돈다.

"맨발로 뛴다, 막 잘라버려 쌍!" ""

"말이 짜르면 어떻게 해? 패말려 올려 먹이게 되잖아!"

"이 멍충아, 쇼당(소당) 붙이면 되잖아!"

"오맛, 그렇구나, 자 쇼당 받아, 광하고 피야."

"똥까네, 젠장 왜 쇼당이 걸려."

"아휴 지미 작살난 뻔했네, 광 석 장 들고도 안되는 건 뭐야."

판이 거듭되면서 열기가 오르자 여자들은 옷통을 벗어젖히고 속옷 바람으로 가랑이를 팔자로 열어둔 채 뱉아놓는 입질들이 상스럽다. 아직은 판돈이 어느 한쪽으로 몰리지 않은 상태라서 분위기도 너그럽고 잡담과 음담이 판을 친다.

"이 재미 붙이고 나니까 말야, 아 글쎄, 밤에 영감하고 한탕 뜰 때도 화투패가 눈앞에 오락가락하는 거야."

"말마, 나는 꿈 속에서 고! 고! 외치다가 영감한테 들켰지 뭐. 그래서 뭐라고 둘러댔는 줄 아니? 꿈 속에서 코 큰 양놈이 달려들길래 따귀를 한 대 갈겨 주고는 썩 꺼지라고 외치는 중이었다고 했지 뭐. 아무리 꿈 속에서지만 미국놈이니까 영어로 '고!' 해야 하지 않겠느냐고. 그랬더니 말야 영감이 뭐랬는 줄 알아? 잘 해부렸대, 코 큰 놈 귀싸대기 올려붙인 건 정말 잘한 거래. 뭐 나보고 정조관념이 철벽같다나?"

패을 쪼아보고 있던 쪼여사가 빈정거렸다.

"보인다 보여."

"뭐가? 내 밑천(?)이?"

"창밖에 잠수교가."

"잠수교? 그건 반포에 있잖아?"

"지랄떨구 있네. 망쪼가 보인다 말여, 망쪼가."

그 꼴에도 모처럼 바른말 할 줄 아는 여편네가 있어서 다행이라면 다행. 꽁트에서 보았듯이 주부들의 고스톱치는 광경이 다들 이런 것은 아니겠지만 상습적인 주부들 고스톱판에서 오가는 대화는 이와 별 다를 바가 없다는 것이 목격자들의 증언이고 보면 그들 주부의 치마자락을 잡고 자라나는 자녀들이 교육은 이미 물 건너간 것이나 다름없다.

세상 잘 만난 여자들

이러한 주부들이 설마 얼마나 되랴? 일부 극소수를 가지고 안달하는 것이 아니냐는 반론이 있겠지만 적어도 일부 극소수는 아닌 것만은 사실이다.

1976년 대검 범죄분석 자료에 다르면 한해동안 발생한 도박 건수 6천1백65건 중 검거된 사람이 23,637명인데 이중 여자가 2,345명으로 약 10%를 차지하고 있고 건너뛰어 1981년의 경우 도박사범 3,117명 중 여자가 7백58명으로 전체의 24%를 차지, 전체 건수는 줄었지만 여성의 참여 비율은 늘고 있는 것으로 나타나 있다.

따라서 이 통계가 검거된 경우라는 것을 감안하면 수사기관의 단속 대상이 되지 않는 일반 주부 고스톱 팬들의 수는 상당수에 이를 것으로 짐작되고 그 실태 역시 심각한 상황으로 우려되는 시점에 와 있다고 보여지는 것이다. 단, 오래된 통계라서 현실과 다르지 않겠느냐는 반론이 있을 것이다. 그건 당연한 지적이다. 지료수집이 불충분하다는 핀잔으로 받아들이겠다.

변명을 하자면 필자가 자료수집을 안한건 아이다. 수사기관에서 가서 최근의 자료를 수집했다. 다만 여자에 대한 별도의 집계가 안 되어 있어서 여기에 공개하지 못할 뿐 우리 사회의 흐름을 볼때 도박 풍조가 늘면 늘었지 줄 리는 없지 않겠는가? 따라서 현재의 여성 도박 실태를 심각하게 보는 것이 무리가 아니라는 주장을 할 수도 있는 것이다. 그렇게 볼 수밖에 없는 한 주부의 고백을 내놓는다.

"남편이 출근하고 아이들이 학교가고 나면 집에는 혼자뿐입니다. 텅빈 집에서 혼자 점심을 먹노라면 입맛도 없거니와 따분하죠. 그래서 점심내기로 이웃 주부들이 모여 몇 판 친 것인데 계속되더군요. 처음에는 같은 아파트 단지 내의 주부들끼리라서 판돈도 적고 조심들 했지만 하루 하루 고스톱에 재미가 붙고나자 이제는 늘 정기적으로 모이는 고정 멤버가 있어서 전화 한 통이면 즉각 소집이 가능하고 판돈도 점심값에 비할 바가 아니죠. 그런다고 흉 보시면 안돼요. 요즘 고스톱 즐기는 여자가 한 둘인가요. 못하면 바보가 될 판인데요."

고스톱 사모님들

남자들 세계에선 고스톱 못 치면 간첩이라는데 여자들 사이에선 바보가 되는 세태. 아무튼 세상은 달라졌다. 바람둥이 남편은 데리고 살아도 도박하는 남편과는 못 산다던 여자들이 이제 솔선수범하여 노름을 즐기고 있다. 요즘처럼 자녀들이 방학을 하면 아이들의 시선이 방해가 되기 때문에 아이들이 없는 집, 조용한 집으로 옮겨가 한판 벌이기도 한다. 다 세상 잘 만난 덕분이다.

그리고 보면 우리의 옛 주부들은 세상을 잘 타고나서 못했던가보다. 무료하다거나, 심심하다거나, 한가하다거나 그게 다 비슷한 말이지만 우리의 옛 주부들은 감히 입술에 발라볼 수 없던 태평한 말이다. 새벽별을 보면서 일어나 밤늦도록 일을 해야 했던지라 여가는커녕 마음놓고 푸념을 할 시간조차 없었다. 한국 주부들이 평생 얼마나 허리를 굽혀 일을 많이 했기로 오죽하면 늙으면 허리가 굽어 꼬부랑 할머니가 된다고 했을까. 오죽하면 '할머니' 하면 '꼬부랑'을 연상해야 했을가.

자유로부터의 탈출

요즘 주부들이 고스톱 등 노름을 즐기는 이유는 여러 가지가 있겠지만 필자는 다음 두 가지로 원인을 분석해 본다. 그 하나가 근대화 과정에서 핵가족이 되었고 생활이 전산화 됐으며 매스프로덕션 상품이 유입된 때문이다. 그것이 잘못됐다는 것이 아니라 그로 인해 가사일이 편리해졌고 따라서 주부가 한가해

졌기 때문이다. 즉, 심심해졌다는 말이다. 그 심심풀이의 원흉이 바로 고스톱인 것이다.

그런데 이제는 이 심심한 주부들이 더 늘어날 전망이다. 집에서 사무를 보고 빈 집에 전화로써 밥을 짓고 소등도 할 수 있는 꿈의 통신망, 홈 오토메이션시대가 개막되었기 때문이다. 이제 버튼만 눌러 놓으면 외부에 나가 전화로 빵도 굽고 커피도 끓인다. 설거지도 기계가 한다. 이러한 편리함이 앞으로 우리의 주부들을 더욱 심심하게 내지는 한눈 팔게 할 것이다. 그 한눈 팔기가 고스톱으로 향할지, 해외여행으로 향할지, 아니면 카바레 뺑뺑이판으로 향할지는 두고 볼 일이지만 심심한 주부가 늘어날 것은 불을 보듯 뻔한 일이다.

하나 더 근거를 충분하면, 바이마르공화국이 들어서면서 독일 사람은 그렇게 갈망했던 자유를 얻었지만 그 자유를 감당하지 못하고 나치에게 자유를 넘겨주고 말았던 역사적 사실에 비추어 볼 때 전자화, 기계화 된 가사의 편리함으로 얻어낸 주부의 자유가 결국 주부의 존재 가치를 흔들리게 하고 있기 때문이다. 즉, 고스톱 사모님들은 주부의 존재 가치 상실에서 비롯된 것이다. 따라서 아내로서의 존재 가치까지 상실당하고 있기 때문이다. 에리히 프롬이 적고 있는 '자유로부터의 탈출'을 언젠가 우리 주부들도 시도할 날이 올 것이다.

고스톱 사모님들
■
281

간 큰 아낙네들의 한탕 천국

10억대 주부도박단…… 그 내막

자욱한 양담배 연기 속에 여기저기 흩어져 있는 양주잔과 양주병들, 남녀가 벌거벗고 부둥켜 안고 있는 천연색 음화들이 여기저기 널려 있다. 방의 한구석에는 김 4톳이 든 시장 바구니가 어울리지 않게 놓여 있다.

서울지검 영등포지청 수사관 7명이 10억대 주부도박단 현장을 덮쳤을 때 방탕하고 화려한 노름방의 현장에선, 주한 무슨 나라 대리대사의 현지처, 경찰간부의 부인, 운수회사 사장부인, 살롱 마담 등 13명이 어울려 한 패는 고스톱, 다른 한 패는 도리짓고땡에 열중하느라 개짖는 소리는 물론 수사관들이 안방문 여는 소리까지 듣지 못했다.

도박장은 서울 용산구 한남동 7××, 남궁옥경(여·당시 34세) 집. 이 집의 주변은 당시만 해도 서울 최고의 주택들이 운집한 아방궁 남궁씨의 바로 옆집이 당시 현직 모 장관의 집이라는 것을 보아서도 주택의 규모를 짐작할 수 있거니와 현직 장관의 바로 옆집이 타락한 유한부인들의 도박현장이라고는 아무도 짐작할 수 없었으리라.

남궁씨는 노름판을 제공(창고주)함으로써 억대의 부자가 된 사람으로 알려진 인물.

그는 1973년 무렵부터 친지 동창생 등을 중심으로 소규모 도박판을 벌여 짭잘한 재미가 붙자 이후 외제 화장품장수 양모씨를 유혹, 그를 연락책으로 하여 돈 많고 한가한 유한부인들을 노름판으로 끌어들였다. 그의 유혹에 패가망신한 피해자의 한 사람 중 대표적인 예가 당시 Y경찰서 임 모경정의 부인 이숙희(당시 46세) 씨. 그는 친구 잘못 사귄 죄로 남편의 20년 경찰 경력을 하루아침에 먹칠해 버렸다.

이씨는 남편의 박봉을 돕기 위해 몇 년 전부터 부동산을 몇 건 사고 팔고 하면서 목돈이 생겼는데 이 돈을 친구인 갈명자 (42)에게 빌려주었던 것이 화근.

갈명자 씨는 당시 모 운수회사 사장 부인으로 1년 전부터 노름방에 드나들며 남편 몰래 잃은 돈을 보충하기 위해 이곳 저곳에서 돈을 빌려대기 시작했던 것인데 갈씨가 빌린 돈을 갚겠다며 이씨를 불러들인 곳이 바로 노름방.

남편 월급의 몇십 배가 순간 순간 오가는 것에 놀란 이씨는 엉겁결에 한자리를 차지하고 앉았는데 그만 그 자리에서 갈씨에게 받은 돈 40만원과 따로 10만원을 잃었다. 문제는 여기서부터 돈을 따겠다는 생각보다 잃은 돈을 찾겠다는 신념으로 계속 노름방을 드나든 것이 결국 노름중독이 되어 모범경찰관으로 알려진 남편의 얼굴에 먹칠을 한 것이다.

무슨 나라 대리대사의 현지처라는 최진희(36)씨도 화근은 친구 때문. 대사관에 근무하는 친구의 덕분으로 대사를 소개받아 현지처가 되게 해준 것까지는 좋았는데 알고보니 그 친구가 노름꾼. 그래서 친구따라 강남가듯 노름방 단골손님이 돼버렸는데 이들의 노름판 규모는 가히 메가톤급. 고스톱의 경우는 당시 화폐로 1인당 1백만원을 기본으로 놓고 점당 5천원에서 1만원으로 7점 내기.

한가지 특이한 것은 게임마다 승자에게 돈을 내는 일반적인 지불방법과는 달리 이들의 계산 방법은 5명이 1인당 1백만원씩 내놓고 다섯명이 대결, 나중에 2명만이 남아 최후의 대결로 한 사람이 5백만원을 '도리'해가는 방법.

짓고땡이의 경우 5명이 한 조가 되어 물주가 10만원 놓고 화투를 돌려 24회에 딴 돈이 2백40만원이 넘으면 물주를 바꾸는 방법을 써 일단 판에 끼면 왕창 따든디 왕창 잃든지 죽기 아니면 살기식의 양자 택일 방법을 썼다.

도박장 개설주 남궁씨는 '고리낑'으로 짓고땡이의 경우 물주에게서 딴 돈 2백40만원의 5%인 12만원을, 고스톱의 경우 20만원을 딸 때마다 5%인 1만원씩을 받아 하루 최고 2백40

만원을 뜯어냈다고 한다. 재주는 곰이 부리고 돈은 되놈이 번다는 식이 바로 노름방의 방정식.

유복회 씨(35세)의 경우는 노름 때문에 남편과 별거하면서도 끝내 노름병을 청산하지 못해 구속된 케이스. 종로구청에 근무했던 유씨는 조그만 건설회사 사장과 결혼, 두 아이까지 두었으나 남궁씨의 노름판에 끼어 4천만원의 빚을 지고 남편과는 별거한 상태에서 쇠고랑을 찼다.

주부 노름방, 그 희한한 풍경

운동선수들은 게임을 할 때 유니폼을 입는다. 만약 도박사들에게도 유니폼이 있다면 믿어질까? 믿어도 좋다. 어떤 도박단이든 다 그렇다는 게 아니라 그런 희한한 도박단이 있었다.

1973년 서울 동대문구 신설동 김성녀(37)씨 집을 경찰이 급습하여 일망타진된 46명의 여성도박단 사건 현장이 바로 그랬다. 현장을 한번 되돌아가 보자.

브로커들에 의해 창고에 모인 사람은 46명. 이들은 5명 정도를 한 조로 나누어 고스톱과 도리짓고땡, 섰다를 벌인다. 46명의 여자들이 치마를 걷어올리고 집단으로 화투를 치고 있는 광경은 상상만 해도 해괴한 장면인데 더 해괴한 장면이 바로 다음이다.

주부들은 창고에 모이는 순간부터 개장주가 파는 노름 유니폼인 바지를 사 입는다. 이 옷을 사입은 사람은 바지 주머니에 자기의 별명을 써넣는다. 알록달록 무늬가 새겨진 이 바지의 특징은 주머니가 큰 것. 큰 돈 작은 돈을 많이 그리고 구별해서 넣기 좋도록 고안되어 있어 천원짜리 2백만원 정도는 거뜬히 넣을 수 있다.

일단 바지를 갈아입으면 각자 자기가 가지고 있는 현금을 부로커에게 주고 딱지(천원권, 5천원권, 만원권)를 산다. 이 딱지는 갈 대 즉석에서 현금과 교환이 된다. 신용도 100%인 보증수표와 같다. 전문적인 노름방에서 현금보다 딱지를 이용하는 것은 경찰 단속에 걸렸을 때 피해를 줄이기 위한 방법. 현찰이 떨어지면 반지, 시계 등 닥치는 대로 처분한다. 급하면 집문서까지 잡힌다. 왕년에 유명했던 어느 레슬링선수의 부인 윤 모 씨도 남편이 링 위에서 피범벅이 되어 벌어 모은 돈을 몽땅 노름판에 날리고도 모자라 불광동에 있는 집까지 저당을 잡혔다.

게임이 시작되기 전에 개장주는 자릿세 명목으로 2만원씩 거두어 들인다. 그리고 돈을 딴 사람에게도 5%의 고리를 뜯는다. 이렇게 거두는 수입이 그날의 판돈에 따라 다르지만 많을 때는 하루 2백만원이 넘는 경우도 있다. 지금 화폐기치로 환산하면 하루 벌이치곤 어마어마한 금액이다.

이들이 쓰는 현장 용어는 거의 은어화되어 있다. 도박장을 '회사' 혹은 '창고'라고 부르기도 하고 노름꾼을 '사원'이라고 부른다. 돈을 땄다를 '삥잡았다' 잃엇다를 '삥샜다' 돈을 '총알' 개평을 '뽀찌' 등으로 부른다.

사원들의 이름 역시 별명으로 부른다. 자신의 신분을 노출시키지 않기 위해 영이 엄마, 은행집, 수원댁, 빵코 엄마, 마사꾸, 한남동 등인데 이 모두가 경찰 단속을 피하기 위한 위장이다.

이들의 회사는 글자 그대로 회사의 모양새를 갖추고 있다. 사장이랄 수 있는 개장주가 있고 일꾼, 소개책, 경리 등 담당책을 두고 태권도 유단자들로 구성된 보초병들도 두고 있다.

도박 주부들은 핸디(끗발)가 떨어지면 일단 자리에서 물러나 양주를 마시며 전열을 가다듬는데 그 방법이 또한 희한하다. 노름방에서 음화는 끗발을 붙게 해주는 필수 무기라나. 해서 천연색 사진의 국제음화나 '펜트 하우스', '캐벌리어' 등의 도색잡지를 펼쳐놓고 눈의 피로를 푼 다음, 즉 끗발을 붙인 다음 다시 도전을 한다. 어떤 여자는 재수가 붙으라고 음화를 오려 브래지어 속에 넣고 화투를 치기도 한다는데 필자의 생각으로는 그게 다 헛일. 이 글을 주부도박단이 보면 서운할지 모르겠지만 그게 다 헛일이라는 견해를 밝히겠다.

주부도박단들이 검거되면 여경들이 몸수색을 한다는데 한가지 공통점이 속고쟁이에 소부랄처럼 '부적'을 차고 있더라는 것. 즉 '똥 흔들고 쓰리고에 양피박 먹게 해주시오. 수리수리마하수리 어쩌구. 디집는 패마다가 싹쓸이 되게 해주시오. 수리수리마하수리 어쩌구. 경찰 단속에 안 걸리게 해주시오. 수리수리마하수리 어쩌구.' 이렇게 빌고 빌어서 소문난 도사라는 점쟁이한테 거금을 주고 산 부적일 터인데, 왜 잡혔는가 말이다. 명색이 도사가 경명주사로 주문을 외고 써준 부적도 효능이 없는데 그깐 음화를 본다고 끗발이 붙는가 말이다.

그런가 하면 남자 도박사와 침실에서 한 판 땀을 흘리기도 한단다. 도박하는 여자라고 다 그럴까마는 정조란 것은 여기서는 별 게 아니다. 노름빚을 몸으로 때우는 여자도 있다는 걸 보면 말이다. 글쎄, 그러고 나면 끗발이 더 붙는지도 모를 일이다만.

이들은 1주일에 평균 2~3번씩 한 달 평균 12일 정도는 정기적으로 모였다. 남궁씨 집 도박사건에 관련된 여자는 약 40명, 하루 판돈이 1천만원 이상으로 1년 동안 오간 돈이 실제는 15억대, 지금의 화폐가치로 치면 줄잡아도 50억대 노름판.

이들은 회사에 출근하는 시간에 따라 햇볕파(오전 11시~오후 5시까지), 달빛파(오후 5시~밤 11시), 심야파(밤 11시~다음날 오전 8시)로 나뉘어져 남궁씨 집은 24시간 불철주야 노름이 계속된다.

김성녀 씨 집에서 검거된 여자는 46명으로 대부분 가정주부, 그러나 현직 여교사도 있었고 별명도 할머니였지만 실제 할머니이기도 한 67세의 고령자도 있었다.

주부도박사의 남편들

신문이나 방송 등에서 수갑차고 등장하는 주부도박단을 보게 되면 대개는 '저 여편네들 남편은 뭘 하는 작자들일까?' 하고 궁금증을 가진다. 수신제가 잘못한 죄로 괜한 욕질을 받게 되는데 대체로 그들의 남편은 경제적으로나 사회적으로 신분이 단단한 특징이 있다면 거의가 다 직장에 얽매여 가정을 돌볼 겨를이 없는 사람들로 남궁씨 집에서 검거된 부인들의 남편 직업은 한약재 수입상, 투자증권회사 감사실 차장, 경찰간부, 건설회사 사장 등 모두 일찍 출근했다가 늦게야 귀하는 남편들이었다.

주부도박사들의 행실이야 어떤 명분이로도 곱게 봐줄 수는 없는 일이지만 한 가지 갸륵한 것은 경찰에 붙잡혀와서 남편을 위해 헌신하는 것. 뒤늦은 남편에 대한 봉사가 무슨 소용 있으랴만 하나같이 과부임을 내세우며 남편의 신분을 보호하고 나서는 일이다.

이혼을 했다는 둥 교통사고로 죽었다는 둥 홀몸임을 주장하던 그들도 뒤늦게 남편이 면회를 옴으로 해서 '남편 사망설'을 뒤엎어야 했는데 그 남편들이 아내 도박사를 면회와서 벌이는 장면이 또한 진풍경.

체면불구하고 '당장 이혼'을 선언하며 큰소리로 아내를 꾸짖는 '강경파도 있고 어이없이 넋을 잃고 탈진상태에 빠지는 '의기소침형', 그래도 아이들 때문에 '당신 없이는 못 산다'는 '아내 위로형', 우선 먹여놓고 보자면서 사식을 넣어주는 '생리 존중형', 뒤처리는 나중에 생각하고 우선 경찰 섭외부터 해야겠다며 동분서주하는 '대책 모색형' 등 도박사를 아내로 둔 남편들이 벌이는 장면이 진풍경임에 틀림없다.

고스톱 사모님들
■
289

이런 이야기는 웃자고 하는 얘기가 아니다. 지금 대수롭지 않게 여기며 즐기는 고스톱. 까짓것 단순도박인데 어떠랴 하지만 누군 처음부터 억대도박을 한 것이 아니듯 그 심심풀이가 훗날 상습도박으로 발전되어 경찰에 구속되었을 경우를 처지를 바꾸어 생각해 보라는 말이다.

결코 웃고 넘길 일만은 아니지 않은가? 즐길 때는 좋을지 몰라도 쇠고랑을 찰 때의 그 암담함이 오죽했으면 경찰이 덮치자 사생결단으로 치마 벗어들고 튀었을까. 그 필사의 탈출 이야기를 해보자.

필사의 탈출

도박 주부들은 검거되기 직전 자신을 위해서는 물론 남편을 위해서(?) 필사의 탈출을 시도하기도 했다.

수사관이 덮치자 창문을 뛰어넘어 뒷문으로 도주, 뒷문에도 수사관이 버티고 있자 2.5미터의 철창벽 돌담을 뛰어넘으려다 허벅지를 찔려 중상을 입은 여인도 있고, 발바닥이 찔린 여인도 있다. 이보다 더 적극적 필사의 탈출을 시도했던 여인은 용산동 현대맨션에서 판돈 50만원을 놓고 화투판을 벌이다 경찰이 덮치자 필사의 탈주를 한다는 것이 아파트 8층에서 뛰어내려(?) 결국 떨어져 죽은 이순자(1976년 6월 28일 작고·34세) 부인.

그러나 그가 벌인 판돈이란 게 1점에 1백원짜리 마작판이고 보면 판돈에 견줄 건 아니지만 너무 성급하지 않았는지? 안타까운 일이라면 안타까운 일.

그런가 하면 1977년 7월 28일 밤 8시. 서울 서대문구 창전동 주영숙 씨는 안방에서 남녀 혼성 도박단이 속칭 '공굴리기'라는 게임으로 시끄럽게 떠들며 노름을 하다가 주민들에게 쫓겨 지붕 위로 올라가 숨었다. 이때 더위를 식히려고 밖에 나와 있던 주민 50여명이 합세, '도둑놈 잡아라!'고 외치자 이들 도박단들은 주변 집들의 지붕 위로 숨어다니면서 곡예를 하다가 다급해지자 기왓장을 던지며 '다가오면 죽이겠다'며 필사의 저항을 하기도 했다.

이렇듯 경찰에 구속되는 것을 겁내면서도 끊지 못하는 것이 도박병. 비록 편의상 오래된 사례를 들었지만 최근에도 주부도박단 검거 사례가 없는 건 아니다. 다만 비슷한 얘기들이라서 제외시킨 것뿐, 주부도박단 사건은 매년 끊이지 않고 발생하고 있다.

1986년 6월에도 한 판 2백만원이 오간 억대 주부도박단 8명이 잡혔는데 이들 중에는 전 국회의원 부인인 신 모씨(45세)가 포함되어 있어 눈길을 끌었고 불과 얼마 전인 1998년 5월에도 1회 판돈 1백만원대인 억대 주부도박단 22명이 구속되기도 했다.

이 책의 곳곳에 도박단 이야기가 있는 만큼 이야기의 중복을 피하기 위해 여기서 끝낸다만 지금 이 시간에도 오락을 빙자하고 심심풀이를 명분으로 세운 고스톱판이 주부들 사이에 벌어지고 있을 것인즉, 그 선량한 팬들에게 딱 한마디만 일러둔다.

  - 억대 주부도박단의 간 큰 그 아낙네들도 처음엔 돈 천원에 남편 뼈골 운운하던 점심내기 점 백짜리 고스톱 팬이엇다.

제 7부

고도리병과 위대한 탈출

도박과 질병

도박 중독증 환자

　도박을 일종의 마약에 비유하는 것은 그 습관성 때문이다. 이 습관성이 지나치면 그것이 곧 병이다. 도박에 병이 있다는 말이 생소할지는 모르나 도박도 습관화 되면 병이 된다. 1980년부터 미국정신의학협회가 새로운 정신질환의 하나로 분류한 '도박중독증'이 바로 그것이다.

　충동조절장애 질환의 하나인 '도박중독증'은 아직 국내에선 체계적인 연구가 되어 있진 않지만 병명은 그대로 적용하고 있다고 하는데 알콜중독자나 마약중독자보다 고치기가 더 어렵다는 것이 이 병이 지니고 있는 심각성이다.

　알콜이나 마약중독은 그 피해가 환자 자신에게 국한되기 때문에 '금단증상' 만 극복하면 치료가 가능하지만 도박중독증 환자는 그 대상이 돈인 데다가 반드시 상대가 있기 때문에 금단증상 극복만으로는 치료가 어렵다는 것.

먼저 이 병의 증세를 요약하면,

1) 돈을 딸 수 있다는 신앙을 갖고 있다. 즉, 돈을 잃어도 내일이면 다시 만회할 수 있다는 착각에 빠져 있다. 이같은 착각 때문에 돈(밑천)이 떨어지면 남에게 돈을 꾸어서 또 도박을 한다. 그러나 돈을 빌린 데 대한 두려움이나 미안한 마음은 없다. '따서 갚으면 될 것 아니냐' 는 돈을 딸 수 있다는 신앙이 확고부동하기 때문이다.

2) 이같은 착각과 집념이 발전되어 돈이 떨어지면 갖은 수단으로 돈을 꾸거나 공금을 횡령하기도 하며 심하면 절도도 가능하게 된다.

3) 일단 도박을 시작하면 그 행위 자체가 자신이나 타인에게 금전적인 손실을 준다는 사실을 까맣게 잊어먹는다. 밤을 새우면 도박을 한 다음에도 가족에게 미안한 생각을 조금도 가지지 않는다.

4) 도박을 하고 싶은 충동이 너무 커서 이마 끝난 도박에 대해 미련을 버리지 못하거니와 다시 판을 벌일 수 있는 기회를 마련하는 데로 정신을 몰두한다. 그리고 그같은 자신의 생각을 합리화 시킨다.

5) 백일집이나 집들이에서 동료들과 고스톱을 하다가 돈을 잃게 되면 보통의 일반인들은 친목이었다는 생각으로 잃은 돈

에 대한 미련을 가지지 않지만 도박중독증 환자는 이 미련을 버리지 못한다. 처음부터 돈을 따겠다는 목적이 강하게 대두되었기 때문이다.

이상의 증세를 가진 사람을 의학계에서는 '도박중독증환자'로 분류하는데 연세의대 영동 세브란스병원 이홍식(정신과) 박사는 이런 증상이 지속적으로 진행되면 일단 도박중독증일 가능성이 크며 도박 때문에 직장이나 가정에 문제가 발생할 정도라면 중환자일 가능성이 훨씬 높은 것으로 밝혔다.

여기까지의 글을 읽은 독자에게 만약 '귀하의 증상은?' 하고 물으면 '아니다'라고 대답할 것이다. 그럴 수밖에 없는 것이 병의 치료가 어려운 것은 자신이 환자임을 인정하지 않기 때문이다.

그러나 '도박의 대상이 돈이라는 점과 스트레스를 받기 쉬운 현대인들이 그 해소책으로 도박을 손쉽게 택할 수 있기 때문에 누구나 도박중독증에 노출돼 있는 상태'라고 우려한 한양의대 정신건강연구소 양명환 박사의 말을 빌리면 극성 고스톱 팬들은 모두 가상 도박중독증 환자가 아닐는지?

그러나 도박을 병적인 증세로 단정지으려면 우선 그 행위가 몇 달이고 몇 년씩 지속되는 만성적이라는 단서가 붙어야 한다. 또 그 사행심에 대한 충동을 물리치는 저항이 약하다는 증거가 있어야 한다. 그리고 이같은 과정에서 동반될 수밖에 없는 희생, 즉 직장과 가정 그리고 개인생활이 도박으로 침해를 받았다는 근거가 분명해야 병적인 도박병으로 단정할 수 있다는 주장도 있다.

한편 도박중독증 환자들의 자라온 환경을 분석해 보면 몇 가지 특징이 있는 걸로 나타났다.

우선 사춘기 때부터 도박구경을 자주 하거나 도박심부름(노름방에서 담배 술 심부름)을 많이 해본 경험을 가지고 자란 사람일수록 이 병에 걸릴 확률이 높다는 것. 또 결손가정이거나 부모가 너무 돈에 대한 중요성을 강조하면서 돈에 대한 관리를 규모 있게 하지 못하는 가정에서 자란 경우도 마찬가지이다.

이들 도박중독증 환자는 성격적으로는 겉으로 자신감이 있어 보이려고 하고 어느 정도 의욕적이지만 씀씀이가 헤픈 경우가 많고 약간의 스트레스를 받아도 쉽게 불안해 하고 우울증세를 잘 보인다고 한다.

이 병의 심각성을 다시 지적하면 알콜 중독자의 경우처럼 금단증상이 없기 때문에 특별한 치료방법이 없으며, '할공격성' 약물을 투여해도 별 효과가 없다는 것인데 아마 독자는 생소한 이 병에 대해서 별로 두려워하지 않을 것이다. 듣고 보니 무슨 전염병도 아닌 것 같고 당장 죽을 병도 아니지 않는가 말이다.

물론 그렇다. 전염병도 아니고 당장 죽을 병도 아니다. 그러나 이 병에 걸린 사람의 말로는 결국 죽을 병일 수도 있다.

왜냐하면 도박중독증에 걸린 사람은 우선 근로의욕이 없으니 절도행위까지 하게 된다. 오직 도박에만 몰두하니 건강에 장애가 오는 건 당연지사고 가정으로도 소외된다. 이런 사람이 결국 어떻게 되리라는 것은 자명한 일이 아닌가.

고도리병

화투놀이가 단순한 시간 보내기 친목을 도모한 게임이 아니라 하나의 집념으로 변한 강박성을 띨때 우리는 '병적 도박'이라는 말로 표현했다. 너무 극성스럽지 않느냐는 핀잔의 성격을 띤 표현이지 정말 병이라고 생각한 것은 아니다. 그런데 그 병적인 고스톱이 마침내(?) 하나의 신종 병을 방출시키기 시작했다. 이름하여 '고도리병', 이 병원체(?)는 두말할 것 없이 '고스톱'.

이 신종 병의 학설이 처음 대두된 것은 지난 1986년 한의사 감남주씨에 의해서인데 앞서의 도박중독증이 도박충동을 억제하지 못하는 정신질환인데 반해 이 병은 도박중독증에서 벗어나 신체적 결함을 나타내는 병이라 할 수 있다.

물론 학계에서 공인한 병명은 아니고 고스톱이 관절염과 디스크 등의 병을 유발하는 원인이 되고 있다는 데서 붙여진 상징적인 병명으로 봐야 한다.

다음은 당시 필자가 KBS '카메라 동서남북'의 리포터로 김남주 원장과 인터뷰한 내역이다. 이해를 쉽게 하기 위해 문답식으로 풀이한다.

1) 고도리병이란?

고스톱을 장시간 지속함으로써 신체에 손상이 오는 병이다.

2) 신체에 어떤 손상이 오며 그 원인은 무엇인가?

고스톱은 쳤다 하면 밤샘이 예사다. 하루밤을 새웠다 하면 그 피로는 일주일이 지나야 정상으로 회복된다. 그러나 이 회복기간을 두지 않고 지속하기 때문에 만성 피로가 쌓이고 건강 자체를 잃게 된다. 주요 증상과 원인을 요약하면, 요통증상이 오는 허리디스크, 허리에서 등까지의 척추디스크, 목부분의 경추디스크, 엉치뼈부분의 고관절염, 혈액순환의 장애 때문에 발생하는 무릎뼈 부근의 관절염, 이밖에도 오른손목을 힘껏 내리치기 때문에 어깨 부위의 견관절염, 팔꿈치 부위의 주 관절염이 일어나기도 한다.

3) 고스톱을 하면 으레 술 담배가 필수인데 이에 따른 '고도리병' 증세는?

그렇다. 고스톱을 할 때는 평소보다 더 많은 흡연을 하게 된다. 따라서 목구멍이나 폐가 견디어 낼 재간이 없기 때문에 기관지천식 및 폐결핵이 유발된다. 이밖에도 쪼그리고 앉아 밤샘을 하게 되면 소화불량, 불면증, 특히 여성의 경우에는 방광염에 걸리기 쉽다.

4) 고스톱이 이러한 병의 원인이 된다는 것을 무엇으로 증

명하는가?

환자가 처음부터 '고도리병이오'하고 찾아온 것은 아니다. 위에 열거한 고통을 호소하는 환자는 급격히 늘어나기에 환자의 생활습관이나 직업 등을 조사해 본 결과 공통적으로 고스톱꾼이었다는 데서 착안된 것이고 환자 자신도 고스톱을 원인으로 제시했을 때 대부분 수긍했다는 점을 들 수 있을 것이다.

5) 학계에서는 이 조사를 어떻게 보고 있는가?

논문이 작성되는 대로 학계에 보고할 계획이다. 학계의 공식 반응은 그때 가봐야 알겠지만 동료들이나 일반인들도 심증적으로는 충분히 이해를 하고 있는 걸로 안다.

김남주 원장의 이러한 주장의 합당성은 양의학에서도 발견할 수가 잇었다. 영동 세브란스 병원(죄송하게도 지금은 성함과 직책을 있었다. 재활의학과 과장 K박사가 아니었던가 짐작된다. 확인하는 것이 도리겠지만 집필일정이 촉박해서 생략함을 양해 바란다)에서 취재팀과 함께 일명 '고스톱이 인체에 미치는 영향'을 각종 기구(의학용어 생략)로 실험했을 때에도 고스톱이 앞서의 증상을 유발시킨다는 결과가 나왔었다.

실험방법은 모델의 신체 각 부위에 기구(?)를 설치해 놓고 모델이 화투를 치는 동작을 반복했을 때 이를 거부하는 신체적 반동이 컴퓨터 모니터에 폭음과 그래프로 나타난 것을 측정하는 것이었는데 K박사의 측정 결과 장시간의 고스톱은 분명 신체적 장애의 요인이 되는 것으로 나타났다.

다음은 K박사와 김남주 원장이 공통적으로 당부한 고도리병 방지법이다. 어쩔 수 없이 고스톱을 할 경우라면 다음을 지켜달라는 것인데,

1) 2시간 이상을 넘기지 말라. 2시간 후부터 피로는 기하급수적으로 가중된다.

2) 방바닥에서 앉아 하는 자세는 특히 위험하다. 의자(즉, 테이블)에서 하되 등받이가 있는 의자가 피로를 감소시키며 자세의 불균형을 방지할 수 있다.

3) 커피는 두 잔 이상 마시지 말라. 일시적으로는 정신을 맑게 하는데 도움이 되겠지만 카페인 때문에 건강을 악화시킨다.

4) 술·담배 역시 과음은 평소의 그것보다 해가 크다. 과음을 하면 신경이 약간 마비되어 당장의 피로를 잊겠지만 게임이 끝난 뒤 피로가 가중된다.

5) 게임이 끝난 뒤 목욕을 하고 수면을 충분히 취하라.

필자도 한 마디 거들겠다.

"3인조 게임은 하지 말라. 화장실 갈 틈도 없이 죽기 살기로 칠 수밖에 없는 '쓰리 멤버 시스템'은 곧 고도리병의 원인이 된다. 따라서 틈틈이 휴식을 취하 수 있는 '~5인조 시스템'을 구성하여 즐겨라."

다음은 신문에 난 이야기를 모은 것이다. 독자에게 알릴 필요가 있다고 생각되어 그대로 옮긴다.

국회의원 54% 고스톱 경험자

우리나라 국회의원들은 돈내기 화투(세칭 고스톱)를 한 경험이 많고 대다수 의원들이 화투놀이에 대해 관대한 것으로 나타났다.

특히 많은 국회의원들은 화투놀이가 스트레스 해소에도 도움이 된다고 생각하고 있으며, 소규모 돈내기 화투놀이는 동료나 친구들과 친목을 도모할 수 있다고 보고 있다.

이같은 사실은 최근 월간법률 2월호에 게재한 국민대 대학원 김병주 씨의 현직 국회의원 111명을 대상으로 한 '한국인의 범죄의식'에 관한 조사 결과에서 나타났다.

이 조사에 따르면, 돈내기 화투놀이를 해본 경험이 있는 국회의원은 조사대상의 64.9%나 됐다. 그러나 돈을 딸 목적으로 고스톱을 한 의원은 단 1명 뿐이엇고 나머지는 친구들과의 심심풀이로 했거나 시간을 보내기 위해서라고 응답했다.

숙직근무를 할 때나 심심풀이로 동료직원들과 돈내기 화투놀이를 했을 경우 이를 엄별로 다스려야 할 것인가에 대해 의원들의 7.2%만이 처벌해야 한다고 응답했고 86.5%는 처벌하지 말아야 한다고 대답했다.

특히 시골 출신 의원 8명은 모두 형사처벌을 원치 않았으며 여야의원들의 형사처벌에 대한 견해에는 여당은 찬성이 1명, 반대가 36명인 반면 야당은 찬성이 4명, 반대가 41명으로 나타나 여당의원들이 야당의원들보다 더 진보적인 답을 했다.

또 재미있는 것은 여성의원 응답자 7명 중 5명이 형사처벌을 반대했고 2명은 모르겠다고 답해 형사처벌을 원하는 의원이 한 명도 없었다는 점이다.

초상집에서 문상객들과 어울려 밤새워 돈내기 화투놀이를 하다 월급의 3분의 1까지 잃었을 경우도 응답자 중 71.2%는 형사처벌을 반대했고 15.53%만이 형사처벌해야 된다고 답했다.

또 국회의원들은 대체로 고스톱을 긍정적으로 보고 있으며 62.2%는 스트레스를 해소하는 역할까지 한다고 믿고 있다. 도움이 전혀 되지 않는다고 보는 사람은 26.5% 밖에 되지 않았다.

또 하투놀이를 하다 보면 동료의원들과 친목을 도모하는데 이익이 된다고 본 의원이 50.5%이고 37.8%만이 그렇지 않다고 대답했다.

일본색 씻자 '우리 화투' 등장

화투놀이도 이왕이면 우리 문화에 맞도록 개선해 보자는 취지로 만든 이른바 '우리 화투'가 등장, 좋은 반응을 얻고 있다.

외솔 최현배 선생의 장손이자 정음사 사장인 최동식 고려대 교수와 이 출판사 전무인 김충대 씨가 함께 '대중문화연구소'를 차리고 첫사업으로 종래의 화투를 변형한 '우리 화투'를 최근 비매품으로 1천목 제작, 친지 등에게 나눠준 결과 '진짜 우리의 화투라는 생각이 든다'는 반향을 불러 일으켰다고.

최교수의 주장에 따르면, 현재 유통되고 있는 화투는 일본색 투성이기 때문에 앞으로도 즐겨찾을 놀이기구라면 우리의 전통이 숨쉬는 화투가 되어야 한다는 것.

'우리 화투'의 놀이방법이나 구성 체계는 기존 화투와 같지만 모양과 글자, 색상 등이 다소 차이가 난다.

'1월'이라 부르는 '솔'은 보다 가늘게 되어 있고 '3월'은 일본국화인 '벚꽃' 대신 봄에 많이 피는 '철쭉꽃'을 그려넣었다.

보통 '똥'이라고 지칭하는 '11월'은 당초 '오동'을 쉽게 발음하려다 바뀐 것으로 판단돼 오동잎과 순을 상세히 묘사했고 그 위에 봉황은 그대로 넣었다.

또 '12월'은 완전히 바꿨다. '光'은 눈내린 집 앞에서 까치와 함께 서 있는 선비 그림이 그려졌고, '10끗'은 꿩이 날아가려는 모습으로 홑껍데기는 한옥의 문틀무늬로 각각 바꿨다.

이밖에 '光'이라는 글자는 모두 '20끗'을 뜻한다는 의미로 '20'이라는 숫자로 표시.

조부의 뜻을 이어 한글타자기 제작에도 관계한 적이 있는 최교수는 '우리 생활 깊숙이 자리잡은 화투의 형태를 완전히 바꾸면 큰 혼란이 올 것 같아 우선 우리 고유의 정신을 살리자는 뜻에서 모양과 글자 등 몇 가지만을 바꾼 것'이라고 설명했다.

현재의 화투에 들어 있는 일본색은 3월의 벚꽃을 비롯, 12월의 20끗에 등장하는 일본 신화 속의 무사 모습, 일장기를 뜻하기 위해 원 안에 표시한 '光' 자, 4·5·7월의 '아카단(빨간단)'이라 부르는 빨간색 선 등이다.

대중문화연구소 소장인 감충대씨는 '무심코 지나치는 생활 속에서 전통을 무시한 국적 불명의 대중문화현상이 범람하고 있다'면서 '특히 화투는 명칭과 모양이 우리 식으로 고쳐지지 않은 채 유행하고 있는 실정'이라고 말했다. 김씨는 또 '윷놀이도 그 전통의 유래를 찾아 보급시킬 계획'이라고 밝혔다.

고스톱 바둑

바둑과 장기가 도박의 수단으로 악용되고 있다. 고스톱바둑, 방내기바둑, 박보장기가 성행하고 있는 것이다. 이같은 바둑·장기 도박은 애초엔 친구들 사이에 간단한 내기로 시작됐으나 날이 갈수록 빈도와 액수가 높아지는데 심지어는 사기도박으로까지 번져 가고 있다.

전국적으로 기원에서 행해지고 있는 고스톱 바둑은 최근에 등장한 전형적인 도박바둑. 한 판에 얼마씩 돈을 걸고 바둑을 두다가 승세를 잡은 쪽에서 고를 부르게 되며 상대방이 이에 승복할 때 '스톱'을 부른 뒤한 판값을 지불한다. 그러나 승산이 있다고 판단해 스톱을 부르지 않고 계속 두어지게 되면 곱으로 물고 이기면 곱으로 받게 된다.

고스톱 바둑은 대국자 간의 합의에 따라 한 판에 2~3판씩 고를 부를 수도 있는데 '고' 한번이 2배가 되므로 '고'를 4

번 부르면 무려 16배로 치솟아 한 판에 1만원씩을 걸고 둘 경우 최고 16만원이 오고가 바둑 몇 판에 1백만원을 잃거나 따게 된다.

이밖에도 바둑에선 방내기바둑이 성행하고 있다. 방내기란 1~10집을 한방, 11~20집을 두 방식으로 10집을 단위로 방당 얼마씩의 돈을 내기로 정해 놓고 대국 결과에 따라 돈을 주고 받는데 처음엔 친구들 사이에 여흥으로 시작된 이 노름이 요즘 와선 도박으로 변해 버렸다. 기원들은 대부분 혼자 온 손님에게 비슷한 수준의 대국상대를 붙여주는데 이때 전문 방내기꾼들이 대국상대로 나서 한 판은 이기고 한 판은 져주는 수법으로 교묘하게 도박판에 끌어들여 차츰 액수를 높여가기도 한다. 그뿐 아니라 계가시 옷소매 등을 이용, 판 위의 바둑알을 밀어 자기 집을 넓히거나 미리 바둑알을 주머니나 성냥갑에 넣어 두었다가 필요할 때 1~2알씩 슬쩍 꺼내 사석으로 사용하는 등 속임수를 쓰기까지 한다고.

방내기꾼에게 걸려 1주일만에 2백여만원을 잃었다는 김민홍씨(51세 사업)는 '방내기꾼과는 절대로 바둑을 두어선 안된다'면서 '도박으로 빠져들고 있다고 생각되면 더 이상 바둑을 두지 말아야 한다'고 말했다.

한국기원측은 전문 방내기꾼이 현재 전국에 1000~2000명이나 될 것으로 추정하고 있다. 한동안 자취를 감췄던 박보장기도 겨울답지 않게 따뜻한 날씨가 계속되면서 다시 성행하고 있다. 박보장기꾼들은 얼핏 보기에 5~6수 정도면 쉽게 풀릴

고도리병과 위대한 탈출

듯한 문제를 내놓고 '1만원을 내고 풀면 2만~4만원을 준다'
면서 길가는 사람을 유혹하고 있다.

이들은 박보꾼, 망보기, 전주, 바람잡이 등 4~5명으로 조를
짜서 다니는데 속임수를 알아내 항의를 했다간 봉변을 당하기
까지 한다.

(1988.2.12. 스포츠서울)

도박자가 되지 않는 3계명

제1계명 : 시간을 엄수할 것

상습 도박자는 당초부터 상습적인 도박자는 아니었다. 그들도 처음엔 누구나 그랬던 것처럼 심심풀이로 친목으로, 점심내기로 화투나, 포커를 즐겼던 사람이다. 바꾸어 말하면 현재 심심풀이나 친목으로 화투를 즐기는 순수한 아마추어도 상습도박자가 될 위험은 있는 것이다. 물론 자기 자신만을 절대 그럴리 없다고 자신할 것이다. 그런 사람에게 다음의 글을 바치노니 자신의 주장처럼 절대 상습 도박자가 되지 않기 위해 하나의 신조로 새겨 둘 것을 당부한다.

화투, 포커, 빠징고 등 그것을 즐기는 사람들에겐 '언제나'라고 단정지을 만큼 지켜지지 않는 약속이 있다. 오히려 그 약속은 '당연히' 깨지도록 되어 있는 게 불문율이다. 그것은 바로 '게임시간'이다. 경험자는 알겠지만 시간이 지켜지지 않는 딱한가지의 원인이 있다. 우선 화투놀이를 예를 들어 가상해보자.

세 사람의 친구가 여가 시간의 심심풀이로 '친목'임을 전제하여 고스톱판을 벌렸다. 당초 즐기기로 정해 둔 시간은 두 시간. 그리하여 마침내 당초 예약되었던 두 시간에 도달했다.

"한 시간만 더!"

도박의 가장 분명한 결가는 딴 사람이 있으면 잃은 사람이 있는 법, 잃은 사람 쪽에서 '본전만회'의 찬스를 요구해 왔다. 아무리 오락이고 친선이라지만 돈을 잃는다는 건 속상한 일이기 때문이다.

"좋아, 딱 한 시간만!"

직장 동료나 본전을 만회하겠다고 게임연장을 간절히 요청해 왔는데 동료로서, 또한 돈을 딴 사람으로서 박절하게 거절할 수가 없다. 그래서 첫 번째 연장전은 간단히 합의가 이루어진다. 잃은 사람의 처지를 각별히 배려한 때문일 수도 있고 '끗발 오를 때 당겨야지'하는 속셈에서도 그 합의는 쉽게 이루어진다.

이윽고 1차 연장전의 마감시간이 되었다. 그런데 이게 웬 일인가? 잃은 사람 처지를 가엾게 여겨 연장전을 승낙해주었는데 이번엔 되려 아까의 승자가 패자가 되어 있으니……

"한 시간만 더!"

이번에는 아까의 승자가 게임시간의 연장을 요청한다.

"할 수 없지 뭐, 딱 한 시간만."

본전도 만회했겠다. 소위 말하는 교통비도 챙겼겠다. 또한 시간이 박두한 볼일도 있겠다. 이쯤해서 판을 깼으면 좋겠다만 자신이 잃었을 때 배려받은 1차 연장전의 은덕을 무시할 순 없는 거고, 해서 2차 연장전에 돌입한다.

화투나 포커 놀이를 할때 당초 정해둔 시간이 지켜지지 않는 이유 중의 하나를 밝혔다. 그럼 이번에는 왜 시간 연장을 하면 안 되는가의 이유를 밝히겠다. 역시 앞서의 예문에 이어서 가상극을 펼쳐보이겠다.

밀고 당기는 접전이 반복되다보니 어느덧 지하철과 버스의 운행이 정지된 23시 50분.

"이왕 늦었는데 야근하지 뭐."

"동감이구만."

처음 딱 한 시간만 하자던 약속은 깨지고 세 사람은 쉽게 야근에 합의한다. 이 야근에 합의한 각자의 사정은 서로 다르다. 그들 꿍심을 염탐해 볼까?

'시간 빼앗기고, 몸 축내고, 게다가 돈까지 잃었으니…… 여기서 물러설 수 없지. 따지는 못하더라도 본전은 건져야지.'

'때는 이때다. 끗발 붙어줄 때 왕창 긁어들여야지.'

'따지도 잃지도 않았으니 여기서 판이 깨져도 서운할 것 없다만, 그래도 그렇지. 여태껏 고생(?)하고 내 돈 들여 택시할

증료까지 물순 없잖아. 택시비만 챙겨야지.'

이처럼 각각 다른 꿍심들이 한데 어울려 이들은 쉽게 야근에 합의했음을 공포한다.

"우리 세 사람은 야근을 하자는데 뜻을 같이 했다."

야권 3당의 공조 선언문 같은 이런 합의문이 작성되면 이들은 각자 한가지 공통된 절차를 밟는다.

"자기야? 나야. 오늘 회사에 볼일이 있어서 야근을……."

똑똑한 마누라도 미련한 마누라도 알고도 속고 모르고도 속고…… 아무튼 그리하여 합법적인 야근을 시작하면 누군가가 근엄한 목소리로 야근 규칙을 선포한다.

"지금까진 예선전이고 이제부턴 본선!"

"좋다구. 그렇다면 이제부터 판돈 올리자구!"

"좋다구. 그렇다면 이제부터 판돈 올리자구!"

그렇다. 지금까진 예선이고 이제부터 본선이다. 또한 밤잠 안 자고 본선을 치루는데 3.5.7.9가 뭐냐? 치사하게. 그래서 지금부터 점에 천원! 그리고 '나가레'도 올리기로 합의가 되고 본격적인 게임이 시작된다.

게임이 시작되면 지금까지의 회희낙낙 우정이 다져지던 친목은 사라지고 무거운 전운이 감돈다. 판돈을 올렸으니 여차하면 월급봉투가 작살날 판인데 웃고 지껄이고 한 한가한 때가 아니다. 그래서 그들은 한 수 한 수에 초긴장, 패를 읽으며 작전을 짠다.

새벽 4시.

누군가는 크게 잃고 누군가는 크게 타고 누군가는 그냥그냥 본전을 유지해가며 게임이 진행된다. 크게 잃은 쪽에선 아무리 셈을 해봐도 만회가 어렵다. 더구나 새벽 6시까지로 최후의 게임시간을 박아둔 터라 만회하기엔 시간도 부족하다. 큰일났다. 한달 동안 뼈빠지게 일해서 번 월급 봉투가 아슬아슬 빈 껍데기 나풀거린다.

"우리 말야. 이렇게 시간만 축낼 게 아니라 간단히 쇼부를 보자구!"

그렇다. 어차피 오락을 돈따먹기 도박으로 변절시켰을 바엔 길게 시간 쇼부를 낼 수 있는데 뭣하러 몸 축내고 시간 축내며 질질 끌 필요가 있는가?

따라서 이윽고 '도리짓고땡이'가 시작된다. 역시 도리짓고땡은 단기전엔 안성맞춤이다. 게임시작 한 시간맘에 누군가가 빈털털이가 된다. 그는 악! 소리도 못하고 손을 털었다. 딴 사람은 귀가의 채비에 분주하지만 잃은 사람은 허탈한 표정을 지으며 주저주저 머뭇거린다. 개평 좀 달라는 제스추어다. 그러나 이 알량한 친구 보게나. 게임아웃이 선언되자마자 화장실 가는 모션을 취하더니만 그 길로 돌아올 줄 모른다. 괘씸한지고, 그는 언젠가 날을 받아 본때를 부여주겠다는 복수의 칼을 간다.

그 다음의 애기는 생략한다. 이리하여 처음 오락과 친목을 발기로 딱 한시간만 즐기겠다고 시작한 고스톱이 상습적인 도박의 길로 들어서게 된다. 아니라고 우기는 사람이 있다면 할 말 없는 거고 필자의 견해로는 그렇다. 게임시간을 엄수하라는 말은 바로 이 때문이다. 약속된 시간에 돈을 땄건 잃었건 무조건 게임을 끝내는 의지, 자신도 모르게 상습 도박자가 되지 않으려면 꿀히 이것을 신조처럼 지켜라.

빠찡고나 다른 게임 역시 마찬가지다. 시간의 연장이 도박으로 이끈다. 따라서 초심자는 어떤 이유를 막론하고 정해진 시간만 하겠다는 고집이 필요하다. 항상 염두에 두길 바란다.

제2계명 : 잃을 돈의 상한선을 설정해 둬라

도박이건 오락이건 일단 내기가 걸려 있는 게임이면 누구나가 따겠다고 하지 잃겠다고 작정한 사람은 없다. 그런 판에 잃을 돈의 상한선을 미리 설정해 두라니 이거 누구 약올리는 소리인가?

약을 올리자는 게 아니다. 당신을 도박의 위험에 빠지지 않도록 하기 위한 필자의 간곡한 지침이다. 물론 잃을 돈을 예상하라는 나의 지침이 기분 나쁜 소리임에는 틀림없다. 그러나 따다는 보장이 없는 것이 분명하듯 잃을 수도 있는 것 또한 분명한 결과이고 보면 그리 기분 나쁘게 여길 것만도 아니다. 또한 진실로 친목이고, 오락이고, 스트레스를 풀자는 게 목적이라면 이를 위해 얼마간을 소비시키겠다는 마음가짐이어야 한다. 마음을 비운다고나 할까, 그런 마음으로 게임에 임해야 '오락'이니 '친목'이니 하는 명분이 진실로 받아들여지는 것이다.

아무튼 좋다. 잃을 돈의 상한선을 미리 설정해 두어야 하는 가장 중요한 이유는 다음에 있다. 이번에는 빠찡고의 예를 들어보기로 하겠다.

주머니에 50만원이 있다. 그 중 10만원은 자기 자금이고 40만원은 공금이다. 그는 잠시 즐기겠다는 마음으로 게임을 시작했다. 터질 듯 터질 듯 하다가 결국 그는 30분 만에 10만원을 거덜냈다. 이제 자기자금이 없으니 손 털고 일어나야 한다. 그러나 그러기에는 웬지 서운하다. 터질 듯 터질 듯 토끼 다섯 마리의 형상이 눈에 아른거리기 때문이다.

그는 공금 중 10만원을 다시 투자했다. 잃겠다는 마음이 아니다. 공금 10만원을 투자하여 잃은 돈을 만회하고 잘만 하면 딸 수도 있다는 계산에서이다. 물론 가능성은 있다. 다섯 마리의 토끼가 좌향좌이든 우향우이든 나란히만 서주면 되는 건데 쉽다면 쉽고 어렵다면 어려운 그 행운을 포기할 순 없는 거다. 그러나 이런 배은망덕한 토끼 쫌 봐라. 그만큼 코인을 처먹었으면 얼굴을 내밀 만도 한데 땅으로 꺼졌는지, 하늘로 솟았는지 코빼기를 볼 수 없다.

그렇게 해서 공금 10만원을 날렸다. 이제 문제는 복잡해졌다. 30분 전만해도 제 돈을 잃었으니 서운한 마음만 삭히면 해결될 일이지만 이젠 공금을 축냈으니 서운한 마음만 가지고 해결될 일이 아니다. 공금을 복구해야 한다. 그러자면 다시 투자를 하는 수밖에.

여기서 스토리를 줄이겠다. 뻔한 결과이니까. 물론 9회말 투

아웃 이후 투 스투라이크 투 볼에서도 홈런이 터질 가능성이 없는건 아니다. 그러나 이 사람은 당초 자기 자본을 축냈을 때 손 털고 물러났어야 했다. 결과를 가지고 하는 말이 아니다. 공금을 투자하여 본전까지 건지고 남겼다 해도 그건 그렇다. 왜냐하면 게임에는 운이 따르는 법이다.

그 운은 미련이 많다고 따라주는 것도 아니다. 될라면 되는 것이다. 빠찡고라는 것도 따지고 보면 운에 승부를 거는 거지 기술은 아니다. 문제는 운에 승부를 걸 땐 일정한 투자의 상한선이 설정되어야 한다. 많은 투자를 하고 행운을 건진다면 경제성 없는 유전을 발견한 것과 마찬가지다. 복권을 천 장 만 장 산다고 당첨이 되는 게 아니듯 운에 거는 승부는 순간에 거는 것이다.

이왕에 빠찡고 얘기가 나왔으니 한 가지 첨부해 두겠다. 요즘 빠찡고는 어느 업소를 막론하고 대성황을 이룬다. 빈 자리가 없어 돌아가는 고객이 많다. 이처럼 빠찡고 업소에 고객이 많아진 이유로 '한탕주의' '과소비풍조' 등을 들 수 있겠는데 더 중요한 원인은 빠찡고가 기계식에서 컴퓨터로 바뀌었다는 점을 애호가들은 증언하고 있다. 무슨 말인가 하면 '옛날의 빠찡고는 기계식이어서 업주의 조작이 가능했다. 따라서 확률이 적었다. 그러나 지금은 컴퓨터로 바뀌어서 조작이 불가능하고, 때문에 순수한 운에 행운을 맡겨볼 수 있다. 즉 확률이 높아졌기 때문이다.' 라는 증언인데 이에 대해 필자가 확언할 순 없지만 왕년에 '빠찡고의 황제'였다는 어느 '단도박' 회원의 말을 빌리면 이와는 정반대의 견해다.

"예날 기계식 빠찡고가 조작이 많았다는 건 사실이다. 그러나 요즘은 컴퓨터식이어서 조작은 더욱 간편해졌다. 칩 한 개만 바꾸면 간단히 조작이 된다. 뿐만 아니라 컴퓨터는 전원을 끄는 순간 원상복구가 된다. 즉 조작을 했건 안 했건 앞서 투입된 코인은 투자로서의 기능이 끝난 것이다."

오래 전부터 컴퓨터를 사용하고 있는 필자의 컴퓨터 상식도 그의 설명에 수긍이 간다. 그의 증언을 더 듣기로 한다.

"빠찡고 애호가들은 컴퓨터가 코인을 많이 먹으면 터진다고 믿고 있습니다. 물론 아니라고 말할 수 없죠. 때문에 어떤 사람은 개장부터 파장까지 한 기계 앞에만 매달려서 승부를 겁니다. 만약 그날 터지지 않으면 다음날 아침 개장 즉시 입장하여 어제의 그 기계 앞에 앉습니다. 다른 손님이 앉기 전에 말입니다. 그가 이렇게 부지런을 떠는 이유는 간단합니다. 어제 실컷 먹여 놨으니 이제 터질 때가 됐다는 믿음 때문이죠. 사실 그건 틀린 견해는 아닙니다. 그러나 이런 걸 생각해 봤는지요? 업주는 당일 각 기계의 수입과 지출을 정확히 압니다. 만약 지출보다 수입이 월등히 많았던 기계가 있다면 그냥 놔두지 않습니다. 다음날 예상되니까요. 업주는 이런 기계를 그날 밤 미리 조작해 놓습니다. 그걸 모르고 어제 투자했으니 오늘 행운이 있으리라는 믿음을 가지고 있다면 망상이지요."

빠찡고에 대한 전문 지식이 없어 이 분의 증언을 확인할 수는 없지만, 결론하여 말하자면 운에 거는 게임에는 역시 일정한 잃을 돈의 상한선을 설정해 놓고 그 결과에 따라 물러서라는 말이다. 땄을 때도 그건 마찬가지다.

잃을 돈의 상한선을 정해놓아야 한다는 필자의 견해에 동감한다면 이제 그 상한선을 어떻게 정해야 하는가가 문제로 남는다. 그건 간단하다. 잃어도 조금 서운할 뿐 자신의 경제적 활동에 전혀 영향을 미치지 않는 선이다. 즉 분수껏 정하라는 말이다.

제2계명 : 본전에 대한 미련을 버려라

선량한 사람이, 즉 아마추어가 상습 도박자가 된 원인 중의 대부분은 본전에 대한 미련 때문이라고 생각한다. 점 백원짜리 고스톱에서 1만원을 잃은 서운함 때문에 그걸 찾겠다고 재도전한 것이 화근이 되어 집을 팔고 논밭 팔았다는 일화도 그 한 예이다. 앞서 설명했듯 게임시간이 연장되고 판돈이 올라가고 하는 것은 대부분 본전만회의 심리 때문이다.

사실 누구나 본전에 대한 애착은 크다. 따라서 돈을 잃고 잃은 쪽에서 먼저 물러나는 예는 드물다. 밑천이 다 고갈되면 몰라도 부알 두 쪽 남아있을 때까지 끝까지 도전을 하는 게 사람의 심리다. 그러나 본전에 대한 미련은 버려야 한다.

본전 때문에 재도전하는 일은 위험한 일이다. 노름이란 가지고 볶고 하면서 회전하는 법, 딸 때도 있고 잃을 때도 있다. 너무 성급히 본전에 도전하면 그것이 화근이 된다.

여러분에게 잠시 지난날을 회상하기를 권하겠다. 혹시 멤버 중 돈을 잃고도 밑천이 남아 있는 데도 불구하고 깨끗이 손 털고 일어서는 사람이 있지 않던가? 혹은 얼마간을 땄을 때 적당히 물러서는 사람은 없던가?

이런 사람이 소위 말하는 꾼이다. 진짜 꾼들은 이처럼 적당히 잃고 적당히 따는 절제를 운영할 줄 안다. 한편으로 약은 사람이면 덜 인간적이긴 하지만 큰 돈을 잃지 않는 비결은 바로 이처럼 본전에 대한 미련을 버리는 일이다.

꾼들의 예를 다시 들어보겠다. 아마추어들은 돈을 잃게 되면 그것을 만회하겠다고 도전을 한다. 계속 동일 인물에게 잃는데도 다시 도전한다. 그건 실수다.

꾼들은 계속 자기 돈을 따가는 사람과는 게임을 포기한다. 자기가 돈을 잃는 데는 자기보다 한 수 높은 실력이 그에게 있기 때문이다. 그걸 간파하고도 재도전한다는 것은 무모한 짓일 뿐이다.

운동경기 같으면 아홉 번 지고 열 번째 이기면 그것이 명예 회복이요 당대의 승리자이겠지만, 노름은 수없이 잃다가 마지막에 한 판 이겼다고 그 동안의 명예가 회복되는 것도 아니고 승자가 되는 것도 아니다. 어차피 그에게는 패자로 남아 있는 것이다. 따라서 꾼들은 선수를 교체한다. 자기가 승률을 높일 수 있는 선수를 맞아들인다.

선수를 바꾸어 본전을 찾으라는 말이 아니다. 꾼들도 본전에 대한 미련을 버리는데 아마추어가 본전에 미련을 두는 일은 위험천만하다는 경고이다.

한 가지 필자의 경험을 말해두겠다. 필자는 사실 잡기는 모른다. 화투의 경우, 고스톱에 관한 글을 쓰다보니 이래저래 터득은 하게 됐다만 도리짓고땡이니 육백이니 삼봉이니 하는 것은 구경만 했지 실제 할 줄은 모른다. 포커 역시 그렇고 빠찡고도 그런데, 언젠가 우연히 빠찡고를 경험했다. 만나야 할 사람(출판인)이 거기에 있었기에 처음으로 출입을 했던 바, 게임에 열중하고 있던 그가 돈까지 건네주며 해보라고 권했다. 위험한 경험이니 아예 근처도 안 가겠다고 사양했더니 '작가는 잡기를 해봐야 좋은 글을 쓴다'나 하면서 권유를 했다.

사실 필자는 여러 분야에 체험이 적은 사람이다. 그 점이 글을 쓸때 늘 한 가지 불만이기도 했다. 그래서 체험도 쌓을 겸, 어차피 내 돈도 아니니 잃어봤자 본전(?) 이라는 위안이 있어 마침내 게임에 임했다. 기술을 요하는 것도 아니고 단추(용어는 모르겠다) 같은 것만 누르기만 하면 되는 것이어서 운만 바라보고 계속 눌러댔는데 10만원이 30분도 안 되어 바닥이 났다.

그것을 옆에서 알아챈 그가 이번엔 20만원을 쥐어줬다. 빠짱고의 승부는 30만원이 기본이라나. 즉 30만원을 상한선으로 승부를 걸어야 한다는 것이다. 시간이 갈수록 주머니가 오므라들기 시작하더니 30만원 밑천이 달랑 만원짜리 두 장으로 남았다. 더 잃기 전에 일어설까 했지만 이미 30만원까지는 잃어도 좋다는 작심이 섰던 터라 마지막 2만원을 투자했다. 그리고 버튼을 눌렀다. 바로 그때 부저 소리가 요란하게 나고 뒤에서 업소의 종업원들이 요란하게 소리를 질러댔다. 드디어 터진 것이다. 뭐가 터진 거라고 표현을 해야겠는데, 즉 토끼 다섯 마리가(몇 마리였는지는 잘 모르겠다) 일렬로 정돈된 상태를 빠찡고 전문용어로 표현을 해야겠는데 그걸 모르겠다.

좌우지간 남들이 '터졌다'고 하니까 그렇게 표현하는 바, 결국 나는 아슬아슬 밑천이 바닥날 그 찬스에 본전을 만회했거니와 연거푸 그런 일이 벌어져서 결국 처음 출전한 빠찡고 게임에서 필자는 30만원을 땄다.

그 다음 어떻게 됐을까? 여러분 같으면 어떻게 했겠는가? 초보자가 첫 출전하여 거금을 땄으니, 경험을 쌓는다면 더 많은 돈을 딸 수 있을 것을 예상하여 그후 빠찡고의 단골 손님이 되었을 것이다.

그러나 필자는 그 후로 한번도 빠찡고 업소엘 가지 않았다. 돈 따고 내빼는 치사한 인간성이 있어서가 아니다. 바쁜 일정 때문에도 기회가 없었겠지만 운으로 얻은 행운은 그것으로 끝내야 한다는 생각 때문에서다. 만약 그날 잃었다고 해도 나는 재도전을 하지 않았을 것이다.

필자가 분명히 예측할 수 있는 것은 그날 땄거나 잃었거나 다시 그곳엘 갔다면 현재 분명 큰 돈을 잃고 있을 것으로 예측하고 있기 때문이다. 필자는 단지 '작가는 여러 잡기를 쌓아야 한다'는 이상한 체험을 경험한 것으로 만족하고 있는 것이다.

미국의 빠찡고는 고객에게 70% 승률을 부여하지만 한국의

고도리병과 위대한 탈출
■

빠찡고는 30%의 승률이라고 한다. 그것이 사실이라면 이미 70%를 지고 하는 게임에서 이긴다는 건 어려운 일이다. 그러니 무조건 하지 말라는 말이 아니다. 형편에 맞게 잃어야 할 돈의 상한선에서 행운을 기대해 보거니와 잃더라도 본전에 대한 미련은 버리라는 말이다.

시간을 엄수할 것. 잃은 돈에 대한 상한선을 정할 것. 본전에 대한 미련을 버릴 것. 이 세 가지 신조를 가지고 오락에 임한다면 당신은 상습적인 도박의 위험에서 벗어날 수 있다고 필자는 자신한다.

전국 고스톱 규칙 통일안

고스톱판의 해결사

현재 전국적으로 사용되고 있는 고스톱 규칙이 천차만별 각양각색임은 이미 다 알려진 사실이다. 크게는 각 지방마다, 작게는 각 개인마다 그 게임의 규칙이 서로 달라서 잦은 분쟁이 일어나고 있음도 다 알려진 사실이다.

낯선 사람끼리 '친목을 도모……' 운운하며 벌였던 고스톱 판이 도중에 '우리 동네룰', '너네 동네 룰'을 따지다가 끝내는 싸움판으로 번지고 심하게는 살인까지 빚었던 일을 상기하면 고스톱이 우리 사회에 끼치는 갖가지 병폐 중 '규칙의 분쟁'은 가장 으뜸가는 병폐인 것도 사실이다.

하여 필자는 지난 1996년 〈고스톱 규칙 통일안〉을 제정, 세태풍자 연작소설집 《까》의 권말부록으로 수록한 바 있다. 고스톱 그 자체의 옳고 그름을 떠나서 우선 분쟁을 방지하자는 게 제정의 목적이었던 것이다.

필자의 이런 발상은 각종 매스컴을 통해서 여러 차례 보도가 되었고 이에 동조하는 팬들도 많아서 한동안 〈고스톱 규칙 통일안〉이 일명 '화투판의 해결사'라는 칭호까지 받으며 '핏대 방지용'으로 전국적인 사랑을 받았다.

어떤 팬들은 고스톱을 칠때 아예 '통일안'을 옆에 놓고 분쟁이 발생하면 판결문으로 이용한다고 했고, 또 어떤 팬들은 자기들만의 규칙 몇 가지를 더 추가로 기록해서 '전용 고스톱 규칙'으로 제정, 분쟁을 방지하는 데 사용하고 있다고도 했다.

웃기는 사례로는 새벽 3시에 전화를 걸어와서, '지금 고스톱을 치다가 룰 때문에 싸움이 벌어졌는데 통일안에도 안 나왔으니 유권해석을 내려달라!'며 선수들이 필자의 유권해석에 따르기로 합의를 봤다고 일촉즉발의 위기를 호소해 온 극성팬도 있었다.

그런가 하면 필자의 통일안이 너무 아마추어적 규칙이라는 지적도 있었다. 즉, 현재 사용중인 각종 규칙이 누락되어 있어서 결국 게임 전에 일일이 규칙을 정하기는 통일안이 있거나 없거나 마찬가지라는 것이었다.

여기 다시 내놓는 '오리지널 고스톱 규칙'은 바로 이 때문이다. 큰 점수를 지양하고 되도록 오락적인 범주에 국한되도록 하려 했던 통일안이 제 구실을 못하고 있다고 보여지기 때문이다.

또 오락적인 범주에 머물도록 아무리 강조해도 고스톱 팬들은 아마추어 리즘을 벗어나 점차 프로페셔널화 되고 있다. 그런 실정에 비추어 필자는 현실에 알맞는 규칙의 필요성을 느꼈다.

팬들을 프로로 전향시키자는 의도가 아니다. '통일안' 자체가 고스톱 바람을 부추기는 것이 아니냐는 어느 주부의 항의도 있었지만 역시 그런 의도는 추호도 없다. 분쟁을 막기 위해선 누군가에 의해서라도 통일안은 필요한 것, 그 일을 필자가 담당했을 뿐이다.

고스톱 바람은 통일안에 의해서 부는 것이 아니라 정치적, 사회적, 경제적, 문화적 모든 요소의 복합적인 원인에 의해서 불기도 하고 또 가라앉을 수도 있는 것일 뿐, 고스톱의 병폐를 막아보자는 필자의 의도에 '바람' 운운한다면 섭섭한 감정이 있음을 차제에 밝힌다.

다음에 소개하는 '오리지널 고스톱 규칙'은 기존의 통일안에 누락된 규칙을 첨부하되 특정 팬들만 사용하는 규칙은 제외시켰다. 즉, 전국적으로 공통된 규칙에 준했다는 말이다.

한편 고스톱이 지니는 과학적인 요소를 살리는데 주력했다. 고스톱에 과학적 요소 운운하면 망발이라는 비난도 있겠지만, 야구 경기의 룰이 베이스와 루상의 거리, 인간의 주력, 공의 속도 등을 가장 합리적으로 배분한 과학적 스포츠게임으로 보듯 고스톱의 게임 진행 방법을 관심 있게 살펴보면 과학적인 요소가 충분히 있는 것이다.

즉, 고스톱은 아무렇게나 치고 받다가 운수소관으로 승자가 결정되는 것이 아니라 자로 잰 듯한 완벽한 타이밍, 게임을 보는 넓은 안목을 요구하고 있고, 바둑에 수순이 있듯 일곱장의 병기에 적절한 수순을 맞추지 못하면 패자가 될 수밖에 없도록 고안된 것이 그것이다.

물론 이것은 오리지널 고스톱의 룰에 의할 때만 그렇지 최근 생겨나고 있는 갖가지 희한한 룰을 첨부하면 고스톱은 '운3 기7'이 아닌 '운7 기3'의 그야말로 운수소관의 게임이 되고 만다.

고스톱은 게임이다. 좋게 말하면 하나의 스포츠이다. 스포츠에서 운으로 승부가 결정되어진다면 보는 재미도 없거니와 스포츠 정신에도 위배된다. 고스톱 게임도 기술로 승부를 결정지어야지 운에 승부가 좌우된다면 재미도 그렇거니와 스포츠적 정신에도 위배된다.

따라서 필자는 기술이 득세하는데 유리하도록 운이 작용되는 룰은 오리지널 규칙에서 제외시켰다. 예를 들어 '쪽'이라는 룰이 있다. 먹을 게 없어서 패를 버렸는데 버린 패와 짝이 맞는 패가 뒤집어 나왔을 때 피를 한 장씩 받는 제도이다.

물론 이 경우 운이라고만은 할 수 없다. 게임을 보는 안목이 넓어서 '쪽'을 겨냥해 패를 버린 경우도 있을 것이다. 그러나 이 제도를 넣으면 기존의 설사와 판쓸이 등 피를 상납해야 하는 제도와 중복이 되어서 결국 게임의 승부가 운세쪽으로 기우는 경향이 많게 된다.

또 '비도리'와 '월약'이라는 약단이 있는데 이 역시 기존의 약단에 추가시킬 경우 약단이 너무 많아 전략을 구사하는 데 너무 많은 혼동을 준다. 물론 다양한 전략구상이 요구되니 재미가 있겠지만 고스톱에 '뒤집어지는 운수'가 있고 보면 이 역시 선수에게 고도의 전략을 요구하기보단 운세에 판가름나기가 십상이다.

그리고 자기가 설사한 패를 자기가 다시 먹어올 경우 피를 두 장씩 받는 제도도 있는데 이 역시도 운수 한번에 판세를 급격히 뒤집어 놓아 기술을 능멸시킨다.

앞서 말했듯이 고스톱은 게임을 읽는 안목과 기술로서 판가름 났을 때 그 묘미가 있는 법이다. 하여 운이 작용되는 룰은 제외시키고 별칙으로 따로 정리해 놨다.

굳이 룰을 더 첨부하고 싶으면 여러 말할 것 없이 '오리지널 규칙에 월약 추가!'하는 식으로 게임 전 규칙을 정하면 될 것이다.

전국 고스톱 규칙 통일안

전 문

고스톱은 이제 뗄래야 뗄 수 없을 만큼 우리의 중요한 생활 양식의 하나로 깊숙이 자리를 잡았다. 단군 이래 최대의 국민적 사랑을 받으면서 고스톱은 이제 새로운 문화형태인 '고스톱 문화권'을 구축해 나가고 있는 것이다. 그러나 국민적 성원을 받는 만큼이나 고스톱은 우리 사회에 많은 병폐를 남기고 있다. 그 병폐 중의 하나가 서로 수용하는 규칙이 달라서 벌어지는 다툼이다. 이 다툼 때문에 사람이 죽기까지 했다면 더 이상 '서로 다른 규칙'을 방관할 수만은 없는 것이다. 하여 필자는 고스톱의 옳고 그름을 떠나 각 지방마다 사람마다 서로 다른 규칙을 하나로 통일시키는 것이 우선적으로 시급한 과제라는

데 인식하고 확정판 '전국 고스톱 규칙 통일안'을 제정하기에 이르렀다.

제1장 총 칙

제1조 : 규칙에 관하여 본 안에 규정이 없으면 판례에 따르고 판례는 상식에 준한다.

제2조 : 본 규칙은 합의에 의해서만 효력을 발생한다.

제2장 점 수

제1조(기본점수) : 3점으로 한다.

제2조(약단) : 고도리(5점), 청단, 홍단, 초단(각 3점)으로 한다.

제3조(5광) : 5광을 하면 5광 자체를 15점으로 하고 기타 점수를 추가 계산한다.

제4조(멍텅점수) : 멍텅(열끗) 7장으로 3점이 나면 승부점수의 곱을 받는다.

제5조(피점수) : 피(껍데기) 10장을 1점으로 하고 1매 추가마다 1점씩 가산, 12매면 3점으로 기본점수를 난다.

제6조(피박) : 피10장이 점수가 되어 승부가 가려졌을 경우 기본 피를 획득하지 못한 패자는 승자에게 승부점수의 곱을 지불한다.

제7조(기본피) : 6장으로 한다.

제8조(고) : 점수가 나서 '고'를 불러 성공하면 획득한 점수에 1점을 추가 계산한다.

제9조(쓰리고) : '고'를 3회 하여 성공하였을 경우 승부 점수의 곱을 패자는 지불해야 한다.

제10조(흔들이) : 같은 패 석 장을 게임 전에 흔들어 보여주거나 폭탄을 써서 점수가 났을 경우 승부점수의 곱을 받는다.

제11조(쌍흔들이) : 같은 패 석 장을 두 목 흔들었을 경우 승부점수의 4곱을 받는다.

제3장 몰수게임승

제1조(포카드) : 패가 분배되었을 때 같은 패 4장을 가진 자는 게임을 진행하지 않고 승자가 된다. 이때 패를 받은 전원은 승자에게 기본점수의 곱을 지불해야 한다.

제2조(5광패) : 패가 분배되었을 때 광 5장을 소유한 자는 게임을 진행하지 않고 승자가 된다. 이때 패를 분배받은 전원은 패자가 되어 승자에게 15점을 지불해야 한다.

제3조(세 번 설사) : 한 게임 중에 '설사'를 세 번 하였을 경우 승자가 되어 게임을 몰수하고 양선수로부터 각각 10점을 받는다.(마지막도 유효)

제4장 몰수게임패

제1조(분배미스) : 선이 패를 돌렸을 때, 선수에게 돌아간 패에 가감(＋,-)이 발생했을 경우 선은 '분배미스패'로 실격, 가감패를 소유한 전원에게 기본점수를 범칙금으로 지불하고 선을 양도해야 한다. 선을 승계하는 우선권은 가감패를 소유한 선의 우측에 있다. 단 게임 시작 전에 가감을 밝혔을 경우에만 해당된다.

제2조(분배착복) : 제1조와 같은 상황이 발생, 자기의 패가 가산되어 있는데도 밝히지 않고 게임을 진행하다가 발각되었을 때, 혹은 가산된 것을 모르고 있다가 게임 중 발견되었을 때라도, '분배착복 응큼죄'에 해당, 양선수에게 기본점수를 내주어야 한다. 선이 해당되었을 경우 범칙금과 함께 1조와 같은 방법으로 선을 양도해야 한다.

제3조(분배미스 방관) : 제1조와 같은 상황이 발생, 자신의 패가 감산(-)된 것을 모르고 있다가 게임 중 발견되었을 때, 이때 승자가 있을 경우 점수를 인정하고 '고'를 진행할 수가 있다. 막판에 패의 짝이 맞지 않더라도 승자가 점수를 올릴 수 있는 데까지 진행할 권리가 있다. 이럴 경우 감산패를 쥐고 있던 선수는 '분배미스 방관죄'에 해당, '독박'과 같은 벌칙을 적용받는다. 단 감산을 발견시 승자가 없을 경우 게임을 몰수하고 제2조와

같은 방법으로 범칙금을 내주어야 한다.

 * 몰수게임 패의 신설은 고의적인 파토 유발을 방지하기 위해서다.

제5장 기본규칙

제1조(판쓸이) : 치고 받아서 바닥패를 전부 거둬가면 상대편의 '피'를 한 장씩 증정받는다(마지막 패는 제외).

제2조(설사) : 바닥패를 보고 쳤는데 뒤집은 패가 같은 패가 나왔을 경우 패를 가져오지 못하고 그대로 바닥에 둔다(마지막 패는 제외).

제3조(설사 받아먹기) : 바닥에 설사해 놓은 것을 포함하여 이미 깔려 있는 것 중 삼패를 먹으면 상대로부터 '피' 한 장씩을 증정받는다.

제4조(동시패션) : 바닥에 같은 패가 두 장 깔린 것을 보고 쳤는데 기리 패를 뒤집어 나머지 한 장마저 먹을 경우, 즉 같은 패 넉 장을 1타로 먹을 경우 '피' 한장씩을 증정받는다.

제5조(피보충) : 피가 점수가 되어 '고'를 하였다가 제5장 1.3.4조에 의해 피를 빼앗겼을 경우 피를 보충시키고 1점을 더 가산해야 한다.

제6조(승부유보) : 제5장 1.3.4조에 의하여 피로 점수가 되어 났을 때, 곧바로 승점이 되지 못하고 다음 타순에

와서 '고'와 '스톱'을 결정한 뒤에 다음 타순에 임한다.

제7조(승점보류) : 제5장 1.3.4조에 의하여 파를 받았지만 피를 제외하고도 점수가 되어 스톱을 했을 경우 받은 피는 승점에 가산되지 않는다.

제8조(피박사면) : 제5장 7조에서 승점이 보류된 피는 되돌려 주어야 하므로 피가 6장이었다가 1장을 빼앗긴 선수는 다시 한 장을 만회, 기본피를 확보하게 된다. 따라서 피로 나서 스톱을 했다 하더라도 파박을 사면받는다.

제9조(의무 방어전) : 4인 이상이 한 조가 되어 게임을 할 때, 두 게임 연속으로 기권할 수 없다.

제10조(광값) : '광' 1개의 값은 2점으로 환산하고 선불로 한다. '비광'은 다른 광에 얹혀 있을 때 광의 몫을 할 수 있되, 5인조 이상의 게임에서는 자력으로 광의 몫을 할 수 있다.

제11조(소당) : 소당은 최종 두장으로만 걸 수 있다. 그리고 소당을 걸었을 때는 걸린 패를 내놓아야 한다.

제6장 벌 칙

제1조(고바가지) : '고'를 하였는데 점수가 나지 못하고 상대편이 점수가 났을 때 승부점수의 곱을 계산한다.

제2조(독박) : '소당'을 갖추지 못한 상태에서 어느 한쪽에

곧바로 승부점을 내주는 패를 던져 독박이 되었을 경우 승부점의 곱을 승자와 패자 2인에게 각각 지불한다. 또 상대가 점수가 날 수 있는 패가 바닥에 깔렸을 때 수비패가 있으면서도 흘려보내 상대가 점수가 났다면 역시 독박이다. 단 바닥패가 진쪽이 아닐 경우는 독박사면.

제3조(독박사면) : 상대의 '독박'으로 승자가 된 선수가 '고' 를 하였을 경우 독박을 면한다.

제4조(패노출A형) : '소당'이 되지 않는 패를 '소당'으로 제시, 결국 소당이 되지 못하면서 패만 노출, 게임의 전략에 차질을 빚게 한 경우, 기본점수에 해당하는 값을 범칙금으로 기증, 해당게임의 승자몫으로 한다.

제5조(패노출B형) : 게임이 불리해질 경우, 불리해진 선수 2인이 서로 패를 노출시키거나 구두로 가진 패를 암시하는 행위를 한 경우, 피해 선수는 승부 점수에 5점을 가산청구할 수 있다. 한편 그로 인하여 점수가 나지 못했을 경우에는 5점을 청구할 수 있다. 이에 불응하면 피해선수는 일방적으로 퇴장할 수 있다. 단, 이에 대한 유권해석은 '고리' 담당자만 내릴 수 있다(물증 제시가 난해한 상황이라 지켜지기가 어렵다는 것을 안다. 다만 게임을 신사적으로 하여야 함을 강조하기 위해 설정한 규칙이다).

제6조(파토유발A형) : 고의든 실수든 바닥패를 잘못 집어

가서 게임중 파토를 유발시켰을 때, 승자가 없으면 양
선수에게 기본점수의 범칙금을, 승자가 있으면 승자에
게 승부점수의 곱을 지불하고 해당게임을 몰수한다.
단, 다음 타순이 진행되기 전 발견, 원상복귀가 가능할
땐 사면.

제7조(파토유발B형) : 고의로 바닥패나 손에 든 패를 장외
로 숨겨서 패부족을 만들어 파토를 유발한 경우, 즉각
퇴장시킨다. 단, 물증이 있어야 하며 이에 대한 유권해
석은 다른 선수의 합의에 의해서만 가능하다.

제8조(낙장불입) : 한번 패를 바닥에 내려놓았다가 다시 거
둬들일 수가 없다. 실수라 해도 마찬가지다.

제9조(가리전문족) : '가리'(외상)는 1회에 한하며 그 이상
일 때 채권자는 선에게 '가리전문족'의 퇴장을 요구할
수 있고 선은 요구를 받아들여야 한다.

부 칙

제1조(시행일시) : 본 규칙은 별도의 시행일시를 지정하지
않는다.

제2조(별칙) : 본 규칙을 게임의 기본규칙으로 삼되 필요시
별칙의 규칙을 추가할 수 있다.

제3조(효력중지) : 본 규칙을 전문적인 도박행위에 사용할
경우 본 규칙은 효력을 중지하며 본 규칙 사용중 일어

나는 분쟁에 대하여 본 규칙 제정자나 출판자는 책임
을 지지 않는다.

제4조(규칙개정) : 이 규칙은 고스톱을 오락으로 정착시키
기 위안 전국 고스톱 통일안 확정판으로서 어떠한 경
우든 본안의 규칙을 개정할 수 없다.

별 칙

제1조(약단)

(월약) : 솔(1)을 1월, 매조(2)를 2월순으로 해서 12월까
지 월약으로 정한다. 게임 방법은 처음 시작할 때 1월
약(솔)부터 시작, 솔 넉 장을 획득하면 5점을 쳐준다.
월약이 이루어질 때까지 게임을 계속하다가 1월약으
로 승부가 나면 2월약으로 넘어가 12월까지 이어진
다.

(비도리) : 기존 '고도리'에 '비' 열끗이 추가되면 6점을 쳐준
다.

(팔싸리) : 흑싸리 넉 장, 홍싸리 넉 장을 획득하면 8점을
쳐준다.

이상 별칙에 나와 있는 약단이나 규칙은 기술적인 요소보다
오락적인 요소가 더 많이 부가되어 있다. 따라서 '기술 득세'와

정상적인 게임의 묘미를 터득하자면 '전국 고스톱 규칙 통일안'에 준하는 것이 좋다. 본 규칙이 '몰수게임패' 등 규율을 엄격히 한 것이 스포츠 정신에 입각하여 게임을 신사적으로 하라는 당부에서이다. 규칙이 엄격해서 재미가 없다고 말할 사람도 있겠지만 재미는 오히려 엄격한 규칙 속에서 파인 플레이로 묘기를 속출할 때 더 있는 법이다. 그리고 분쟁을 막는 최선책인 것이다.

별칙 중에서 한 가지 권할 사항은 약속된 시간이 잘 지켜지지 않아 밤샘으로 이어지는 병폐를 막기 위한 방편으로 '월약'을 추가하는 것도 좋을듯 싶다. 기존의 약단에 추가됨으로 해서 오리지널 규칙에 길들여진 선수에게 전략상 혼돈을 주고 약단이 많음으로 해서 전술적인 효력이 반감되는 단점은 있으나 시간을 정해 놓을 때보다 12월까지의 월약을 마감시간으로 정했을 때, 그 약속이 잘 지켜진다는 팬들의 증언이 있고 보면 시간 엄수가 그의 지켜지지 않는 병폐를 개선할 수 있는 이점이 있다고 보기 때문이다.

별칙을 추가할 때는 여러 긴 말 늘어놓을 것 없이 '전국 고스톱 규칙 통일안에 아웅산!'하는 식이면 족할 것이다. 더 간편한 방법으론 '이호광 통일안으로 합시다!'가 아닐는지?

이 책을 읽어 주신 독자분께 감사드립니다. 〈끝〉

사기도박사들의
고스톱 '탄' 설계 족보

고스톱을 쳐본 사람들은 알겠지만 3점, 5점 나기도 쉽지 않다. 하늘의 도우심이라도 있다면 25~30점까지는 가능하다. 그런데 한판에 2000~3000점을 낼수 있다니 이를 믿어야 할 것인가, 믿지 말아야 할 것인가?

헌데 분명한 것은 감히 상상할 수도 없는 점수가 현실로 나타난 것이다. 그러나 알고 보면 그 게임은 사기였다. 선이 미리 엮어논 탄(사기화투목)으로 바꿔치기 해서 패를 돌려 상대방의 패는 먹는 족족 설사가 되고 자신이 왕창 떠먹도록 사전에 조작된 것이다. 어떤 패를 칠지 모르는데 그게 마음대로 되겠느냐고 하겠지만 상대방에게 진쪽으로 약단을 손에 들려 주었으니 뛰는 약단이나 광을 먹을 수밖에. 차례대로 약단 패가 센터링되게 한 것도 그 패를 먹지 않으면 안되게끔 심리적인 전술까지 포함시킨 그야말로 귀신도 곡할 설계인 것이다.

사기도박사들은 일주일이면 이같은 족보 한가지씩을 만들어 낸다고 한다. 박사학위 10개를 가진 사람이라도 이같은 설계를 만들기는 쉽지 않으리.

그렇다면 사기도박사들은 어느 때 이 '탄'을 쏘는가?

바닥에 판돈이 많아서 가리의 위험이 없을 때, 기술로서가 아니라 우연을 가장하여 기본 점수를 여러 차례 잃어주다가 한방에 상대를 KO시킬 필요성이 있을 때 사용한다.

사기도박사들은 '탄'을 주머니에 숨기고 있다가 기리가 끝난 다음 슬그머니 바꿔치기를 한다. 또는 기리를 하기 전에 바꿔치는 수법을 쓴다. 이럴 경우 말에 앉은 바람잡이가 기리를 하는 데 몇차례 패를 떼어 놓으며 기리를 하지만 결국에는 원위치시켜 놓는다. 말하자면 하나마나한 기리를 하는 것이다. 들어가는 사람이 있을 경우 바람잡이는 재차 기리를 통해 들어간 패를 그대로 집어내어 위에 얹은 '탄'의 순서대로 맞춰 놓는다.

이 설계 족보는 바로 사기도박사들에겐 밥통이다.

그들에게 일거리가 없어지더라도 더 이상 이같은 수법에 피해를 보는 선량들이 없도록 하기 위해 온갖 공갈·협박에도 굽히지 않고 만천하에 공개하는 바이다. 여기서 공개하는 '탄'은 3명이 칠 경우 한판에 2,816점과 3,072점이 나오는 두가지다.

고스톱 '탄' 만드는 법

우선 바닥에 48장 화투와 조커 3장을 펼쳐 놓은 후 솔 1부터 비 12까지 찾기 쉽도록 각 4장씩을 구분한 다음 설계도를 보면서 오른손으로 한장씩 주워다가 패가 보이도록 왼손에 벽돌쌓

기식으로 차곡차곡 쌓아 간다.

'탄'이 만들어지면 말 앞에 기리를 하도록 바닥에 패를 놓으면 위에서 말한 원위치시키는 하나마나한 기리를 한다.

기리가 끝나면 바닥에 3장을 깔고 중부터 4장씩 나눠 준뒤 바닥에 3장을 더 깔고 선수들에게 3장씩을 나눠 준다.

'탄 1' - 한판에 2,816점

'탄' 설계도

①	②	③	④	⑤	⑥	⑦	⑧	⑨
똥광	10피	2피	7띠	5띠	4띠	6피	6띠	9띠
⑩	⑪	⑫	⑬	⑭	⑮	⑯	⑰	⑱
10띠	1띠	똥쌍피	똥피	똥피	비광	2띠	4피	7피
⑲	⑳	㉑	㉒	㉓	㉔	㉕	㉖	㉗
6열	8피	3띠	비열	비띠	비피	3피	1피	2열
㉘	㉙	㉚	㉛	㉜	㉝	㉞	㉟	㊱
4열	10피	8광	8열	1광	조커	조커	1피	3광
㊲	㊳	㊴	㊵	㊶	㊷	㊸	㊹	㊺
조커	3피	2피	8피	7피	5피	5피	7열	9열
㊻	㊼	㊽	㊾	㊿	(51)			
9피	10열	5열	6피	9피	4피			

과연 사기도박사의 말대로 2,816점이 나올 것인가?

손에 들어온 패를 보면 선은 똥 3장에 비광, 2매조 열끗, 피(1. 3), 중패는 진구사(4. 5. 7)에 6열끗과 3띠 피(6. 8) 2장, 말패는 진청단(6. 9. 10)에다가 솔띠, 광이 빠진 비 3장이 들어와 폭탄을 할수 있으니 그야말로 우승은 따논 당상이고 중이 차석, 선은 별볼일 없어 보인다. 그런데……

제1구 : 초구에 2매조 열끗을 뽑아 바닥에 깔린 매조띠와 피중에서 상대방 약단을 끊어놓기 위해 띠를 먹고 뒤집으면 4열끗으로 피를 먹어오면서 2, 4 즉, 고도리 반쪽 확보.

다음은 중차례다. 오로지 구사(4, 5, 7)를 목표로 7띠로 피를 먹고 뒤집으면 풍피를 떠온다.

다음은 말차례. 바닥에 마땅히 먹을 것이 없어 비 3장을 흔들어 보인 다음 흔든 비 열끗을 버리고 뒤집으면 8광. 헛손질이다.

제2구 : 8광과 똥광이 바닥에서 폼을 잔뜩 잡고 있는데 똥은 지금 먹을 필요가 없고 말에서 흔들고 내놓은 비 열끗을 광으로 잡아들이며 뒤집으면 8열끗. 8광을 가져오면서 고도리 5점. 원-고!

중은 별볼일 없는 6열끗을 버리고 뒤집으면 솔광. 순간 말구의 얼굴에 화색이 돈다. 광박을 면할 생각에 청단을 뒤로 미루고 솔띠를 뽑아 내리치고 뒤집었는데 행운의 조커가 나오고 또 다시 뒤집자 조커가 또 나온다. 가슴이 덜컥댄다. 만의 하나 솔이라도 까는 날에는 설사가 되며 황천길. 숨을 죽이며 다시 한장을 뒤집는데 이게 무슨 날벼락인가. 솔 설사! 조커 한장도 가져 오

고 수
343

지 못하게 되었으니 그야말로 대박감.

제3구 : 선은 내심 미소를 지으며 설사무덤인 솔을 잡아들이면 서 뒤집으면 3광. 중에서만 피 한장 노획. 투-고! 이때 점수는 이미 고도리 5점, 광 2점, 고 1점 계 8점 확보. 다음은 중 차례다. 볼것없이 사쿠라광을 띠로 치고 패 를 뒤집는데 조커가 나타난다. 그리도 고마울 수가 없 어 다시 한장을 뒤집는데 3설사.

다음은 말구의 차례. 살길은 오직 청단 뿐이다. 손에서 6띠를 뽑아 열끗을 먹으면서 뒤집으면 매조 쌍피. 피 박은 따놓은 당상이다.

제4구 : 자 이제부터 게임은 중반전으로 접어든다. 바닥에 3 설사무덤이 조커 한장을 품고 자리하고 있는데 선 손 안에 들려 있으니 천하를 얻은 기분이렸다. 선은 우선 똥 3장으로 폭탄을 꽝! 양 선수로부터 피 한장씩을 헌 납받으면서 마침내 대망의 **쓰리-고!** 똥 폭탄에 쓰리고 에 광박, 피박이니 이 한판에 상대방은 시쳇말로 작살. 다음은 중 차례. 바닥에 깔린 8피를 먹고 뒤집으면 7 피 헛손질. 다음은 말구. 손에 굳은 비띠를 한장 버리 고 3사쿠라라도 깔 요량으로 조심스레 기리패를 떼어 다가 쥐어보는데 초피가 나오고 헛손질.

제5구 : 자! 5광이 터질 것인가? 선수 세사람과 구경꾼 4~5명 이 숨을 죽이고 선의 모션을 기다리고 있다. 당연히 설사무덤인 3을 땡기고 고를 할 것으로들 예상하고 있었다. 그러나 3설사무덤을 끌어오면 맑은 피가 한장도 없어 피박을 면하게 된다. 어차피 쓰리-고가 통과된 마당에 위험을 감수하면서 칠 것이 아니라 바닥에 굳은 패를 만들어 놓고 가는 게 바로 고수. 뒤집었는데 초쌍피가 맞지 않는가. 엄청난 점수다. 그러나 여기서 스톱할 일이 아니다. 평생에 몇번 올까 말까한 4-고의 순간이다. 따따블. 그렇다고 당장 판세로 보아 고박을 쓸일도 아니다. 마침내 4-고! 다음은 중차례! 아무리 눈으로 헤집고 봐도 바닥에는 먹을 패가 없고 6쌍피를 낼 수도 없어 초띠를 내고 뒤집어 보니 7열끗. 다음은 말차례! 손에 굳은 비피로 띠를 먹으면서 다시 사쿠라 무덤이라도 떠볼려고 죄어보지만 국진 열끗, 헛손질.

제6구 : 이제 결판을 낼 차례다. 선은 3사쿠라 무덤을 끌어오려다 다음 기회로 미루고 그냥 뒤집는데 국전 열과 피. 못 먹어도 **화이브-고!**

이제 상대방 두 사람은 기진맥진. 중은 손에 든 4띠를 버리고 뒤집었으나 풍 열끗이 나오면서 헛손질.

다음은 말구. 진청단에 비까지 흔들어 따따블로 먹을 수 있다는 청운의 꿈이 날아가는 순간이다.

그렇게 기다리던 풍 청단자가 나왔으나 이미 물건너간 일. 손에 든 풍띠로 열끗을 먹고 뒤집으면 초 열끗.

제7구 : 이제 마무리를 해야 할 순간. 선은 마지막으로 3사쿠라 설사무덤을 끌어오면서 상대 선수로부터 피 한장씩 압수.

이제 승부는 끝났다. 태풍이 휩쓸고 간 뒤의 적막이라고나 할까. 모두 숨을 죽이고 이 엄청난 사건에 말문이 막히고 말았다. 자! 지금부터 점수를 계산해 보실까. 주먹 구구식으로는 계산할 수 없어 마침내 전자계산기까지 등장.

5광 → 15점

화이브-고 → 5점

고도리 → 5점

홍단 → 3점

피(25장) → 16점   총 44점

광박(따블) $44 \times 2 = 88$점

피박(따블) $88 \times 2 = 176$점

똥 폭탄(따·따블) $176 \times 2 \times 2 = 704$점

쓰리-고(따블) $704 \times 2 = 1408$점

화이브-고(따블) $1408 \times 2 = \underline{2816}$점

※ 아마추어 판에서는 똥·비를 3장 흔들어도 따블(2배)밖에 안쳐 주지만 도박판에서는 따따블(4배)로 계산하며, 4-고, 5-고를 할 경우에도 따따블로 계산함.

따라서 점 1000원짜리인 경우 2백 81만 6천원, 점 10,000원짜리인 경우에는 한판에 2천 8백 16만원을 잃게 되는 것이다.

이런 점수를 당했을 때 당신은 어떤 표정을 하고 있을까?

사기도박사들은 지금도 이같은 준비된 '원자탄'으로 당신을 노리고 있다.

'탄 2' - 한판에 3,072점

'탄' 설계도

①	②	③	④	⑤	⑥	⑦	⑧	⑨
3피	3피	4피	1띠	2띠	3띠	2피	6피	6피
⑩	⑪	⑫	⑬	⑭	⑮	⑯	⑰	⑱
7피	7피	9열	9피	9피	6띠	4피	9띠	2피
⑲	⑳	㉑	㉒	㉓	㉔	㉕	㉖	㉗
7열	똥피	비피	8광	4띠	5띠	10띠	8피	4열
㉘	㉙	㉚	㉛	㉜	㉝	㉞	㉟	㊱
2열	8열	8피	3광	10피	1광	1피	똥열	10피
㊲	㊳	㊴	㊵	㊶	㊷	㊸	㊹	㊺
조커	조커	똥광	비띠	똥피	조커	10열	비열	5피
㊻	㊼	㊽	㊾	㊿	(51)			
비광	5열	5피	6열	7띠	1피			

'탄2'를 만드는 법은 '탄1'과 마찬가지다. 우선 화투 48장과 조커 3장을 찾기 쉽게 구분해 놓은 다음 설계도의 순서에 따라 벽돌쌓기식으로 채곡채곡 엮어 나간다.

'탄1'과 다른 점은 '탄1'에서는 선은 똥 3장을 갖고 쳤는데 '탄2'에서는 국진 3장을 들고 치게 되고, 중은 진홍단(1. 2. 3)을 갖고 출발. 말은 8광에 4. 5띠와 가짜 7피 2장이 들어와 희색이 만연.

제1구 : 선은 4열끗으로 설사도 없는 피를 치고 뒤집으면 2매
조 열끗. 고도리 반쪽(4. 2 열끗) 성공.

다음은 중 차례. 손에 진홍단을 들고 있으니 볼것없이
3띠로 피를 치고 뒤집는데 8열끗 헛손질.

다음은 말구 차례. 원래 목적은 구사를 할 생각이었으
나 8열끗을 자르지 않으면 선이 고도리를 하게 되어
독박! 할수없이 손에 찬 광으로 8열을 먹고 까는데 공
산 설사! 사고가 터졌다.

제2구 : 생각해 볼것 없이 8설사 무덤을 끌어들이면서 뒤집는
데 3광까지 오는 게 아닌가. 말은 피 한장도 갖다 놓
은 게 없어 공치고 중에서만 피 한장을 노획. 원-고!

다음은 중차례. 굳은 2매조 피를 뽑아던지고 뒤집는데
풍피. 헛손질이다.

다음은 말구. 오직 구사를 향해 달려야 할 입장이라서
4띠로 피를 먹고 기리패를 뒤집는데 솔광!

제3구 : 자, 지금부터 정신을 가다듬고 쳐야 한다. 잠시 장고
끝에 풍띠로 피를 치고 뒤집는데 솔광까지 붙는 게 아
닌가? 볼것없이 투-고!

다음은 중차례. 판쓸이 찬스다. 2매조를 치고 9를 뜨면
판쓸이. 한장을 기리목에서 들어다가 코앞까지 갖고
와 죄어보다가 힘없이 내던진다. 똥껍데기.

다음은 말구 차례다. 쓸모없는 6피 두장 중에서 한장을 뽑아 던지고 뒤집으면 풍피.

제4구 : 선이 차고 있는 패는 국진 석장과 6띠 한장. 초구인 6을 따로 치고 뒤집는데 조커가 얼굴을 내밀고, 다시 또 한장을 죄는데 또 조커. 마지막 한장을 들어다 내리 치는데 똥광이 나온다. 4광 확보. 쓰리-고!

다음은 중차례 : 기다리는 홍단은 꿈쩍도 않고 이제 방법은 말구로 밀어주는 것뿐. 7열끗을 센터링해 주고 뒤집자 비띠.

다음은 말구 차례 : 중이 센터링 해준 7을 먹지 않을 수 없어 설사를 생각하며 내리치고 뒤집는데 설사는 안되고 똥피.

제5구 : 이젠 9폭탄을 사용해야 할 차례. 9폭탄을 쓰고 뒤집는데 또 조커가 등장, 다시 뒤집자 풍 열끗짜리 노획. 그야말로 멍따까지 금상첨화. 상대 선수로부터 피 한장씩 노획. 4-고!

다음은 중차례 : 피박이라도 면하고 5광이라도 막을 생각으로 비를 먹고 까는데 이게 무슨 날벼락인가 비 설사. 다음은 말구차례 : 5. 7은 버릴 수 없는 처지고 굳은 6피를 내던지고 5피를 깐다.

제6구 : 선은 손을 털었기 때문에 그냥 젖히는데 비설사 무덤을 끌어오면서 또 상대방으로부터 피 한장씩 노획. 마침내 5광 골인! 고박을 써봤자 3점이 아닌가? 내친김에 더 큰 점수를 내려고 작심, 못먹어도 5-고!

다음은 중차례 : 이미 신세조진 판이고 마지막으로 솔띠를 내놓고 붙여 오는 길밖에 없다. 홍단으로 역전시킬 수 있는 마지막 찬스. 그런데 쓸데 없는 5열끗.

말구차례 : 이젠 돈으로 막는 길 밖에 달리 방법이 없다. 비풍초 368순으로 버린다는 고스톱 격언에 따라 5띠를 내고 들추면 초단 반쪽.

제7구 : 장거리 마라톤 경주에서 이제 골인 순간. 기리패 한장을 들어다가 힘있게 쥐어 본다. 검은 모습이 드러나기 시작. 6열끗이 아닌가. 드디어 멍따 성공.

중이 먹어다 놓은 재산목록은 5열끗 1장, 띠(2. 3) 2장, 5피 1장이고, 말은 7열끗 1장, 띠(4, 5) 2장, 피 1장 뿐이다.

광박(따블)	48×2=96점
피박(따블)	96×2=192점
9폭탄(따블)	192×2=384점
멍따(따블)	384×2=768점
쓰리-고(따블)	768×2=1536점
화이브-고(따블)	1536×2=3072점

돈푼께나 가진 자들은 보통 점당 1만원짜리 고스톱을 치다가 열을 받으면 3만원으로 올려 친다고 하는데 이런 판에서 한번 기사들한테 걸려 들면 한판에 소형 아파트 한채 값이 날아간다.

고스톱 손자병법

＊ 자자와의 협의하에 인지를 생략합니다.

2003년 4월 1일 중판발행

發行處 : 瑞音出版社
등록 : 1976. 5. 14. No. 6-0379
서울特別市 東大門區 新設洞 94-11
Tel : (02)2253-5292〜3
FAX : (02)2253-5295

著 者·李 鎬 光

發行人·李 光 熙

校 正·서음미디어

표지디자인·방형식디자인

Printed in Korea